大话成语学堂 1

跟着特级教师巧学成语

陈琴 主编 刘旭峰 刘子郡 编

人民邮电出版社
北京

图书在版编目（CIP）数据

大话成语学堂 ：跟着特级教师巧学成语. 1 / 陈琴主编 ；刘旭峰，刘子郡编. -- 北京 ：人民邮电出版社，2023.6
ISBN 978-7-115-61102-4

Ⅰ. ①大… Ⅱ. ①陈… ②刘… ③刘… Ⅲ. ①汉语－成语－小学－教学参考资料 Ⅳ. ①G624.203

中国国家版本馆CIP数据核字(2023)第023948号

内容提要

唐僧师徒四人取得真经后，那小日子别提多安逸了：没事就去南天门晒晒日光浴、每天都有吃不完的蟠桃和仙丹……这不，连唐僧都胖了，有了圆圆的将军肚。玉皇大帝实在看不下去，大手一挥："咱们仙界要考核！"

话说，这考核指标也太奇怪——成语。师徒四人不得不重走取经路，这次要取得"成语真经"，这取经之路也颇为不易啊！

本书依托《西游记》中鲜活的人物形象，将历险故事与成语知识紧密结合，让孩子在快乐阅读中追溯成语本源、纠正成语误用、发现成语妙用。

◆ 主　　编　陈　琴
编　　　　刘旭峰　刘子郡
责任编辑　朱伊哲
责任印制　周昇亮

◆ 人民邮电出版社出版发行　　北京市丰台区成寿寺路 11 号
邮编　100164　　电子邮件　315@ptpress.com.cn
网址　https://www.ptpress.com.cn
天津千鹤文化传播有限公司印刷

◆ 开本：880×1230　1/32
印张：16.625　　2023 年 6 月第 1 版
字数：372 千字　　2023 年 6 月天津第 1 次印刷

定价：158.00 元（全 6 册）

读者服务热线：(010)81055296　印装质量热线：(010)81055316
反盗版热线：(010)81055315
广告经营许可证：京东市监广登字 20170147 号

前言

写给孩子的西游学堂

陈琴

成语怎么学呢？

当然不能死记硬背，一定要读得开心，才能学得巧妙。

如果将成语知识与西游故事相结合呢？

没错，这就是我们的西游学堂了。

本套书以新课标为指南，巧妙利用《西游记》中的基本人设，以师徒四人取《成语真经》的经历为线索，重新构架取经故事，在故事中贯穿成语知识，让孩子在生动有趣的故事中开阔视野，增强文化素养。

书中的主要人物仍然是《西游记》中的老搭档：庄重严肃的唐僧、聪明勇敢的孙悟空、爱偷懒的猪八戒、憨厚老实的沙和尚。不同的是，在“威武”之外，他们个个又展现出了“文雅”的一面，就连猪八戒也变得谈吐不俗，“附庸风雅”起来了。

在追求知识的过程中，取经团队遇到了许多有趣的人，发生了许多有趣的事，遇到了很多困难，也出了一些糗事。书中的故事，既注重与原著中的取经历程有所对应，又根据内容需要，发挥想象，对时间和地点进行了灵活自由的处理，使得故事内容充实、生动曲折、引人入胜。

全书生动活泼、幽默风趣、机智灵动的语言风格，时常令人忍俊不禁，在笑声中享受着“西游再取经”的趣味，获得知识的滋养。

丰富的知识性，是本书最突出的价值。书中每一回聚焦一个成语，从成语释义、出处、典故、使用场景、使用方法等方面，进行全面而深入的解析。

在讲透语文相关知识的基础上，创造性地融合了历史、地理、哲学、国学等知识，极大地增加了知识密度。

此外，每一回的结尾都附有对应的趣味练习题，当堂训练，当堂巩固，将所学知识迅速消化吸收，真正做到活学活用。

“问渠那得清如许？为有源头活水来。”相信更多的孩子能在润物细无声的阅读中，寻找到打开知识宝库的钥匙，汲取成长的力量！

目录

第一回

功成名就好安逸，为取新经又出发

大腹便便

话说师徒四人取得真经后，功德圆满，功成名就，成了成功人士，在天庭的地位自然不用说，“大神”级别！他们的待遇嘛，顶级！

要说最让师徒四人满意的一点，就是啥活也不用干，享清福就行。师徒四人这下可舒坦了，整天不是在南天门晒日光浴，就是到天河里泡澡。天气冷了，八卦炉的火随便烤；肚子饿了，蟠

桃、金丹随便吃……这不，连旃（zhān）檀功德佛（唐僧）都胖了，有了圆圆的将军肚，要是不看脸，简直跟猪八戒一样了。师徒四人的日子好不快活，好不惬意！

玉皇大帝有些不满意了。“生于忧患，死于安乐。”再这样下去，一个优秀的团队就要毁了。不成，得给他们安排个活儿干。那么，给他们安排什么活儿呢？玉皇大帝想了好几天也没想出来。怎么办？

正发愁呢，太上老君来了。一看见这位天庭“智多星”，玉皇大帝就说：“这师徒四人成天啥活儿也不干，其他神仙意见很大啊！这样下去，队伍就不好带了。你给想个办法吧！”

“玉帝莫慌，容小老儿思考片刻。”

太上老君捻着他那如丝般顺滑的白胡子，低头沉思起来。

“有了！让他们再取一次经。”

“什么？你这算什么办法？他们已经取到真经了，如果要宣传，复印几部岂不更省事？”

“此言差矣！此经非彼经。上次取的是佛经，这次让他们取文经。上次取经历经九九八十一难，考验的是他们的武力，这次咱们考验的是他们的文采。所以这次得削减他们的法力，让他们多动动脑！文武兼备，才能真正成为天庭的栋梁之材啊！”

“高，实在是高！那么，让他们取的文经又是什么呢？”

“《成语真经》。据最新消息，《成语真经》的孤本被人盗走，流落异国。我们就派他们四人将这部文学巨著取回，延续中华泱泱大国的文化根脉。”

“可是，这师徒四人中除了唐僧有些学问，其他人在学问方面都是些‘小白’啊！”

“这个嘛，老夫自有办法。咱们先以提高天庭文化素养的名义办一个培训班，让他们四人参加学习后再上路取经。玉帝意下如何？”

“此计大妙！那就请文曲星主讲吧。注意，结业的时候要考核哟！通过考核才能让人放心啊！”

很快，天庭文化素养培训班就开班了。培训的最后一天，玉皇大帝下旨让太上老君给四人传达取《成语真经》的任务，并暗中对四人进行考核，看他们能否胜任这个新使命。

太上老君把师徒四人叫到跟前，清了清嗓子，语重心长地说：“此去一路会有不少凶险，但是我相信有上次取经的经验，你们一定能成功。大家有没有信心？”

“没信心！”八戒噘着嘴，阴阳怪气地说，“上次是打打杀杀，这次是斯斯文文，非常不一样！这些文绉绉的东西我实在学不会。再说了，今年新上的蟠桃我一口都还没来得及吃呢！”

太上老君眉毛一挑，胡子翘得老高：“八戒，你能不能有点儿出息？吃、吃、吃，除了吃还会别的吗？都快成大——腹——便——便——的狗熊了，不对，是‘猪熊’，一点儿净坛使者的样儿也没有！天庭的形象都让你给毁得差不多了，你自己心里难道没点儿数吗？”

悟空听完太上老君这一番话，抓耳挠腮，凑到唐僧的身旁，一脸蒙地说：“师父，我记得文曲星老师讲过一个成语叫‘**大腹便便**（pián）’，怎么成了‘大腹便便（biàn）’了？这老儿是不是读错了？这水平和他的名气有点儿不匹配呀！”

“悟空休得胡言，老君乃顶级圣贤，岂是你这憨猴可以评头论足的？”唐僧正色道。

沙僧也凑了过来，说道：“大师兄说得对，这个成语虽然意思易懂，但就是容易读错，文曲星老师当初一再提醒。”

八戒本来就有气，这下更不干了，气呼呼地说：“老君大人这句话对我伤害不大，但侮辱不小。我老猪肚子是大，但里面不光有便便，还有心肝脾肺无数宝贝呢！当时文曲星老师上课特意拿我的肚子举例，说我这肚子正好应了一个成语：‘大腹便便（pián）’。怎么到您这儿就成了‘大腹便便（biàn）’了呢？您八成也不认识这两个字，或者是老糊涂了。难怪叫太上老君，合着您就没年轻过。我看您还是回去多炼炼金丹，好好给自己补补吧！”

“没规矩，八戒你太没规矩了！”唐僧赶忙出来打圆场。

太上老君却一点儿都没生气，呵呵地笑着：“实话告诉你们吧，这是玉帝让我用来考核你们的一道题，没想到你们还都过关了。你们真当老君我不知道‘大腹便便’这个成语怎么读吗？今天老夫高兴，给你们科普一下。**东汉时有个叫边韶的名士，名气不小，学问很深。这个人呢，胖，爱打瞌睡。有一次，他的学生看见他打瞌睡的样子觉得很好笑，就编了一个顺口溜：‘边孝先，腹便便。懒读书，但欲眠。’**后来，大腹便便这个成语就流传开了。不过，人家大腹便便，肚子里装的可都是学问，你肚子里装的都是些什么呢？”太上老君指着八戒的肚子，笑得胡子都飘起来了。

“听起来，这个成语不是贬义词。大腹便便的人不一定就是**肥头大耳、脑满肠肥**的废物，**它除了形容体肥腹大、无所事事以外，还有几分可爱的意思。**我看这倒很像二师兄呀！”沙僧捋了捋胡子说。

“就是，凡是大腹便便的东西都可爱，像企鹅、袋鼠、海豚什么的。俺最讨厌那些尖嘴猴腮、面黄肌瘦、骨瘦如柴的家伙了。”八戒抢过话，瞟了一眼站在旁边的悟空。

悟空正待发作，唐僧用手势制止了他：“八戒刚才说的这三个成语‘尖嘴猴腮、面黄肌瘦、骨瘦如柴’正是大腹便便的反义词，悟净提到的两个成语‘肥头大耳、脑满肠肥’是大腹便便的近义词。没想到你们还能举一反三，看来大家肚子里装的的确不光是‘便便’哟！”

听师父这么夸八戒和沙僧，悟空有点儿急：“师父，他们这都是雕虫小技，算不了什么，俺老孙可以让这个成语变出无数个成语来，还不用浪费我一根毫毛！仔细听着，大腹便便、翩翩少年、年轻有为、为富不仁、人山人海、海枯石烂、滥竽充数、数一数二、二虎相争、争先恐后、厚积薄发、发扬光大……”悟空说得上气不接下气，打了好几个转儿，猴屁股都差点露出来了。

“够了！够了！”太上老君说，“你这叫成语接龙。你也别接龙了，小心接来龙王喷你一身水！如此说来，大家准备得还不错。现在，我代表玉帝向各位宣布，你们通过考核了！诸位收拾一下，就出发去取经吧！”

大腹便便（dà fù pián pián）

释义：形容肥胖的样子。出自《后汉书·边韶传》：“边孝先，腹便便。”表示边韶（边孝先）肥胖的样子。

近义词：肥头大耳、脑满肠肥

成语造句：因为晚上吃得太多，才 20 岁出头的他已经显得大腹便便。

通关文牒

下列成语中，结构和其他三个不一样的是（   ）。

A. 大腹便便　　B. 彬彬有礼

C. 得意扬扬　　D. 忠心耿耿

答案：B

第二回

师徒同赴蟠桃会，星官醉酒受天罚

杀鸡儆猴

师徒四人将旅途中所需的物品收拾妥当之后，正欲出发，就见传信力士匆匆赶来，口呼：“诸位神仙留步！”

唐僧问他道：“可是玉帝有什么旨意？”传信力士回道：“正是，玉帝听闻诸位今日就要出发取新经，特下旨命王母娘娘于瑶池重开蟠桃盛会，为各位送行。”众人一听大喜，欣欣然跟着传信力士去往瑶池。

一盏茶的工夫，众人就到了瑶池。只见那里早已设下盛宴，异香缭绕，瑞霭（ǎi）缤纷，百十张雕花桌铺设得齐齐整整，上面摆满了珍奇的菜品，不停有衣带飘飘的仙子穿梭其间斟酒布菜，甚是热闹。

师徒四人刚寻着座位坐下，就听见旁边一阵骚乱，只恍惚听得一人喊道：“小小丧家犬！”另一人声音更大：“区区乌眼鸡！”前者呼：“你贼眉鼠眼，面带狡猾之相！”后者喝：“你鹰头雀脑，也不曾英俊几分！”还时不时飘出几根胡须和鸡毛，闹哄哄打得跟热窑一般。四人上前察看，但早已围上去的其他神仙挡在了前面，孙悟空急得上蹿下跳，使了个变化之术，背上凭空生出双翼来，飞到人群上空定睛一瞧，才看出原来争吵的是两位星官——昴（mǎo）日鸡和奎（kuí）木狼。

这昴日鸡和奎木狼同列二十八宿，平日在工作上不免有摩擦，今天昴日鸡多饮了几杯酒，仗着酒劲儿化作原形——一只六尺高的大公鸡肆意乱撞，没想到一爪踩到了同桌饮酒的奎木狼。二人你一言我一语就闹将起来，蟠桃会上乱作一团。

这时不知是谁大喊了一声“玉帝到——”，众人才安静下来。玉皇大帝问道：“为何如此喧哗？”赤脚大仙上前禀明缘由，玉皇大帝听完大怒，命人把昴日鸡带到面前，道：“昴日星官身为二十八宿之一，借酒闹事，坏我天庭规矩，天兵天将拿下去打三十大板，以示惩戒！”昴日鸡被这么一吓，高昂的鸡冠都耷拉了下来，他小心翼翼地向玉皇大帝磕头谢罪之后，带着一身乱蓬蓬的鸡毛，灰溜溜地退下领罚去了。

风波散去，众神各自寻找座位坐下，玉皇大帝对众神说道：“三界之中凡有九窍者，皆可修仙。诸位都是费尽辛苦才修成仙道，又有降龙伏虎之能，要端庄自持、谨守天规才是。”说着，看了一眼在下面吃桃的孙悟空：“无论是在天庭还是凡间，都不可任性妄为，如再有此类事情发生，从重处罚！”

沙僧捕捉到玉皇大帝的眼神，悄悄戳了孙悟空一下，问道：“大师兄，玉帝是不是还在记恨你当年大闹蟠桃会的事儿？”孙悟空悄悄翻了个白眼儿，狠狠啃了一口手里的桃，嘴里嘀咕：“可不是嘛，你瞧玉帝老儿这招**杀鸡儆猴**使得多好哇！”

在旁边埋头猛吃的猪八戒听见了，大声问道：“什么？猴哥你说什么？杀谁？”孙悟空连忙捂住猪八戒的嘴巴，警惕地看向四周，所幸这时候众神已经酒酣耳热，并没有人注意到这里的动静。孙悟空把八戒放开，拉过他的大耳朵小声说道：“我说——玉帝老儿这是杀鸡儆猴。”听到“杀鸡儆猴”四个字，猪八戒大惊：“啊？杀鸡？昴日鸡不会已经被……”他一边说一边四处张望，孙悟空气得朝他脸上吐了一个桃核：“说你呆，你还真呆！”

唐僧听了八戒的话，笑着说：“八戒，你误会了，昴日鸡没事，最多掉几根鸡毛。”八戒疑惑地问：“俺刚才明明听见猴哥说杀鸡，难道是俺听错了？那儆猴呢？难不成是要敬猴哥一杯？”说着站起来就要给孙悟空敬酒。

八戒这副样子把周围的神仙们都逗笑了，唐僧连忙让八戒坐下，解释道：“其实杀鸡儆猴是个成语，字面意思是杀鸡给猴子看，实际上是**比喻用惩罚一个人的办法来警告别的人。这个成语出自《官场现形记》，相传猴子是最怕见血的，驯猴的人就先当着猴子的面把鸡杀了，让它感到害怕，然后才逐步对它进行驯化。**”孙悟空小声接话道：“就像那玉帝老儿，表面上是斥责昴日鸡醉酒闹事，实际上是警告俺老孙取经路上要安分一点儿，不要多生是非。”

猪八戒恍然大悟：“俺以为昴日鸡因为这等小事就没命了，还暗自可惜他这千年修来的道行，都怪猴哥说什么杀鸡杀鸡的，吓了俺一跳！不过话说回来，他是鸡，你是猴，这个成语用在此时再合适不过了。”八戒说完觉得非常好笑，自顾自地嘿嘿笑了起来。孙悟空劈手弹他一个脑瓜崩，说道：“不过这个成语太不吉利了，打打杀杀的，我还知道有一个成语叫作**以儆效尤**，意思和它差不多，也是指处理一个坏人或一件坏事，以达到警告他人的目的。”

猪八戒听了连连点头，说：“俺知道了。不过当年猴哥也曾大闹蟠桃会，玉帝给的处罚可比现在严重许多。”

这时只听身后一个声音道：“他当年不仅偷吃了王母娘娘的蟠桃，连我炼丹炉里的金丹也被他统统盗去下了酒，足有五壶呢！”众人回头一看，原来是太上老君。

孙悟空嬉皮笑脸地凑过去，说道：“陈年往事，不提也罢，今日您总不是来讨要那五壶金丹的吧！”太上老君摸摸胡子，笑呵呵地说：“还真与金丹有关，听闻你们今日就要启程取新经，这一路必定餐风饮露、艰险非常，我也没什么好送你们的，特地寻来珍奇药材炼制了几味金丹，与你们带着消解旅途中的疲惫。”说罢掐指一算：“算起来金丹出炉的时间也到了，不如诸位随我去炼丹房取吧。”

四人正好吃饱喝足，便随着太上老君离开瑶池，往炼丹房去了。

文曲星驾到

杀鸡儆猴（shā jī jǐng hóu）

释义： 比喻用惩罚一个人的办法来警告别的人。

近义词： 以儆效尤、杀一儆百

成语造句： 他决定杀鸡儆猴，下令惩罚最不服从纪律的那个人。

通关文牒

猴子是一种可爱的动物，你能说出两个带有“猴”字的成语吗？

答案： 猴年马月、尖嘴猴腮

第三回

老君启炉见字画，兄弟二人夺金丹

苦中作乐

师徒四人一路跟着太上老君来到了炼丹房，只见一个一人高的玄铁鎏（liú）金大丹炉立在炼丹房中间。一进门，太上老君就对守着丹炉的药童说："速速取出金丹，莫要让它过了火候。"

药童把丹炉沉重的盖子抬起来，将金丹尽数取出，就在他要把盖子合上的时候，被猪八戒拦住了："不急不急，猴哥当年在里面被烧了七七四十九天，俺倒好奇这丹炉肚子里是什么模样。"

猪八戒凑到丹炉边上，把大脑袋往丹炉里一塞，转动着四处察看，惊叹道："这三昧真火果然不一般！这丹炉里比火焰山还热上几分！熄了火还如此厉害！我说猴哥，你当时在里面不难受吗？"

孙悟空摸了摸下巴上的毛，一脸得意："俺老孙本领高强，法力无边，小小丹炉能奈我何？"

猪八戒又把脑袋往丹炉深处塞了一塞，突然发现了什么，喊道："这丹炉肚子里刻着字！好像还有画！"

众人闻言纷纷凑上去看，只见丹炉内壁歪歪扭扭地刻着几个小人儿，虽然很粗糙，却十分生动：画面的中间是一只手持金箍棒的威风凛凛的猴子，戴着珠冠的玉皇大帝匍匐在猴子脚边，手执拂尘的太上老君则跪在地上，似乎在狼狈地求饶。边上还题着两行小字：今日炉内苦中作乐，明朝天庭搅乱乾坤！这字刻痕极重，显然刻字之人在刻的时候用了很大的力气。

太上老君一看炉内这般光景，气得眉毛都立起来了，心疼地摸摸丹炉内壁上的刻痕，又回头大声质问孙悟空："你这泼猴，对我的宝贝丹炉做了什么？！"孙悟空脖子一缩就想跑，被太上老君一下揪住尾巴，动弹不得，正在两人僵持不下时，猪八戒将那字仔仔细细看完，一下子把头从丹炉里拔出来，大声笑道："哈哈，没想到，猴哥还是个作曲家！不过怎么只有字和画啊，猴哥作的乐谱在哪里？"

众人都有些摸不着头脑，唐僧疑惑地问猪八戒："这明明是画，何来作曲家之言？"猪八戒指着"苦中作乐"四个字说：

“俺一看这字迹，就知道是猴哥当年刻的，苦中作乐（yuè）难道不是指当年猴哥在痛苦中创作音乐吗？要俺说，老君你这丹炉也太厉害了，把猴哥的乐谱都烧没了，就剩下这丑丑的画。”

猪八戒此言一出，太上老君笑得胡子都飘了起来：“八戒，你理解错啦，这个乐（lè）不是音乐之意，而是乐趣之意。苦中作乐（lè）也不是说在痛苦中创作音乐，而是**在很艰苦的环境里寻找乐趣的意思**。”

猪八戒听了，若有所思道：“原来是这样，俺以为猴哥还懂音乐呢！”然后又转头问孙悟空：“猴哥，你在这里面很痛苦吗？你不是说你法力无边，不怕这丹炉吗？”

孙悟空一龇牙，朝着八戒道：“你懂什么！当年我被老君关入这丹炉，困于这方寸之地，虽不怕肌肤灼烧之痛，但也饱尝孤独之苦，如果我不写写画画来苦中作乐一番，怕是还没被烧化，就先被闷死了！”

猪八戒想了想，说：“我明白了，猴哥是在和自己逗趣呢！就像取经路上，如果师父、猴哥和沙师弟都不跟我说笑取乐，我肯定也难受得紧！”接着八戒眼珠一转，作势叹了口气：“唉，这次取新经，一路上肯定又要跋山涉水、风餐露宿，实在是苦得很！不如这样，这金丹给我收着，我闷得慌的时候就数着玩，也算是苦中作乐了！”

八戒说着就要抓药童手中的金丹，孙悟空连忙一把夺过金丹，塞进自己怀里就跑，边跑边冲着八戒大喊：“别以为我不知道你打的什么主意，这金丹落在你手里，肯定是‘金丹打猪——有去无回’！还是给俺老孙收着吧！”猪八戒眼看到手的金丹飞了，心里一万个不乐意，就去追赶孙悟空。两人绕着丹炉上蹿下跳，把药童吓得缩在墙角不敢动弹。

眼看他们两个打闹起来，唐僧忙出声制止："悟空，悟能，丹房重地，怎能无礼，还不快快停下！"两人看唐僧面有愠色，忙收敛了起来，到唐僧面前站定。猪八戒不服气地说："俺老猪早就改邪归正了，只不过是想着旅途艰辛，想要苦中作乐一下，猴哥还总是不信任俺。"

唐僧摇了摇头，说："八戒，你虽然成了净坛使者，但我们都知道你还是没有改掉贪吃的毛病，况且这一路早不如之前那样艰险，苦中作乐这个成语用在此处不太妥当。"

猪八戒问道："那应该怎样说呢？"

还没等唐僧回答，一旁的孙悟空便插嘴道："应该说**自得其乐**！"

八戒听了更疑惑了："苦中作乐和自得其乐这两个成语里都有个'乐'字，它们有什么不同吗？"

唐僧解释道："自得其乐是苦中作乐的近义词，是说自己能从某件事中体会到乐趣，但不像苦中作乐一样特指在艰苦的环境里寻找乐趣。"

八戒恍然大悟："哦！原来是这样！"说着还是不死心，偷偷拿眼睛瞟孙悟空怀里的金丹。太上老君唯恐他们再闹起来，弄乱自己的炼丹房，正要想办法把这两个闯祸精打发走，这时外面突然来人通报："各位神仙，外面有个人想要求见。"

太上老君说："请他进来吧。"

文曲星驾到

苦中作乐（kǔ zhōng zuò lè）

释义：在艰苦的环境中不失乐观情绪，自寻欢乐。

近义词：自得其乐

成语造句：在野外工作时，大家经常自编自演一些节目，苦中作乐，调剂一下生活。

通关文牒

猪八戒又分不清“苦中作乐”和“自得其乐”的用法了，你能帮他把它们填到合适的位置吗？

①虽然训练生活非常艰苦，但是大家在休息的时候总会（　　　　　），互相讲讲有趣的经历。

②他在那里坐了很久，欣赏着那只小鸟动听的歌声，（　　　　　）。

答案：①苦中作乐　②自得其乐

第四回

师徒取丹逢故人，白龙赛马显神通

胸有成竹

只见那人走了进来，对众人重重地作了一个揖，唐僧连忙上前搀扶。那人抬起头来，笑嘻嘻道：“多年不见，师父可还认得我？”

没等唐僧出声，猪八戒便大叫起来：“你不是那小白龙吗！几年不见，怎吃得这般肥胖？”

小白龙笑道：“二师兄眼神真好！佛祖封我为八部天龙马后，我日夜守护灵山擎天华表柱，甚少走动，又有那灵山仙风神露滋养，自然丰满了一些！”

孙悟空笑道：“灵山与这里相去甚远，这次是何急事劳你走这一趟啊？”

小白龙说道：“我在灵山听那传信神鸟说诸位要去取新经，想着你们没有坐骑，行动也不便，特向玉帝请命再次护送师父，玉帝已经应允了。”

八戒盯着小白龙的肚子说：“看你这身材，都和俺老猪差不多了，这千里万里的跋涉，你能行吗？”

小白龙昂首说道：“二师兄，你别看我胖了一些，跑起来却比从前还要快几分呢！”

猪八戒撇了撇嘴：“俺才不信呢！”

小白龙急了：“二师兄不信？要不咱们比试比试？”

猪八戒往唐僧身后缩了缩，小声嘟囔道：“你跟俺比啥呀，俺老猪不擅长跑步，你就算赢了俺，也算不得什么。”

太上老君早就想找个由头把这几个人打发走，忙说：“听说玉帝在蟠桃会后还安排了一场赛马比赛给诸神助兴，若龙太子有心证明自己能耐不减，何不移步御马场一战？”

太上老君生怕他们不肯去，又赶紧补充道：“听说这次比赛中，冠军的奖品是一个顶级大蟠桃，叫作蟠桃王，十万八千年才能结出一个，不但美味无比，而且吃了后还能延续仙寿，让人变帅变美呢！”

猪八戒一听能变帅变美，连呼：“好！好！小白龙，你且和我们同去，若是能赢得这蟠桃，让俺也啃一口，俺便再也不怀疑你半分！”说完便拽着众人向御马场走去。

众人赶到御马场，八戒见穿梭其间的天马都神俊不凡，不由得嘀咕道：“小白龙，对手看起来都很强大，你可有把握？”小白龙自信地拍了拍胸脯：“二师兄不必担心，今日我定把蟠桃王赢来！”

孙悟空笑着拍了拍小白龙：“你真是**胸有成竹**啊！想必已经想出夺魁的方法了吧，那俺老孙可就等着吃桃啦！”小白龙道：“这比赛比的可不仅是体力，更是脑力。论体力我不会比他们差，论脑力，就这些天马，我也不放在眼里！大师兄就请看我如何大显身手吧！”说罢化作白龙马的样子，昂首挺胸地向赛场奔去。

此时人马来往嘈杂，猪八戒听不真切，等小白龙略走远些，就转过头来问孙悟空：“什么凶什么猪？俺虽然对小白龙的能力有所怀疑，但是俺可没有凶他！”

孙悟空一把扯过猪八戒的大耳朵，大喊：“我说的是胸有成竹！你要是没听见，我再说一遍，胸有……”

猪八戒奋力把耳朵从孙悟空手里挣脱出来，拍了拍脑门，说：“听见了，听见了，弄得俺老猪脑瓜子嗡嗡的！那胸有成竹是什么意思？是形容小白龙这种昂首挺胸的状态吗？那俺也来一个胸有成竹！”猪八戒学着小白龙的样子把胸一挺，只听“啪”的一声，衣服的扣子崩开了，圆滚滚、亮光光的肚皮露了出来。

孙悟空指着他的肚子，笑得气都喘不上来：“哈哈，你这叫袒胸露腹，不是什么胸有成竹。”唐僧也笑着说：“八戒，胸有成竹不是形容你这个样子。**胸有成竹也叫成竹在胸，原指画竹子前心里已经先有了竹子的形象，后来比喻在做事之前已经拿定了主意。**”

孙悟空看着小白龙自信满满的背影，说：“就像这小白龙，你看他那副**胜券在握**的样子，一定是早有计划在心里了。”

猪八戒似懂非懂，继续问唐僧：“俺还是不明白，心里有了计划怎么就凭空和竹子扯上关系了呢？”

唐僧笑着说：“八戒，这是有典故的，这个成语**出自苏轼的文章《文与可画筼筜（yúndāng）谷偃（yǎn）竹记》。文中说有个叫文与可的人，为了画好竹子，常年观察竹子在风雨晴雪等各种天气下的状态，久而久之，竹子的各种形象都深深地印在他的心中。所以每次画竹，他都显得非常从容，画出的竹子无不逼真传神，因此人们都赞他‘胸有成竹’**。”孙悟空补充道：“刚才我说的胜券在握是它的近义词，意思是很有把握，相信自己一定可以成功。”

八戒点头道：“哦！这样俺就明白了！”

这时沙僧喊道：“你们看，比赛要开始了！”只见裁判手持一面巨大的铜锣，“当”地一敲，群马立刻奔腾起来，各自飞快地向前方冲去。这时八戒大叫：“加油，小白龙！你是龙，不能输！”

只见小白龙神采飞扬，奔驰如风。比赛很快到了中途，小白龙看上去有些吃力，步履放慢了一些，好几匹天马趁机超了过去。八戒见此情景，急得大叫：“哎呀，这个小白龙，笨白龙，还说什么胸有成竹呢？看你这茫无头绪、心慌意乱的样子，我的蟠桃要飞了！”正当众人为他捏了一把汗时，只见金光大作，白龙马浑身长出金鳞，腮颌（hàn）生出银须，头上隐隐现出龙角的形状，四蹄下竟有祥云浮现，一下子就从群马当中冲出，一马当先，冲向终点。群马虽奋力追赶，却还是被白龙马夺了第一。

孙悟空拍手大叫道：“妙极！不愧是西海小龙王！”

猪八戒也激动地朝小白龙挥舞着手臂，大喊：“小白龙！好样的！”

这时，小白龙也化作人形，拿着蟠桃王走下赛场，额上还挂着几滴汗珠。他把蟠桃王重重地往八戒手里一放，骄傲地对八戒说：“二师兄，如今你看我可担得起护送师父的重任？”

“咔嚓”一声，八戒啃了一口蟠桃王，美滋滋地说：“担得起！担得起！”

转眼就到了该启程的时辰了，师徒四人带好行囊，出了南天门，同早已等候在此的小白龙沿着云梯下到凡间，踏上了取《成语真经》的道路。

文曲星驾到

胸有成竹（xiōng yǒu chéng zhú）

释义：原指画竹子前心里已经先有了竹子的形象，后来比喻在做事之前已经拿定了主意。

近义词：成竹在胸、胜券在握

成语造句：他学习很刻苦，所以每次考试前都显得胸有成竹。

通关文牒

“松”“竹”“梅”在中国传统文化中被称作“岁寒三友”，你能说出包含“松”“竹”“梅”等字的成语吗？

答案：松柏之志、胸有成竹、青梅竹马

第五回

大圣粗心酿大错，程门立雪好猴王

程门立雪

师徒几人沿着云梯下到了凡间，一落地，孙悟空就打了个哆嗦：“好冷啊！”此时凡间正值寒冬腊月，大风呼呼地刮在脸上，仿佛刀片一般。更糟糕的是，天空中乌云密布，仿佛随时都要下雪。四个人都裹紧了身上的衣服，艰难地向前走啊……走啊……

临近傍晚的时候，师徒四人才找到一处破庙，准备休息一下。

唐僧伸了伸懒腰，对悟空说：“悟空，大家都走了一天了，外头又这么冷，这里数你最有本事，能不能再辛苦你一趟，去帮大家找些吃的来？”

悟空拍了拍胸脯，说：“没问题，师父放心，俺老孙去去就来。八戒、沙师弟，辛苦你们照顾师父一会儿。”

八戒和沙僧一起回答：“放心去吧，大师兄。”

悟空出了门，驾起筋斗云就飞走了。

只过了一会儿，孙悟空就回来了。只见他笑嘻嘻地走进门来，说：“师父、师弟，你们看，俺老孙不但弄来了吃的，还弄来了几件暖和的衣裳，给大家暖暖身子。”

八戒笑着接过食物和衣裳，说：“到底是大师兄，真有本事！”

唐僧也很高兴，问道：“你这是从哪里化来的，这么多好衣裳，得值不少钱吧？”

悟空嘿嘿一笑，说：“这不是化来的，俺老孙怕大家伙又冷又饿，身子骨受不了，就直接从一个大户人家那里取来了。”

唐僧听见这话，脸色一沉，将手里的衣裳狠狠地往地下一扔，说：“哼！这么说这些都是你偷来的东西吗？”

悟空嗫嚅（nièrú）着说不出话，“这……这个嘛……”

唐僧紧蹙（cù）着眉头，脸色发红，说道：“我这一生从来没拿过来路不明的东西，你这些吃的和衣裳，谁爱要就要，但是别让我看到它们！”

八戒和沙僧一看师父动了火，连忙劝说：“大师兄也是好心，师父别生气了。”

唐僧大声喝道：“什么好心！让我吃偷来的食物，穿偷来的衣裳，算是好心吗？什么齐天大圣、斗战胜佛，连这么简单的道理也不懂吗？”

悟空这下也生气了，两眼睁得滚圆，抓耳挠腮地直跺脚，心想：“俺老孙明明是为了大家好，你却怪我。”便气道：“师父可真难伺候，让俺去找吃的，俺找来吃的穿的，现在却又骂俺。俺老孙不受这气了！”说完，一个跟头就飞了出去。

悟空因为刚和师父吵了架，心情不好，便想找人说说话，这时就想到了自己的老邻居——东海龙王。于是，他又一个跟斗扎进了东海中。

刚进龙宫，悟空便大喊：“老龙王，老龙王，在吗？”

龙王连忙出来迎接，说：“大圣好久不见，这是取经回来了吗？”

悟空说：“别提了，俺师父可真难伺候。”然后就把刚才的事情告诉了龙王。

龙王说："大圣啊，照小王看，这事儿你确实做错了，你师父批评你是有道理的。你不如回去，给他道个歉，然后好好取经。"

悟空叹了口气，说："俺老孙当时也是急了，想着大家伙累了一天，吃点东西、暖暖身子，好早点休息。其实俺也知道偷人东西不对，可这说出去的话如同泼出去的水，俺老孙又是要脸面的人，这道歉的话实在是……不如老龙王您给俺支个招儿，让俺好回去继续跟着师父取经？"

龙王笑了笑，说："大圣莫急，只要你拿出程门立雪的态度，你师父不会不原谅你的。"

"程门立雪？那是什么？"悟空问道。

龙王说："在宋代的时候，有个人叫作程颐，他是一名老师，门下有很多学生，其中有两个特别出色，就跟大圣你一样。他们一个叫杨时，另一个叫游酢（zuò）。话说也是一年冬天，大雪纷飞的时候，他们两人一起去拜望老师，可是不凑巧，程颐正在打坐，闭目养神。大圣你猜，这两个学生是怎么做的？"

"怎么做？依俺老孙看，当然是把老师叫醒啊。"

龙王哈哈大笑，说道："不对不对，这两个学生和大圣可不一样。他们害怕打扰了老师，便安静地站着，直到后来程颐自己醒过来。这时候，门外的大雪已经有足足一尺多深了。现在，我们常用这个成语来形容那些尊敬老师、认真求学的人。"

见悟空若有所思，龙王接着说道："大圣，不如听小王一句劝，你也学习一下杨时和游酢，来个程门立雪，如何？"

悟空点点头，说道："老龙王你说得对，俺老孙就学一学这

程门立雪，做个尊师重道的人。多谢老龙王指点，俺这就回去见师父。”

悟空起身，刚走出去两步，就听见龙王叫他：“大圣，还有一事，小王最近添了个小孙女，两天后即是小孙女的百日宴，不知唐长老和大圣，还有你那两位师弟，可否赏脸来龙宫参加百日宴？”

孙悟空点头道：“此等喜事，当来同贺，待我回去知会我师父一声，两日后定来赴宴！”

“好，你把他们带到东海边，到时我会派使者去迎接。”龙王作了个揖，跟他道别。孙悟空便飞身出了东海，驾起筋斗云回到破庙外。

这时天已经开始下雪了。唐僧累了一天，晚上又和悟空吵了架，这时也休息了。悟空站在门外看着黑压压的天空和漫天的雪花，心中默默回想着刚刚与龙王的谈话。

过了一会儿，悟空悄悄地推开门，走进破庙，安静地站在唐僧的旁边。其实悟空也不用这么小心，因为八戒和沙僧这时候也睡了。他们两个人的呼噜声比雷声还大呢！

悟空就这样站着，直到第二天早上。唐僧一觉醒来，看见悟空站在一旁，便说道：“你肯回来了。”

悟空不好意思地挠挠头，说道：“师父，俺知道错了。俺不该偷东西，更不该一时冲动、赌气离开。”

唐僧这时也消了气，微笑着回答说：“知道错了就好。”然后又看了一眼门外的积雪，笑问道：“你这招程门立雪是从哪里学的？”悟空嘿嘿一笑，正要说话，却听背后一个声音问道：“师父，什么是程门立雪啊？”

悟空转过身来，笑着对两位师弟说：“程门立雪，简单点说就是**要发自内心地尊敬老师**。比如当老师休息的时候学生不能去打扰，当老师批评学生的时候学生不能冲撞他，更不能心怀怨恨。俺老孙这次就是一个反面例子，所以二位师弟可要吸取教训啊。”八戒和沙僧用力点了点头，一起说道：“我们保证，以后都尊敬师父，也要程门立雪！”

孙悟空又说了东海龙王邀请他们去龙宫参加百日宴的事，百日宴当天，他们便一同前往东海。

文曲星驾到

程门立雪（chéng mén lì xuě）

释义：指一个人认真求学，非常尊敬老师。

近义词：尊师重道、尊师重教

成语造句：悟空那种认真好学、程门立雪的精神值得我们每个人学习。

通关文牒

请将以下两组词语用线连起来，组成两个成语。

城门　　　立雪

程门　　　失火

答案：

城门——失火

程门——立雪

第六回

东海之滨逢使者，师徒乘贝访龙宫

呆若木鸡

师徒几人一路赶到了东海边，唐僧对着这茫茫大海犯了愁。他转身问孙悟空：“悟空，当日龙王有没有跟你讲他的安排？”

“他只说让我把你们带到东海边，他会派使者来迎接我们。”孙悟空说着环顾了一下空荡荡的海滩，海滩上连个人影都没有，只有一块巨大的白色礁石。孙悟空叹了口气，说：“这龙王老儿别是光顾着看孙女，把这事儿给忘了吧？”

说完孙悟空就去拍在一旁打瞌睡的白龙马：“哎！醒醒！小白龙，你有没有什么办法带师父去见你那大伯？要不你变成海马驮着师父过去？”

小白龙张了张嘴，却没有答话，直直地盯着孙悟空身后某一处。

众人顺着他的视线看去，都吓了一跳，只见之前那块白色大礁石从中间缓缓地裂开了一条缝，竟然像是个活物。

几人吓得后退一步，屏住了呼吸。只见那缝越张越大，众人才发觉那块白色礁石居然是一个贝壳，足有一间房那么大。一个扎着两条小辫，穿着一身白裙的小姑娘从里面跳了出来。她伸了个大大的懒腰，对几人说：“好久没来岸上了，晒太阳太舒服了，打了个瞌睡。不好意思啊，耽误了一会儿时间。”说着她就

指着那个大贝壳，邀请众人："快进来吧！"

"你是……龙王派来迎接我们的使者？"孙悟空挠了挠头。

"对啊，我叫淼淼，是个贝壳精，负责接送来往东海龙宫的宾客。" 淼淼伸出一根手指，一一点过几人，"龙王今天一早就吩咐我来海边接你们。你是孙大圣吧？那位想必是唐长老，那个看样子是沙僧，这个**呆若木鸡**的是……"

这会儿八戒可算回过神来了，站起来打断她："不是鸡！你什么眼神啊？俺才不是鸡呢！俺是一只英俊潇洒的猪！"

孙悟空一把捂住他的嘴："不懂就别乱说！"

"俺不！"八戒从孙悟空手里挣脱出来，指着淼淼，"她说俺是鸡，还是木鸡！"

"没人说你是鸡，"唐僧从后面走上来，拍着八戒的背安抚他，"**呆若木鸡是个成语，形容因恐惧或惊讶而发愣，像只木头**

做的鸡。”

“哦，原来是个成语。”八戒恍然大悟，“可为什么偏偏是木鸡，不是木猴、木猪呢？用木头雕刻的动物都一样呆呀。”

淼淼开口了：“呆若木鸡这个成语出自《庄子》中的一个故事。春秋时期的齐宣王喜好斗鸡，为了能拥有一只常胜不败的斗鸡，他专门召来训练斗鸡的高手纪渻（shěng）子。”

“然后呢？跟木鸡有什么关系？”八戒问道。

“你别急，听我说完。纪渻子花了三十天时间，为齐宣王训练出一只斗鸡。他告诉齐宣王，‘鸡虽有鸣者，已无变矣，望之似木鸡’，意思是这只鸡面对别的鸡的挑衅，已经没有任何反应了，看上去就像一只木头做的鸡。”

“啊？花了一个月就训出一只呆头鸡来呀？那齐宣王不得砍了他？”八戒张大了嘴巴。

“没有，”淼淼笑着摇摇头，“齐宣王就是想要这样的斗鸡，‘望之似木鸡’才是斗鸡的最高境界。这只鸡的呆，既不是傻气，也不是骄气与盛气，而是把精神全部收敛，专心致志地应对一切。”

唐僧补充道：“所以呆若木鸡最早是形容一个人镇定自若、态度庄重的，和发呆没有一点儿关系，意思倒是和大智若愚比较贴近。现在，呆若木鸡就只剩字面意思了，用来形容一个人因恐惧或惊讶而发愣的样子，也可以说呆头呆脑、瞠目结舌。”

“哦，原来是这样！”八戒脸一红，不好意思地对淼淼说道，“是我见识浅薄了，没想到你小小年纪就有这么大的学问！”

淼淼摆摆手说：“嘿嘿，不敢当不敢当。事不宜迟，你们快进贝壳吧，我带你们去龙宫！”

几人收拾好东西，跟着她进了贝壳。这贝壳里面十分宽阔，中间有柔软的坐垫。大家刚坐稳，贝壳就合上了，内壁镶嵌的夜明珠发出柔和的光芒。

淼淼伸出手在贝壳上拍了三下，贝壳就自己动了起来，平稳地向海里游去，众人在里面只听见“哗啦哗啦”的水声。

八戒看哪儿都新鲜，左摸摸，右碰碰，嘴里还嘀嘀咕咕：“想当年俺老猪还没吃素的时候，最爱吃这些带壳的东西了！”

“爱吃带壳的呀？好说！”淼淼翻了个白眼，“一会儿到了龙宫，我给你抓把瓜子吃！”

文曲星驾到

呆若木鸡（dāi ruò mù jī）

释义：形容一个人因恐惧或惊讶而发愣的样子。

近义词：呆头呆脑、瞠目结舌

成语造句：这个出乎意料的结局令他呆若木鸡，不知道该怎么办才好。

通关文牒

你能补全下列成语中缺失的动物名称吗？

①呆若木（　）

②黔（　）技穷

③害群之（　）

答案：①鸡 ②驴 ③马

第七回

师徒初探水晶宫，八戒错叫双生龙

毕恭毕敬

淼淼领着师徒几人向龙宫走去，一路上哈欠就没停过，困得直点头。孙悟空问她：“你刚才不是在岸上睡了一觉了吗，怎么还困成这样？”

淼淼无精打采地说：“龙王特别疼爱这个小孙女，因此对这场百日宴重视得不得了，邀请了好多宾客。这两天我已经不分昼夜地迎接了几十批客人了，根本没时间睡个囫囵（húlún）觉，都是趁龙王不注意偷偷在壳里眯一眯。”说完又打了个大大的哈欠。

“来了这么多人？龙王这次搞得挺隆重呀！”孙悟空十分惊讶。

“是啊，龙王说龙宫许久没有这样大的喜事了，正好大家一起聚一聚，就连龙王的两个姐姐都来了呢！”淼淼说。

“龙王不是只有兄弟四人吗？怎么又多出来两个姐姐？”唐僧十分好奇。

“这个嘛……”孙悟空挠了挠头，“我倒是有所耳闻，她俩是分管东海的双生龙，算是东海龙王的表亲，龙王刚上任的时候得了她俩很多帮助，所以非常尊敬她们。”

唐僧微微点头：“既是龙王尊敬的长辈，那咱们一定要礼数周到，千万不能失礼。”

这时走在后面的八戒问：“淼淼，一会儿见了她们，咱们该怎么称呼呀？”

淼淼走在队伍最前面，离八戒很远，加上她困得厉害，就没听见八戒的问题，自顾自地对几人说道：“一会儿你们见了两位夫人，记得一定要**毕恭毕敬**，龙王可看重这两位姐姐了！”

八戒模模糊糊听见“毕恭毕敬”四个字，点了点头，嘟囔了一句：“这名字怎么这么奇怪呢？”

几人谈笑着到了龙宫，龙王亲自出来迎接他们，带他们去了龙宫正厅。正厅里已经聚集了许多宾客，三三两两地正在闲聊，龙王的两位姐姐也端坐在桌旁，神态庄重，不怒自威。

八戒在一旁上下打量这琉璃筑成的透明宫殿和明珠珊瑚之类的新奇玩意儿，孙悟空伸手一拉他的胳膊，小声说：“过来打招呼啊！”

八戒一下子想起了淼淼嘱咐过的话，朝着两位夫人一弯腰，说：“两位毕夫人好！”

话音一出，所有人都傻了眼，呆呆地站在原地。两位夫人狐疑地转头看了看自己身后，确认没有其他人后，又转过头来问八戒：“什么毕夫人？毕夫人在哪里？”

“你是不是糊涂了，怎么乱叫人？”孙悟空气得用手肘捅了猪八戒一下。

“我没有！”八戒委屈极了，“淼淼刚才不是说两位夫人叫毕恭和毕敬吗？是不是她故意让我难堪？”

“我什么时候说过这种话？”躲在柱子后面的淼淼探出头来问道。

“我刚才问你该怎么称呼两位夫人，你说什么毕恭毕敬，难道这不是两位夫人的名字？”八戒气愤地质问淼淼。

“扑哧！”这下不止在场的其他人，就连一向严肃的两位夫人也用衣袖掩着嘴笑了起来，还向在一旁不知所措的龙王问道，“这是你的朋友吗？当真是可爱极了！”

八戒一听，就知道自己又犯傻了，他偷偷扯了扯孙悟空的衣角，小声问：“猴哥，我是不是又犯傻了？毕恭毕敬到底是什么意思呀？”接着撇了撇嘴，说：“我总是给师父和师兄丢脸，唉！”

“没关系，我看你倒是心性耿直，招人喜欢，”其中一位夫人把八戒招呼到身边，揉着他胖胖的脸颊说，“你可冤枉淼淼了，她定是没听见你问什么，光顾着嘱咐大家要讲礼数啦！”

“那你们不姓毕吗？”八戒还是迷迷糊糊的。

“哈哈，我们虽没有弟弟那样显赫的出身，却也是龙族的旁支，我们都姓敖，我叫敖珍，”她指了指另一位夫人，“她是我的双生妹妹，叫敖珠。”

“哦！那毕恭毕敬是什么意思？是要讲礼数的意思吗？”八戒追问道。

“对，毕恭毕敬是个成语，‘毕’这个字在古文中有完全、十分的意思，所以这个成语是指十分地认真和尊敬，形容态度很恭敬，后来也形容十分端庄有礼，也可以说恭恭敬敬、有礼有节。”

另一位夫人也补充道：“《诗经·小雅》中有一句‘维桑与梓，必恭敬止，靡瞻匪父，靡依匪母’，意思是看到父母亲种下的桑梓树，必须恭恭敬敬地站立在树前，谁不对父亲充满尊敬，谁不深深依恋母亲。后人就从这句话里化用出‘毕恭毕敬’这个成语。”

“原来是个成语，不是你们的名字，那我还真是错怪淼淼了。”猪八戒挠挠头，不好意思地看着淼淼。

“对呀，你可冤枉我了，我就是怕你初来龙宫，不懂规矩，冲撞了两位夫人，惹大家不开心，怎么会故意让你难堪呢？”淼淼委屈地抱着手臂，噘起了小嘴。

“好啦好啦，不提这些了！”龙王赶紧出来打圆场，命人把刚出生百日的小孙女抱了出来。只见襁褓（qiǎngbǎo）里躺着个粉雕玉琢的小娃娃，她脑门上长着两只嫩嫩的小龙角，一双葡萄似的大眼睛滴溜溜转着，好奇地打量着围上来看自己的人。

猪八戒第一次见到这么可爱的小娃娃，伸出手指去逗，小娃娃也不害怕，一把抓住了猪八戒粗壮的手指，“咯咯”笑了起来，抓着就要往嘴里塞。

猪八戒吓得连忙缩回手，摸着胸口说：“哎呀！好险好险，我说龙王，你这孙女真是心急啊！牙还没长出来呢，就想着吃肉了！”

一席话把众人都逗笑了，这时一个虾兵跑进来，说宴席已摆好了。龙王连忙带着宾客们去入座，共同庆祝孙女出生百日。

文曲星驾到

毕恭毕敬（bì gōng bì jìng）

释义： 指十分地认真和尊敬，形容态度很恭敬，后来也形容十分端庄有礼。

近义词： 恭恭敬敬、有礼有节、彬彬有礼、以礼相待

成语造句： 他毕恭毕敬地将书递给了老师，请求老师解答两个疑难问题。

通关文牒

下列成语中，结构和其他三个不一样的是（　）。

A. 毕恭毕敬　　B. 有礼有节

C. 无忧无虑　　D. 彬彬有礼

答案：D

第八回 三藏精心布迷阵，龙王大意输棋局

管中窥豹

热闹的宴会结束后，宾客们回到正厅休息，有的在百宝格前欣赏龙王的藏品，有的聚在一起品茗，还有的席地而坐，聊得好不热闹。

龙王走过来对唐僧说：“久闻唐长老棋艺高超，不如我们手谈一局？”

唐僧欣然答应，和龙王面对面坐在棋盘桌两边，悟空、八戒和沙僧好奇地围在一旁看他们对弈。

唐僧执白子，龙王执黑子。棋局开始后，连空气都安静了下来，只听“啪”“啪”的落子声，周围的宾客也都被两人的棋局吸引了，纷纷走过来观看。

大概过了一盏茶的工夫，棋盘上黑黑白白占了一大半，唐僧轻松自如地落子收子，龙王则是要思考很久才能走一步棋，宽宽的脑门上有细细的汗珠渗出来，周围的人也跟着紧张，不自觉地捏紧了拳头。

突然，龙王放松了身体，长出了一口气。众人一看棋盘，原来是六七个白子已经陷入了黑子的包围之中。龙王把被包围的几个白子从棋盘上拿走，脸上露出了得意的笑容：“哈哈，我就不客气了！”

“哎呀，被吃了这么多白子，师父要输了！”八戒急得拍大腿，恨不能亲自上场，替师父夺回那一片“阵地”。

“嘘！”孙悟空竖起一根手指放在嘴边，“瞎嚷嚷什么，你呀，真是**管中窥豹**！”

“什么豹？”八戒没听清楚孙悟空说的什么，注意力全集中在了棋盘上，只顾着大喊大叫，“哎哎哎，师父，别走那一步啊！”

周围的宾客纷纷投来不满的目光，淼淼蹦跶着教训八戒，手指都快戳到八戒脸上了：“观棋不语真君子，你懂不懂呀？”

孙悟空连忙把八戒拉到一旁，教训他说：“你也太失礼了。再说了，就你那半吊子水平，还指挥师父下棋呢，师父不会输的！”

“可是我明明看见师父被吃了那么多棋子，眼看着就要输了呀！”八戒急忙辩解。

“所以我才说你是管中窥豹！”孙悟空说。

“管中窥豹是什么意思？通过一根竹管去观察豹子吗？”八戒十分不解。

“对，字面意思是这样的。你想想，通过一根细细的竹管去看豹子，能看见什么？”

“那得看是观察豹子的哪一部分了，”八戒仰起头想了想，“如果观察身体的话，也就只能看见豹子身上一块小小的斑纹吧，就像铜钱一样的那个！”

“对呀，其实**管中窥豹的下一句就是‘时见一斑’，就是说通过竹管的小孔来看豹，有时只看得见豹身上的一块斑纹，看不到全豹，比喻只看得见事物的一小部分，看不全面。**”孙悟空回头看看不远处聚精会神下棋的龙王和唐僧，压低了声音，“你只看见了师父被吃了几个棋子，却没有观察整个局势的变化，其实这些都在师父的掌控之中，师父是故意放弃那几个棋子的！”

“啊？原来是这样啊，看来我也被师父骗过去了。”八戒挠挠头，“不过豹子不是猛兽吗？真的有人通过竹管去观察豹子吗？多危险呀！”

“那只是个比喻而已，”孙悟空解释道，“**这个成语出自刘义庆的《世说新语》，传说著名书法家王献之看到几个人正在玩樗（chū）蒲——古代的一种游戏，就在一旁指手画脚地对一方说‘你要输了’，那个人不高兴地看了他一眼，说：‘此郎亦管中窥豹，时见一斑。’就是说王献之只看见了片面的一部分，没有纵观全局。也说窥豹一斑、管见所及。**”

“那俺这次犯了跟王献之一样的错误！”八戒吐了吐舌头，不好意思地说道。

孙悟空又补充道：“虽然这个成语**多用作贬义词**，不过有时也指从微小的方面可推知全貌，跟**一叶知秋、见微知著**的意思相近。”

“嗯嗯嗯。”八戒已经听不进去了，嘴里敷衍着，伸长了脖子盯着棋盘的方向，孙悟空只好拉着他又回到棋盘旁边。

只见龙王吃了唐僧故意丢弃的几个白子后，逐渐轻松了起来，思考的时间也变短了，他又盯上了唐僧当作诱饵的几个白子，眼看就快把那几个白子包围了，却没注意到唐僧已经在自己的黑子外面布下了更大的“埋伏圈”。周围的人可都看得一清二楚，心里暗暗替龙王捏一把汗。

但龙王已经被唐僧故意放出的弃子迷惑了，还在考虑怎么吃掉那几个白子，突然，唐僧“啪”地落下了最后一个关键的白子，起身向对面仍在托着腮冥思苦想的龙王一拱手：“承让了！”

“啊？”龙王大惊失色，连忙观察整个棋局，才明白自己之前吃的几个白子是唐僧为了让自己放松警惕设下的弃子，而现在自己盯上的则是唐僧的诱饵。龙王叹了口气，也站起来拱了拱手：“唐长老果真是棋艺惊人，佩服，佩服！”

“没有没有，侥幸而已，龙王不要放在心上！”唐僧谦虚地说。

“唐长老不必客气，”龙王脸上没有一点儿失落，反而非常高兴，“胜固欣然，败亦可喜，唐长老目光长远，对全局**洞若观火**，实在是高明。我也要吸取教训，下次可不能再犯这种管中窥豹的错误了！下次切磋定让你刮目相看！”

“好，期待着那一天！”唐僧笑着应允。

众人又笑闹了一会儿，随龙王游览了恢宏壮丽的海底宫殿，便各自到客房中歇下了。第二天一早，众人前去与龙王告了别，又乘坐着淼淼的贝壳回到了海边，离开了东海。

文曲星驾到

管中窥豹（guǎn zhōng kuī bào）

释义：通过竹管的小孔来看豹，比喻只看得见事物的一小部分，看不全面，也比喻从观察到的部分可以推测全貌。

近义词：窥豹一斑、管见所及、以管窥天

成语造句：看待事物应该全面，不能管中窥豹。

通关文牒

下面四个成语缺失的字能组成一个新的成语，你知道它是什么吗？

（　　）狼当道　　　（　　）狈为奸

狐假（　　）威　　　管中窥（　　）

答案：豺 狼 虎 豹

第九回

师徒受邀入地府，罗汉发难扰阎王

异想天开

孙悟空等人刚走出东海地界，就看见前面人影一闪，只见一个戴着乌纱帽、穿着官袍的人迎了上来，跟众人打招呼：“几位长老好哇！”

孙悟空一眼就认出此人是守护这一地区城池的官员——城隍，就上前问道：“你是这儿的城隍爷吧？有何贵干呢？”

那人行礼道：“大圣果然见多识广，本官正是此地的城隍，刚才收到阎王急诏，他听闻几位长老游历至此，特差我来此地请诸位长老到地府一叙。”

孙悟空几人面面相觑（qù），谁也不知道阎王葫芦里卖的什么药，本想回绝，但是听城隍说阎王确实有要事相商，就对他说：“那你带路吧！”

城隍连忙点头，从袖中掏出一支笔来，在地上画了一个直径为一丈的圆形，念了一句咒语，只听“轰隆”一声，地上凭空出现了一道向下的阶梯。那阶梯又窄又长，黑漆漆的，仿佛直通地底。城隍一伸手，对众人说：“几位长老请吧！”

几人小心翼翼地跟着城隍从阶梯上走了下去。走了一会儿，一阵冷风吹过，众人不禁打了个寒战，抬头看时，已经到了地府门口。这里不同于阳间，到处都是黑漆漆的，建筑上悬挂着纸糊

的灯笼，一闪一闪地发出瘆人的青光。

门口的守卫连忙把几人带到阎王殿内。几人刚一进门，阎王就扑了上来，拉着孙悟空的手不放：“大圣，你总算来了，你可得救救我呀！”

孙悟空嬉皮笑脸地说：“哟，这可少见，什么人能把你吓成这样？”

阎王叹了口气，反问他：“唉，你可记得位列十八罗汉的开心罗汉？”

“记得，怎么不记得！他和我是老相识了，他的性子最是活泼耿直，在天庭时我们经常一起玩耍。”孙悟空连连点头。

阎王叹了一口气：“唉，都怪我那糊涂的阴阳使者。开心罗汉前几日下凡游历，化作一个胖和尚，昨天夜间他在一个破庙中入定时，阴阳使者以为他圆寂了，就顺手把他带到地府来了。”

孙悟空瞄了一眼阎王身后垂头丧气的阴阳使者，冲他竖了个大拇指——厉害啊，连罗汉都不放过。

“唉，他也是无心之失。”阎王摆摆手，接着说，“开心罗汉到了地府之后，我因为去年去天庭述职时见过他一面，所以把他给认出来了，又是赔礼，又是道歉，好吃好喝地招待了他一顿，正要原路送他回去，可你猜怎么着？他怎么也不肯走，说不能白来一趟，非要当当阎王过过瘾不可。哎呀，你说他怎么这样**异想天开**？”

“什么叫异想天开？”八戒在一旁听了半天，觉得这黑面阎王还挺好说话的，“异想天开就是当阎王的意思吗？”

“不是不是，**异想天开是个成语，比喻想法荒唐离奇，想象着暂时无法实现的事。**”唐僧解释道。

“哦，从字面上看，想着天空能裂开确实是挺奇异的想法，所以叫异想天开吧。”八戒摸着下巴若有所思。

孙悟空急忙纠正他的错误：“不不不，在这个成语中，**异想和天开是两个并列的词，异想就是离奇的想法，天开比喻凭空的、根本不可能发生的事，所以两个词合起来就是指想法离奇、不切实际。**”

“**这个成语出自清代小说《镜花缘》，书中写到一群姑娘在打趣对诗，用‘异想天开’这个成语来形容对方的想法离奇古怪。**”唐僧补充道。

“这样说我就明白了，”八戒点点头，“罗汉当阎王，这确实挺异想天开的。”阎王连连点头。

“那你叫我来干什么？”孙悟空盘腿坐在了大殿的书桌上，开口问阎王，“你也了解这开心罗汉的秉性，他一向喜欢胡思乱想，鬼主意多得很。你别跟他计较，反正这里是你的地盘，找个鬼差打发了他不就行了？”

“那可不行！”阎王擦着头上的汗，“他是十八罗汉之一，怎么说也算是天庭里有头有脸的人物，我也不能硬把他架出去。他是出了名的贪玩淘气，万一不高兴了，回头在玉帝面前参我一本，玉帝怪罪下来，我可担不起啊！”

孙悟空一摊手：“那你叫我来做什么？他那么胖，我也架不动他。”

“哎！大圣说笑了！”阎王赔笑道，“谁人不知天庭中数你和他关系最好，我也是万般无奈之下，才请你贵足踏贱地，你就帮我劝劝他，让他待够了就回去吧，也别计较我们工作的过失了，地府每天往来数万游魂，出错也是难免的嘛！”

“那行，那我就去劝劝。”说完孙悟空就从书桌上跳了下来，阎王连忙领着他们到偏殿去见开心罗汉。

路上孙悟空跟阎王开玩笑：“虽然我这兄弟的想法确实有点儿**匪夷所思**，但还是挺好玩的。要不这样吧，如果我这次能帮你把他劝走，你就让我当一天阎王，咱们来个阎王轮流做，怎么样？”

一句话把阎王惊得帽子都歪了，他连忙伸手扶正，满脸堆笑道：“大圣，这可不能儿戏呀！你就算想提要求，也得脚踏实地呀！”

“哈哈，不逗你了！”孙悟空把手一背，笑着向前走去，身后的唐僧、八戒和沙僧也连忙跟上，准备一同去见见这位顽皮的罗汉。

文曲星驾到

异想天开（yì xiǎng tiān kāi）

释义：比喻想法荒唐离奇，想象着暂时无法实现的事。

近义词：胡思乱想、匪夷所思

成语造句：他想拥有一双翅膀，真是异想天开。

通关文牒

你能补全下面的成语接龙吗？

异想天开 → 开（　）（　）山 → 山（　）（　）秀 → 秀外慧中

答案：门 见 清 水

第十回

罗汉地府谈旧事，书生雪夜遇奇缘

萍水相逢

众人来到了偏殿，开心罗汉正仰靠在一张躺椅上美滋滋地喝茶呢。他听到动静一抬头，孙悟空的尖脸就出现在他眼前，吓得他一口热茶“咕咚”就咽了下去，拍着胸口直咳嗽。

孙悟空拍着开心罗汉的肩膀问他：“好好的天庭你不待，跑到这黑咕隆咚的地方赖着作甚？走走走，跟俺老孙回去！”说着就要把他从躺椅上拉起来。

没想到开心罗汉坐得稳稳当当的，死死抓住躺椅扶手不放，嘴里还哼哼唧唧的：“我不走，除非让我当一天阎王！”看那样子，大有今天想让他走，只能把他和躺椅一起抬走的架势。

孙悟空心生疑惑，平日里这开心罗汉虽然嘻嘻哈哈没个正形，但是没有任性到这种地步。他眼珠一转，问道：“你闹着当阎王，应该不只是为了好玩吧？是不是有什么别的原因？”

本来在躺椅上闭着眼哼哼的开心罗汉听见孙悟空这么说，顿时收起了刚才那副泼皮无赖的样子，叹了口气，苦笑道：“我这点儿小心思果然逃不过大圣的火眼金睛。实不相瞒，我之所以这么做，确实是有我自己的原因。”

“什么原因？”孙悟空问。

“我要找一位故人。”罗汉回答。

“故人？”众人都竖起了耳朵。

“事情要从十年前说起，”开心罗汉捧着脸陷入了回忆，“十年前的冬天，我奉玉帝之命下凡捉拿一个作恶多端的千年老妖，没想到那妖精法力深厚，我虽然在一个大雪之夜成功收服了它，但是自己也被打伤了，只得化成凡人在一座破庙里暂时歇息疗伤。”

“然后呢？”孙悟空问。

“我进去之后才发现，那破庙里还有个要进京赶考，正在歇脚的书生。他看我浑身是伤，以为我被野兽袭击了，不仅撕下了身上的衣服为我包扎，还冒着鹅毛大雪走了十里路到隔壁的村庄去找郎中为我诊治。我虽是天神，无须医治也能自己恢复，但是他的行为让我大受感动。”

“这书生真是善良，”唐僧点头赞叹，“你和他**萍水相逢**，他能为你做到如此地步，实在是难得。”

“什么叫萍水相逢？”猪八戒听见了一个新词，忍不住插嘴问唐僧。

“萍就是指浮萍，你想想平日里水中的浮萍是什么状态？”唐僧反问他。

“这个嘛——”猪八戒仰起头想了想，“大概是随水漂泊吧，浮萍没有根，水流到哪里，它就漂到哪里。”

“对，萍水相逢就是指人像水面上漂荡的浮萍，聚散不定，比喻素不相识之人偶然相遇。”唐僧说。

沙僧听了也点头：“这么一说确实挺形象的，把漂泊之人比作无根浮萍，还有一种很凄凉的感情蕴含其中呢！创造这个成语的人一定很有文采！”

“你说对了，这个成语出自唐代文学家王勃的名篇《滕王阁序》，原句是‘萍水相逢，尽是他乡之客’，王勃用浮萍来形容之前素不相识，现在却从四面八方汇聚到一起的宾客们。”

“哎，你们扯哪儿去了？”开心罗汉见众人越扯越远，连忙挥手让他们集中注意力。众人也发现思路被猪八戒带偏了，便不好意思地示意开心罗汉继续讲。

“他与我素昧平生、非亲非故，却如此关照我，我大受感动，就询问了他的姓名以便日后报答，他却说举手之劳不必报答。第二天早上雪停了，他把我送到隔壁村庄的医馆里，才放心离开。在他临走之前，我再三追问，才知道他的名字叫梁仲远。”

“后来他果然考中了进士，回到家乡娶妻生子，做了个县丞。我也经常从天庭溜下去找他。他颇有几分才气，为人又亲切随和，我们很快就成了莫逆之交，可是……可是我昨天偷偷跑出来去他家找他时，却看见他的妻儿在家里披麻戴孝，原来他得了急病，几天前去世了！”开心罗汉说着就红了眼眶。

“啊？”阎王也很惊讶，“这么好的人怎么偏偏这么短寿呢？”

“这就是我不肯走的原因，”开心罗汉抬头看向阎王，“我得知仲远去世的消息后悲痛万分，就连夜到我们相识的破庙中为他祈福，但是我屏气凝神太过专注，就误打误撞被阴阳使者带到了这里。”

阎王大概猜到了他的意思：“那你是想……”

“我听说人逝世七日后会来地府报到，”开心罗汉伸出几根手指算了算，“那应该正好是明天，我本来想求你给仲远添一些阳寿，但我与你也只有**一面之交**，也知道生死有命，所以不知道怎么开口提这个过分的要求，索性就要赖拖延时间，看看能不能待到明天见他一面。”

“我也是不得已才出此下策，给你添麻烦了！”说着开心罗汉就从躺椅上站起来，准备给阎王行礼。

阎王连忙弯腰制止他：“哎！不必如此客气，这样的善人，又和罗汉是金兰之契，这么早辞世未免也太可惜了。阳寿可以添，你看十年怎么样？要不二十年？三十年够不够？”

开心罗汉大喜，脸上又出现了往日的笑容，又要俯身下拜：“那我替仲远谢过阎王爷了！”

“等等！”阎王摆手，“先别急着谢我，有件事得告诉你们，虽然人逝世七日后会来地府不假，但通常是直接去各地判官府那儿报到，并不经过阎王殿，只有遇到特殊情况我才会亲自提审。”

“啊！那仲远老家在常州，必定是去了常州判官府！”开心罗汉急切地说。

“常州判官府啊——”阎王捋着胡子想了想，“刚好常州判官今天任期已满，卸任去天庭供职了，目前还没有找到接班人，不如……”

“不如什么？”众人问。

阎王对开心罗汉嘿嘿一笑：“虽然阎王不能随便当，但你明天可以去当一天判官，怎么样？”

文曲星驾到

萍水相逢（píng shuǐ xiāng féng）

释义：浮萍随水漂泊，聚散不定，比喻素不相识之人偶然相遇。

近义词：一面之交、素昧平生

成语造句：我们虽然只是萍水相逢，但却很谈得来。

通关文牒

你能分清下面的成语哪些形容人交情深厚，哪些形容人交情浅薄吗？

泛泛之交　两肋插刀　萍水相逢　莫逆之交

答案：交情深厚——两肋插刀、莫逆之交

交情浅薄——泛泛之交、萍水相逢

第十一回

罗汉赴任寻故友，书生夜读随轮回

劳逸结合

阎王提议让开心罗汉去常州判官府当一天判官，听了这个提议，众人都傻眼了。

“哎呀！”阎王满脸堆笑，“你看，梁仲远明天肯定是要去判官府报到的，但是常州判官不在任，罗汉如果去代理一天判官，肯定能见到他。”

“那我能胜任判官的工作吗？会不会给你添麻烦？”开心罗汉有点犹豫。

“能！你肯定能！”阎王拍拍罗汉厚实的肩膀，热切地看着他，“判官的工作很简单的。判官府就像阳间的衙门，去那里报到的人在地府留有档案。如果是一切正常之人，你就放他们往生；如果是穷凶极恶之徒，你就加以惩罚。怎么样，是不是很简单？”

开心罗汉摸摸脑门，拿不定主意。

阎王趁热打铁，从兜里摸出一支雕着花纹的笔：“想添阳寿的话，用这支笔在生死簿上写上要添的年数就行了。”说完把笔往开心罗汉手里一塞，就想开溜。

孙悟空一把拽住阎王的衣领子，说道：“我算是看明白了，你就是想偷懒吧？要是我们不来，你就得代理这常州判官是不是？”

阎王看自己的小心思被识破，连忙辩解：“没有这回事！罗汉要去找梁仲远，代理判官只是顺手而已！再说了，偌大一个阎王殿，我总不能事事亲力亲为，也得**劳逸结合**嘛！”

“师父，阎王说的劳逸结合是什么意思？就是偷懒？”八戒摸摸头，问唐僧。

“你别听他瞎说！”孙悟空还是扯着阎王的衣领子不放，“**‘劳’指的是劳动，‘逸’指的是休息，‘劳逸结合’本身指的是工作和休息相结合，**但阎王这只是想偷懒而已！”

“那为什么要工作和休息相结合？一直工作不是效果更好吗？”一向勤劳的沙僧也提出了疑问。

唐僧抬头想了想，举了个例子：“因为人的体力和精力是有限度的，不能一直使用。你想想，如果咱们这次取经不分白天黑夜，只是一味往前走，困了也不睡觉，累了也不歇脚，那咱们又能走多远呢？”

八戒把头摇得和拨浪鼓一般，扁着嘴说：“使不得，使不得！俺老猪每走一个时辰就要歇脚，如果不让歇息的话，俺顶多走一天一夜，再走就累死了！再说了，还得停下来吃饭呢！”

唐僧点头说道：“对呀，就是这个道理，体力活儿会消耗体力，脑力活儿会消耗精力，休息是为了更好地工作，所以要学会劳逸结合、**有张有弛**。”

“哦！”八戒和沙僧恍然大悟。

“我愿意去代理一天判官！”这时一个坚定的声音响起，众人回头一看，原来是在一旁沉默了许久的开心罗汉。

开心罗汉攥（zuàn）紧了那支笔，对众人说：“阎王爷肯让我见仲远，我已经非常感激了，更何况还能给他添阳寿，我帮点小忙是应该的！”

孙悟空听他这么说，松开了阎王的衣领子，说：“既然罗汉这么大度，那俺老孙也不跟你计较了。”说罢转向唐僧：“师父，咱们也和罗汉一块儿去吧，万一他忙不过来，咱们还能帮着拿个主意！”

唐僧也被开心罗汉的重情重义打动，点头道：“这是我们应该做的，我们一起去吧！”

阎王听众人都答应了，连忙领他们去了常州判官府。常州判官府的主簿是个文弱的年轻人，众人进去的时候他正在书案边盯着一堆档案，眉头皱成一个深深的“川”字，样子十分苦恼。

“孙瑾啊，你在看什么？”阎王出声问他。

那个叫孙瑾的主簿闻声抬头，看见阎王，连忙行了个礼，答道：“没什么，只是上任判官离职，这些游魂的档案就被积压下来了，我随手翻阅了几页。”

“有什么发现？”孙悟空也凑过去看案上的档案。

孙瑾抬头看向阎王，阎王冲他点了点头：“这几位不是外人，你但说无妨。”

孙瑾这才放下心来，说出了心中的疑惑：“常州阳间的知府公正廉明、治理有方，州府内少有命案发生，来报到的基本都是些寿终正寝的老人。”说着他顿了顿，又翻了几下手里的档案：“可这两日来报到的人里多了许多书生，都是些年轻人。”

“年轻人？”众人都感到奇怪，“还是书生？”

“还是带一个人来问问吧！”阎王向身后的衙役招了招手。一会儿的工夫，衙役就带了个闭着眼、仿佛在睡梦中的年轻人过来。他戴着书生巾，穿着长袍，手里还紧紧攥着一本书。

“嘿，醒醒！”孙悟空连喊带叫。

那书生睁开眼，迷茫地打量了一下四周，问道：“这是哪儿？我要回去读书！”

“这是地府！”孙悟空说。

“啊？我记得我半夜在灯下读书，突然眼前一黑，我以为自己睡着了，难道我……”书生大惊失色。

“嗯……档案上的确说，他是在书房里连着三日不分昼夜地读书写文章，过于劳累导致心病发作逝世。”孙瑾拿着书生的档案说。

“你们读书人都这么不喜欢睡觉吗？这两天来了许多个像你一样的书生。”孙悟空问道。

“啊……”书生从自己已经不在人世的悲痛中回过神来，“过两天就是秋试的日子了，大概很多考生都会不眠不休、彻夜读书吧。”

“为什么要这么拼命地准备秋试？”

“秋试是选拔举人的考试，如果考中了举人，就有官做。”书生答道。

“唉，你们这些年轻人啊！”唐僧叹了口气，教训那书生，“总是想着十年寒窗然后中举做官。殊不知学习并不是一劳永逸的事情，要活到老，学到老，不能只把学习当作获得功名的手段，还要懂得劳逸结合，才能长久地学习嘛。”

“您教训得是！”书生被唐僧说得羞愧万分，阎王让他登记过后往生去了。

文曲星驾到

劳逸结合（láo yì jié hé）

释义：工作和休息相结合。

近义词：有张有弛、张弛有度

成语造句：在学习上，父母应注意让孩子劳逸结合，这样不仅能提高孩子的学习兴趣，还能让孩子懂得合理规划时间。

通关文牒

你能把“劳”和“逸”两个字填在下列成语中的正确位置上吗？

以（ ）待（ ）　一（ ）永（ ）　（ ）（ ）结合

答案：逸 劳 劳 逸 劳 逸

第十二回

恶人见利生歹心，罗汉智断家务案

虎视眈眈

第二天，众人刚吃过早饭，主簿孙瑾就拿来一套前任判官的衣服让开心罗汉换上。

开心罗汉是个躺着和站着差不多高的身材，他费了老半天劲儿，才把自己塞进那件小小的袍子里，拽拽前面，后面就短了，拽拽后面，前面就短了，样子很是滑稽。

开心罗汉往公案前一坐，问孙瑾："我什么时候能见到梁仲远？"

孙瑾翻了翻手里的档案："我看看……梁仲远是七天前的申时过世的，应该下午才会来报到。"

"那我上午干什么？"

"您先处理一下其他来报到的人就好，常州现任知府治理有方，州府内少有歹人作乱，不会很麻烦的。"孙瑾说。

果然如孙瑾所说，上午来判官府报到的都是一些寿终正寝的老人，登记过后就让他们自行离开往生去了，众人感到有些无聊，屏风后的孙悟空和猪八戒都半眯着眼打起了瞌睡。

突然，公堂之外一阵吵闹的声音传来，模模糊糊只听见什么"家产""亲子""养子""忘恩负义"等只言片语。

"何人在公堂之外喧哗？"开心罗汉一拍惊堂木，示意衙役把吵闹的人带进来。

过了一会儿，三个人跟着衙役走进了公堂，走在前面的是一个满头银发的老妇人，后面跟着两个中年男子。

开心罗汉打量了三人一眼，问孙瑾："他们有何纠纷？"

"这两个男子是兄弟，哥哥叫王为仁，弟弟叫王贤，这个老妇人就是他们俩的母亲，天生患有哑病，"孙瑾翻了一页手里的案卷，"这妇人几日前因病过世，王贤按遗嘱继承了全部遗产。王为仁指责王贤窜改遗嘱私吞家产，两人起了争执，王贤被王为仁失手打死，王为仁也在当晚因醉酒掉进河里淹死了。"

"我没想打他啊！大人，我先是和颜悦色地跟他商量，他拿三分之一，我拿三分之二，没想到他不同意，非要按遗嘱来！他一个捡来的，想夺我全部的家产，求大人严惩这个忘恩负义之徒！"王为仁"扑通"一声跪倒在地，指着王贤大声嚷嚷，口水都快喷到公案上了。

"请大人明鉴，我并不曾争夺兄长的家产。"王贤彬彬有礼地对开心罗汉说，接着他看向王为仁，"倒是兄长你，十几年来从未回家看过母亲一眼，母亲病重后你又对家产**虎视眈眈**，怎么这时装起孝子来了呢？母亲不把家产留给你，是因为你拿到钱就会肆意挥霍，这点你再清楚不过了吧！"

"大人！千万不能相信他的一面之词呀！他是我母亲从郊外捡来的，怎么可能比我这个亲生儿子更孝顺呢？分明就是他在母亲弥留之际私自窜改了遗嘱，把母亲的财产都归到自己名下！"王为仁顺势往旁边一歪，用手掩面，作势哭了起来。

"什么叫虎视眈眈？"八戒问孙悟空。

“你看那个王为仁的眼神。”孙悟空指了指公堂上跪着的哥哥。

猪八戒伸长脖子往那儿看，正好对上王为仁的凶狠眼神。八戒吓得一缩脖子，小声说：“妈呀！他脸上一滴眼泪也没有，原来是在假哭！而且他的眼神怎么这么怨毒？”

孙悟空朝王为仁的方向努努嘴，说：“他的眼神像不像老虎要吃人时的眼神？”

八戒连连点头：“像像像，比老虎还要吓人呢！”

孙悟空解释道：“**虎视眈眈的意思是像老虎要扑食那样凶狠地盯着。它形容心怀不善，想要伺机攫（jué）取。**王为仁一定是从他母亲病重时就开始打家产的主意了，看见母亲把家产留给弟弟之后就起了杀心。”

“**虎视眈眈这个成语出自《周易》，原句是‘虎视眈眈，**

其欲逐逐’，就是说像老虎那样贪婪地盯着，欲望没有止境，就像现在，他母亲的遗产就像一块鲜美的肥肉，他就是一只贪婪的老虎，就等着一口吞下肥肉呢！”唐僧摇了摇头。

就在三人咬耳朵的时候，公堂上的开心罗汉略一沉吟，翻看了一下档案，一拍惊堂木：“不许吵嚷，本官有话要问！”

他指着公堂上伏地“痛哭”的王为仁，声色俱厉地问道：“你母亲肺痨（láo）病重期间，你有没有去照顾过？”

王为仁先是愣了一下，后又把头点得像鸡啄米一样，说：“有有有！母亲卧病在床时，每天都是我为她做饭擦身、熬汤煮药，我的孝心天地可鉴啊！”

这时老妇人突然激动地发出“啊啊”的嘶哑声音，双手胡乱挥舞，仿佛是想说些什么。

这时，孙悟空偷偷在屏风后面冲着老妇人吹了口仙气，老妇人突然恢复了说话的能力，她先是惊讶地愣了一会儿，接着指着王为仁大骂：“你这个不孝子，拿我的家产去挥霍不说，还害死了你弟弟，我没有你这样的儿子！”

说完老妇人跪在公堂上，声泪俱下地对开心罗汉说：“大人，王为仁虽是我的亲生骨肉不假，但他从未照顾过我，反而是我的养子王贤，一直寸步不离地在我身边照顾，如果没有他，我这把老骨头早就来地府报到了，大人明鉴啊！”

王为仁见事情败露，还在一旁奋力狡辩：“大人，我的母亲已经糊涂了，照顾她的明明是我，您不能轻信她的一面之词啊！”

“闭嘴！”开心罗汉气得眉毛都竖起来了，指着王为仁说，“你的母亲根本没患肺痨，而是得了疟（nüè）疾去世的，你连自己母亲得了什么病都不知道，就敢在公堂之上满口胡言，妄图颠倒黑白，真是枉为人！”

说着开心罗汉伸手从签筒里抽出一根红头签，“啪”地扔到地上，厉声说：“罪人王为仁，母亲刚去世就**凶相毕露**，妄图侵吞家产，还在公堂之上跟本官讲什么亲子养子，污蔑兄弟。养子都恪守孝道，你这亲子却见钱眼开！本官今天就要治你这不孝不悌（tì）之罪！来人啊，把他拖进刑房，重打一百大板！”

王为仁吓得出了一身汗，挣扎着被衙役拖走了，堂下的人都拍手称快，纷纷对开心罗汉竖起了大拇指。

文曲星驾到

虎视眈眈（hǔ shì dān dān）

释义：像老虎要扑食那样凶狠地盯着，形容心怀不善，想要伺机攫取。

近义词：凶相毕露

成语造句：一看她从袋子里拿出明珠，本已虎视眈眈的匪徒立刻就下手抢夺。

通关文牒

下列成语中，结构和其他三个不一样的是（　）。

A. 虎视眈眈

B. 彬彬有礼

C. 含情脉脉

D. 想入非非

答案：B

第十三回 公堂兄弟终团聚，阎王锦上再添花

锦上添花

转眼就到了申时，报时的钟声刚刚响起，一个青年男子就跟着衙役走了进来，只见他一身长袍，身材清瘦，看着十分和善。他站定身子，一边下拜一边说：“晚生梁仲远，拜见判官大人，本人一生并未作恶，也无遗憾……”

他话还没说完，开心罗汉激动地站了起来，三步并作两步跑下堂去，一把将梁仲远搀扶起来，颤声说：“仲远，你仔细看

看，是我啊！”

梁仲远闻声抬头，看见了自己熟悉的面容，大吃一惊：“啊！罗兄，怎么是你？”

“此事说来话长。”开心罗汉把梁仲远拉到公案前，让他和自己并排坐下，向他讲述了事情的来龙去脉，屏风后面的师徒四人也走上前去听他们叙旧。

“所以，罗兄你是天上的神仙？没想到我居然有此奇遇！”梁仲远听完开心罗汉的讲述，连连惊叹，“那罗兄这次是为了……”

“实不相瞒，我实在是舍不得仲远兄就这样英年早逝，特地向阎王爷求情，想再给你添几十年阳寿，这样你既能照顾父母妻儿，又能继续为官造福一方百姓，岂不美哉？”开心罗汉拉着梁仲远的手说。

众人本以为梁仲远一定会爽快地答应，没想到他却轻轻地摇了摇头。

“啊？白捡的寿命，你为什么不要啊？你不思念你的父母妻儿吗？”猪八戒疑惑地问。

梁仲远又摇了摇头，轻声说：“非也，我很思念他们，我也很想念县里的百姓，可梁某一生算得上平安顺遂，又侥幸得了个功名，儿女双全，已经不枉此生了，本就不应该要求更多。”

梁仲远顿了顿，感激地看向开心罗汉：“罗兄为了梁某一介凡人而奔走于天地间，断不能再让罗兄为我操劳了，我愿就此往生，只是可怜我那孤儿寡母，就拜托罗兄多多照拂了。”

“啊，这……”众人没料到梁仲远这么有情有义，一时竟说不出话来。

就在众人沉默之时，一个欢快的声音传了进来：“恭喜罗汉寻回故友啊！”众人往门口的方向一看，原来是阎王来了。

“你就是梁仲远？真是一表人才！怎么样，想再活多少年？”阎王大步走了进来，拍了拍梁仲远的肩膀后突然察觉到了尴尬的气氛，便问罗汉，“这是怎么了？怎么都不说话？”

罗汉把梁仲远的想法跟阎王讲述了一遍，阎王捋了捋胡子，思索了一会儿，问梁仲远：“你真这么想？”

梁仲远点点头：“是的，梁某一生并无什么惊人之举，也不曾有旷世之功，无功不受禄，实在是愧对阎王殿下和罗兄的美意。”

“是个正直之人，”阎王转了转眼珠，“既然你不愿，那本王也不强求，只是如果你替我做事，我把二十年阳寿当俸禄发给你，怎么样？”

“嗯？”众人听了都一愣，不知道阎王是什么意思。梁仲远试探着问：“梁某不过是一介凡人，能为阎王殿下做什么呢？”

阎王哈哈大笑，说：“正好我这常州判官府的判官任满离职了，这位置空悬，你生前在县衙担任县丞，经验丰富，我有意让你接任，不知你意下如何？”

梁仲远愣了一会儿后向阎王一拱手，说：“多谢阎王殿下美意，容我思索片刻。”孙悟空见梁仲远还不答应，就在一旁说：“你就答应吧，这样你既能多活二十年，还能在地府捞个官做，岂不是**锦上添花**？”

“锦上添花是什么？是什么新的布料吗？”八戒挠了挠头。

“你说，锦缎是不是很好看？”孙悟空反问他。

“当然好看啦，亮闪闪的，做成衣裳穿那叫一个华丽！”八戒连连点头。

“那再在锦缎上绣花呢？”孙悟空接着问。

“那就更好看了！天庭里的仙子们就用带花的锦缎做衣服！”八戒想起了天庭里衣袂（mèi）飘飘的仙女们。

孙悟空解释道：“**锦上添花就是指在锦缎上绣花，比喻使美好的事物更加美好，**就好比梁仲远多添二十年阳寿是好事，再担任判官就是好上加好了，这就叫锦上添花。它的反义词是雪上加霜、祸不单行，这俩成语的意思是坏事接二连三地发生。”

“哦，这么说我就懂了，锦上添花就是好上加好，就好比米饭拌白糖，烧饼粘芝麻！”八戒想着想着，思绪就飘到了美食上。

“什么乱七八糟的！”孙悟空大笑，“哈哈，黄庭坚听了得气死！”

“关黄庭坚什么事？”八戒不解。

唐僧接话道：“**锦上添花这个成语出自文学家黄庭坚的《了了庵（ān）颂》——‘又要涪（fú）翁作颂，且图锦上添花’，意思是涪翁给这幅画题的字，让这幅画变得更加美好了。**”

这时，阎王又拍了拍梁仲远的肩膀，问他：“考虑好了吗？过了这个村可就没这个店啦！”

梁仲远抬起头来，对阎王深深鞠了一躬，说：“感谢阎王殿下重用，梁某一定不负您的期望！”

“哈哈哈，好！”阎王十分高兴，“那就这么说定了，我马上就给你添二十年阳寿，作为回报，你要给我当二十年判官，白天你就照顾父母妻儿，晚上你就来判官府工作！”接着又叮嘱了梁仲远许多要注意的地方，梁仲远一一记下。

开心罗汉也上前对阎王行礼感谢：“谢谢阎王爷让我与故友团聚，还给他找了这么好的差事，此等恩情日后定当报答！”

阎王连忙把罗汉扶起来，笑着说：“哎呀，罗汉言重了！区区小事，不足挂齿。梁仲远这样不可多得的人才，本官有了他的协助也是**如虎添翼**啊！若是罗汉方便，在玉帝面前帮我美言几句就很好啦！”

“一定一定！”开心罗汉连忙答应，众人也很满意这个结局。阎王又请罗汉和师徒几人饱餐了一顿，才让城隍将他们送回阳间。回到阳间后，师徒几人向开心罗汉和梁仲远道了别，又重新踏上了取经的道路。

文曲星驾到

锦上添花（jǐn shàng tiān huā）

释义：在锦缎上绣花，比喻使美好的事物更加美好。

近义词：如虎添翼、画龙点睛

成语造句：因为她相貌美丽，眉头上那颗小痣倒像是锦上添花，让她微蹙时犹胜西子几分。

通关文牒

你能补全下面这个以“锦上添花”开头的成语接龙吗？

锦上添花 → 花（　）（　）地 → 地（　）（　）博 → 博（　）（　）长

答案：天　酒　大　物　采　众

第十四回

海州行者问土地，金山玄奘访恩师

废寝忘食

与开心罗汉和梁仲远道别后，唐僧骑在白龙马上举目四望，自言自语道：“我们要到哪里去寻访《成语真经》的下落呢？”

孙悟空搔了搔下巴，眼珠一转，对唐僧说：“师父，既然《成语真经》是经书，那咱们不如去寺庙里问问？”

唐僧说：“有道理，可不知道咱们现在身在何处，周围可有寺庙？”

悟空笑道：“这有何难！”随即从耳朵里掏出金箍棒，往地上敲了两下，嘴里喊着：“土地老儿，快快现身！”

话音刚落，一个身材矮小的白胡子老人就从地下冒了出来，满脸堆笑道：“不知孙大圣到访，有失远迎，有失远迎！”孙悟空说：“不必客套，你且告诉我，此地是何处？附近可有什么寺庙？”土地爷答道：“回禀大圣，此处是海州府，附近只有一处比较大的庙宇，唤作金山寺。”

唐僧闻言大惊：“金山寺就是我小时候出家的寺庙，没想到我们竟到了此处！我与我师父法明长老多年不曾相见，此去正好可以探望他老人家。”说完便请土地爷带他们前往金山寺。

一会儿的工夫，众人就来到了金山寺，唐僧上前敲了敲山门，一个锃亮的小光头从门里探了出来，原来是一个小沙弥。

小沙弥好奇地打量了他们一下，问道："你们是何人？来此所为何事？"

唐僧忙说："我是法明长老的弟子玄奘，曾在金山寺出家修行，今日特来拜访师父，麻烦小师父通报一下。"

小沙弥点点头，一溜烟跑了进去，一会儿便领着一个慈眉善目的老和尚走出来。老和尚一看见唐僧，花白的眉毛微微发抖，双手拍拍唐僧的肩膀，说道："玄奘，一别多年，你怎么现在才来看为师！"唐僧也十分激动，几乎要落下泪来。孙悟空见状说："师父，法明长老，咱们别在门口站着啦，进去再细聊吧！"法明长老连忙把一行人让进金山寺。

唐僧和法明长老走在前面，细说着这些年来发生的事情，小沙弥领着猪八戒几人走在后面，时不时回头看看他们，一副欲言又止的样子，猪八戒看着好笑，便问他："小师父，你有什么话要说？”

小沙弥脸上微红，小声对猪八戒说：“我想问，怎样才能成为玄奘长老那样的高僧呢？你们跟随他多年，他有没有跟你们透露过修行的诀窍？”

猪八戒想了想，说：“这很简单！师父说不吃饭、不睡觉就行了！”

小沙弥闻言，吃惊地张大了嘴巴：“什么！不吃饭、不睡觉就能成为高僧吗？”

猪八戒肯定地点点头：“是的！我记得师父经常说，修行就是要不吃饭、不睡觉，俺老猪就是因为禁不住饿和困，总是忍不住吃饭、睡觉，才没法成为师父那样的高僧！”

小沙弥的眉毛都拧到一块儿了，他疑惑地追问道：“那玄奘长老一直都不吃饭、不睡觉吗？”

没等八戒回答，孙悟空就伸手弹了他的脑门一下，斥责道：“你胡说什么，师父何时教我们不吃饭、不睡觉？”

猪八戒委屈地说：“你打我做什么！难道我说谎了不成？师父不是经常说，修行就是要不吃饭、不睡觉，只不过师父用的是一个成语，叫什么什么忘记吃饭！”

沙僧在后面听了许久，试探性地问八戒：“二师兄说的，是不是**废寝忘食**啊？”

猪八戒一拍脑门，喊道：“对对对，就是这个成语——废寝忘食，我当时问师父它是什么意思，师父告诉我就是忘记吃饭、忘记睡觉，可不就是不吃饭、不睡觉嘛！”

孙悟空翻了个白眼，斥责道：“可别教坏小孩子了！”转头对小沙弥说道：“**废寝忘食，意思是顾不得睡觉，忘记了吃饭，**

是形容一个人专心努力的样子。”

猪八戒小声嘀咕道：“我说的也没有错嘛！”

走在前面的唐僧早已把他们的谈话收入耳中，他转过身来，笑着对八戒说：“八戒，为师曾教过你，理解成语的重点是弄明白它的含义，而不是只去理解字面意思。就像理解废寝忘食这个成语，重点是理解它是形容人十分勤奋的样子，可不是字面上的不吃饭、不睡觉哟！”

小沙弥双手合十，低头说：“谢谢玄奘长老，我明白了！之前法明师父也曾教过我孜孜不倦、闻鸡起舞这两个成语，它们同样是形容人十分勤奋，与废寝忘食的意思相近。”唐僧点头道：“是的，这两个成语都是废寝忘食的近义词，都是形容人工作或学习勤奋努力的。”

孙悟空摸了摸小沙弥光溜溜的脑袋，笑着说道：“真聪明！比我那不成器的师弟强多了！不如就让八戒留在这里，小师父陪我们去取经可好？”

猪八戒自知理亏，但还是愤愤回嘴道：“那倒好哩！听说金山寺的素斋美味无比，俺老猪在这儿吃上个十年八年，等你们取到了《成语真经》之后再来寻我便是！”

法明长老忙摆手道：“不可不可，只怕净坛使者吃上一年，我们金山寺就要被吃垮啦！”

猪八戒挠挠头，不好意思地说：“长老莫怕，俺刚才是开玩笑的，不过走了这半日，俺老猪也饿得前胸贴后背了，吃一年不行，吃一顿总可以吧！”

法明长老笑着说：“正巧也到吃午饭的时候了，诸位随我到斋堂用午饭吧，咱们边吃边聊！”

众人也有些饿了，就跟着法明长老前往斋堂。席间唐僧向法明长老打听《成语真经》的下落，不料法明长老也未曾听说过。众人决定先在金山寺习惯习惯凡间的生活，唐僧也想和法明长老交流一下关于经书的事情，于是大家就先在客房歇下了，准备几日后再出发。

文曲星驾到

废寝忘食（fèi qǐn wàng shí）

释义：顾不得睡觉，忘记了吃饭，形容一个人专心努力的样子。

近义词：孜孜不倦、焚膏继晷（guǐ）、闻鸡起舞

成语造句：姐姐废寝忘食地复习功课，终于以优异的成绩考上了重点大学。

通关文牒

你能完成下面的成语接龙吗？

废寝忘食 → 食（　）（　）腹 → 腹（　）（　）敌 →敌（　）（　）寡

答案：不　果　背　受　众　我

第十五回

金山寺师徒朵颐，怜黑猫小僧舍饭

舍近求远

众人在金山寺歇了一晚，第二天一早就被厨房里早饭的香味唤醒了，八戒摸着肚子直喊饿，几人只好起身洗漱，到寺院东边的厨房去看看有什么好吃的。

厨房里烟雾缭绕，充满了诱人的香味。猪八戒小跑到做饭的僧人身后，问道："你这是做的什么呀？"

那个僧人笑着揭开锅盖："这是我们寺院的秘制素包，住持吃了都说好！"只见大锅里蒸着一屉暄腾的包子，你挨我，我挨你，每个都白白胖胖的，让人忍不住想伸手捏一把。

猪八戒一看，口水直流，连忙飞奔到厨房旁边的斋堂的桌子旁坐下，唐僧等人也被勾出了肚子里的馋虫，坐到了桌旁。

这时法明长老带着昨天那个小沙弥虚空也来吃早饭了，僧人刚把包子端来，八戒就伸出双手，一手抓了两个，也顾不得烫，只管往嘴里扔，一边被烫得直吸气，一边含糊地说："哎呀……真好吃！师父，师兄，长老，你们快吃呀！"

众人也各自吃起饭来，吃着吃着，小沙弥对法明长老说："师父，我去盛饭。"接着端着碗"噔噔噔"地往西边跑远了，不一会儿，又"噔噔噔"地跑回来坐下，往碗里夹了个包子，刚吃了没两口，又站起来端着碗向西边跑去。

孙悟空疑惑道：“这厨房不就在旁边吗？虚空这是去哪儿盛饭？”

法明长老摇摇头：“不知道，四五天前他就开始这样，大概是去寺院西边的小厨房吧，那边远一些，但是早上有炒饭，这边只有包子。小孩子嘛，难免贪嘴些，也许想尝个新鲜。”

“我看他还有半碗饭呢，根本没吃完。”眼尖的沙僧提出了一个新的发现。

孙悟空说：“那定是有别的原因了，不然怎么会舍近求远，而且饭还没吃完就嚷着去盛。”

八戒虽然吃得头也不抬，耳朵可没闲着，一边嚼一边问：“师兄，什么叫舍近求远？”

“舍近求远按照字面意思理解，就是舍去近处的，追求远处的，形容做事走弯路。”孙悟空解释道，“就像虚空放着几步远的厨房不去，要跑到远处的小厨房盛饭一样。”

“哦！这个成语还蛮容易理解的，应该不是出自什么深奥的典籍吧？”

唐僧说道：“这个成语出自《孟子》，原文是‘道在迩（ěr）而求诸远’，‘迩’就是近的意思，这句话是说真理就在近处，却偏偏要去远处求索。和它意思差不多的成语还有好高骛（wù）远和小题大做。”

正说着，斋堂外又传来了“噔噔噔”的脚步声，虚空又端着碗跑进来了。他在桌子旁边坐下，气还没喘匀，光光的小脑门上挂着两滴汗珠。他又往碗里夹了一个包子，用筷子扒拉了两口饭，就用袖子将碗一遮，端着碗站起来往外跑。

虚空跑出斋堂后，孙悟空说：“我跟去看看。”接着纵身一跃，就从窗户翻了出去。

八戒把饭碗一撂（liào），抹了抹嘴："俺也吃饱了，正好去消消食，虚空怕不是觉得饭菜不合胃口给偷偷倒掉了，这可不是好习惯呀！"说完就跟了出去，当然他翻不动窗子，走的门口。

法明长老一听，也站起来往外走，还说："说得对，勤俭节约要从孩子抓起，我要去教训他一下！"

唐僧和沙僧也吃得差不多了，一看他们三人都走了，连忙跟上。

只见虚空蹦跶着一路往西，但是并没去小厨房，而是跑到了小厨房附近的花园假山旁边。他蹲下来，从碗里拿出那个包子，嘴里发出"喵喵"的声音。

听到声音，一只通体乌黑、只有四只爪子和肚皮呈雪白色的乌云盖雪猫从一个小洞里走了出来，它衔起虚空手里的包子，却并不急着吃，琥珀色的双眼直盯着虚空身后。

虚空往身后一看，发现了从墙后面探出来的从上到下排成一排的几张脸，顿时吓了一跳，手里的碗“哐啷”一声掉到地上，把猫吓得叼着包子就蹿回洞里去了。

几人看见自己已经被发现了，就走上前去。孙悟空敲敲虚空的小脑瓜，说：“我们还纳闷你为什么舍近求远，原来是舍饭喂猫呀！”

虚空的小脸红得像熟透的苹果，他低着头，眼睛偷偷瞄向法明长老的方向，支支吾吾地说：“师父……对……对不起！”

法明长老倒也不生气，只是问他：“寺里的猫不是有专人喂养吗？你为什么要把你的饭给它吃呢？”

“哎！这儿还有一窝呢！”这时八戒在旁边喊道，原来他走到了那个小洞旁边，正弯腰把头伸进去看。

几人也走到那个洞口旁，八戒把位置让出来，他们这才看见洞里除了那只乌云盖雪猫，还有一窝刚刚出生的小猫。小猫也就一个巴掌那么长，眼睛都没睁开，身上刚刚长出细细的绒毛。乌云盖雪猫正在温柔地用舌头舔着它们，看样子它是小猫们的母亲。

“这只猫刚刚生完小猫，寺庙里每日只喂猫一次，我怕它不够吃，也怕小猫被饿着，就想着多弄一些东西给它吃，又怕师父责怪我不务正业，所以就想了这么个歪招。”虚空鼓着小脸蛋在旁边解释道。

“可是你为什么不从小厨房拿东西给它吃呢？**就地取材**岂不是更方便些，这样舍近求远未免也太麻烦了！”八戒问。

“这猫比我还挑嘴呢，小厨房的炒饭它一粒也不碰！我就只能从东边的厨房拿包子给它吃，它可爱吃了！”乌云盖雪猫也“喵喵”地叫了起来，仿佛是对他的话表示同意。

“挑食可不是好习惯呀！”法明长老笑着对猫说，接着又转头看向虚空，“你偷偷拿了那么多吃的，为师一定要罚你！”

听了这话，虚空和师徒几人都一脸紧张。法明长老接着说：“就罚你照顾这只猫和这一窝小猫，一直到小猫长大吧！”

“师父最好了！”虚空高兴地向法明长老鞠了一躬。师徒几人也松了一口气，都打心眼儿里为虚空高兴。众人看了一会儿小猫之后就回客房休息了。

文曲星驾到

舍近求远（shě jìn qiú yuǎn）

释义：舍弃近处的，追求远处的，形容做事走弯路。

近义词：好高骛远、小题大做

成语造句：土豆这东西我们家乡多的是，你不必舍近求远到处去买。

通关文牒

下面成语中空缺的字都是第二个字的反义词，你能补全成语吗？

舍近求（　　）　　　以大欺（　　）

三长两（　　）　　　拜高踩（　　）

答案：远　小　短　低

第十六回

唐三藏受托撰文，小饕客错解成语

文思泉涌

师徒们在金山寺里待了几日，和小沙弥虚空混熟了，成了好朋友，于是寺院里的僧人总能看到这样的场景——上午孙悟空给虚空变戏法，下午沙僧背着虚空去逛庙会，晚上唐僧给虚空讲解诗文，半夜八戒还跟虚空在被窝里偷偷讨论寺里哪样素斋好吃。虚空也乐意跟这些“大朋友”一起玩，整日里都开心得不得了。

这天早上，八戒从后院的树上摘了几个鲜红饱满的大苹果，揣在怀里准备找虚空一起分享，但在寺院里转了几圈也没看到虚空的影子，只好拉住一个扫地的僧人：“小师父，你知道虚空现在在哪儿吗？”那僧人一指身后的书房，说：“我刚才看见他拿着书跑进去了，唐长老好像也在里面。”

八戒走到书房门口，刚要迈进去，虚空就从里面跑了出来，怀里还抱着一本书，一头撞在了八戒肚子上。

猪八戒“哎哟”一声发出了惊呼，却看见虚空竖起一根手指放在嘴唇上，“嘘！”然后转身小心翼翼地把书房门关上，小声对八戒说：“唐长老在里面呢，你来做什么呀？”

八戒看见他这副谨慎的样子，从怀里掏出一个苹果递给他，也压低声音说：“俺来给你送苹果！刚从树上摘的，甜着呢！”

虚空乐开了花，对着苹果“咔嚓”咬了一口，说：“真好吃，谢谢八戒长老！”

“嘿嘿，不客气，我去给我师父送一个，他肯定也爱吃！”八戒说着就要推门，却被虚空抱住了腿：“别进去，唐长老忙着呢，他正在书房里酝酿发大水，可不能进去！”

“啊？”八戒大惊，“师父什么时候学的变戏法，怎么好端端的要在书房里发大水？”

“我也不知道，我刚才找唐长老问经书上的问题，唐长老跟我说，”虚空挺了挺腰板，清了清嗓子，模仿着唐僧的语调，“虚空啊，我这会儿正**文思泉涌**呢，一时半会儿顾不上你，你先出去玩吧！”

说完虚空把八戒拉到院子里的花坛边，一屁股坐下，啃起了苹果，一边啃一边问八戒：“八戒长老，文思泉涌是什么意思？是凭空把泉水变出来吗？我曾听师父说你会三十六变，悟空长老会七十二变，沙僧长老也会三十六变。唐长老是你们的师父，他岂不是会一百四十四变？”

八戒也挠挠头：“我不曾见过师父会什么变化之术呀，我也不知道文思泉涌是什么意思，不过我知道文思和尚，那可是著名的美食家呢！”

“哦！我也知道文思和尚！”虚空恍然大悟，“师父曾对我说，我们寺院的素斋做得这么好吃，很大一个原因就是受到当年游历至此的文思和尚的指点，到现在脆皮文思豆腐都是我们寺院的招牌素斋，只有招待贵客的时候才能吃到呢！”

八戒一听到脆皮文思豆腐，口水马上滴了下来，幻想着那外酥里嫩的口感，摸着下巴说：“那一定是了，文思豆腐和文思泉涌肯定都和文思和尚有关，文思泉的水可能就是做文思豆腐的原料，原来师父是在书房里为我们准备做午饭的原料呀！师父真好！”虚空也连连点头。

这两人在院子里讨论了一番，达成了共识，正巧被路过的法明长老听见了，他走进院子里问他们：“你俩在说什么？什么文思和尚、文思豆腐的？是不是八戒想吃我们寺院的脆皮文思豆腐了呀？我已吩咐人去做了，待会儿就能吃到。”

八戒连忙谢过法明长老。虚空拉住法明长老的衣角，问：“师父，文思泉在哪儿呀？怎么才能变出来？”

“什么文思泉？”法明长老被这突然的一问搞得摸不着头脑。

八戒说：“刚才虚空在书房，听见我师父说他正文思泉涌，我们都猜测文思泉的水就是做文思豆腐的原料，所以虚空才这么问你。”

八戒的话还没说完，法明长老就摸着花白的胡子大笑起来：“哈哈哈！我说你们怎么在这儿讨论文思和尚和文思豆腐呢，原来是这样，你们都理解错啦！”

“哎？那文思泉涌是什么意思呢？”两人好奇地问道。

“文思泉涌是个成语，‘文思’不是指文思和尚，而是**指写文章的思路。文思泉涌的意思是思路像泉水一样涌出来，它形容思路开阔敏捷，**也可以说**文思敏捷**、**妙笔生花。**”

虚空捧着小脸蛋认真地说：“啊，以奔涌的泉水形容思路的畅通，确实是很巧妙的比喻！那这个成语出自哪里呢？”

“**这个成语出自三国著名文学家曹植的《王仲宣诔（lěi）》，原文是‘文若春华，思若涌泉’，意思是文章像春天烂漫的花朵，文思如山间奔涌的泉水。后人就用文思泉涌这个成语来形容行文思路像泉水奔涌那样迅速、丰富。**”唐僧这时从书房里走出来回答道。

虚空跑到唐僧身边，抬起头问他：“唐长老，那你刚才是在写文章吗？”

“是啊！昨天师父托我为寺里新建的阁楼写一篇碑文，我今天一早就起来构思，你进来前我突然有了灵感，就说自己正文思泉涌，没想到你们会联想到文思豆腐。”唐僧说着用手摸了摸虚空的脑袋瓜，“没想到你和八戒一样贪吃呢！”

虚空不好意思地低下头笑了，这时有僧人过来说吃午饭的时间到了，法明长老便邀请师徒几人一同去品尝美味的脆皮文思豆腐。脆皮文思豆腐果然脆嫩无比，口齿留香，众人交口称赞，一直吃到几乎走不动路才罢休。

文曲星驾到

文思泉涌（wén sī quán yǒng）

释义：思路像泉水一样涌出来，形容思路开阔敏捷。

近义词：文思敏捷、妙笔生花

成语造句：今日这篇社论的见解精辟极了，作者必是文思泉涌，才能有此佳作。

通关文牒

你知道下面几句诗文暗含了哪些成语吗？

① 文若春华，思若涌泉。——曹植《王仲宣诔》

② 郎骑竹马来，绕床弄青梅。——李白《长干行·其一》

③ 等闲识得东风面，万紫千红总是春。——朱熹《春日》

答案：①文思泉涌 ②青梅竹马 ③万紫千红

大话成语学堂 2

跟着特级教师巧学成语

陈琴 主编 周美琳 向诗意 编

人民邮电出版社
北京

图书在版编目（CIP）数据

大话成语学堂 ： 跟着特级教师巧学成语. 2 / 陈琴主编 ； 周美琳， 向诗意编. -- 北京 ： 人民邮电出版社，2023.6
ISBN 978-7-115-61102-4

Ⅰ. ①大… Ⅱ. ①陈… ②周… ③向… Ⅲ. ①汉语－成语－小学－教学参考资料 Ⅳ. ①G624.203

中国国家版本馆CIP数据核字(2023)第023949号

内 容 提 要

重启取经之路后，唐僧师徒四人不仅被削弱了法力，还面临着更多的挑战。你瞧，成语“小白”猪八戒一路上闹了不少笑话，还惹了不少麻烦，这把孙悟空给气的。

在这一册中，请你紧跟他们的脚步，一起来探寻“刻舟求剑”“一泻千里”“蓬荜生辉”“入木三分”“悬壶济世”等成语背后的故事，完成一次难忘的西游之旅吧！

本书依托《西游记》中鲜活的人物形象，将历险故事与成语知识紧密结合，让孩子在快乐阅读中追溯成语本源、纠正成语误用、发现成语妙用。

◆ 主　　编　陈　琴
编　　　　周美琳　向诗意
责任编辑　朱伊哲
责任印制　周昇亮
◆ 人民邮电出版社出版发行　　北京市丰台区成寿寺路 11 号
邮编　100164　　电子邮件　315@ptpress.com.cn
网址　https://www.ptpress.com.cn
天津千鹤文化传播有限公司印刷
◆ 开本：880×1230　1/32
印张：16.625　　　　2023 年 6 月第 1 版
字数：372 千字　　　2023 年 6 月天津第 1 次印刷

定价：158.00 元（全 6 册）

读者服务热线：(010)81055296　印装质量热线：(010)81055316
反盗版热线：(010)81055315
广告经营许可证：京东市监广登字 20170147 号

目录

第十七回

悟空思乡归故里，洞中家祭论祖宗

光宗耀祖

虽然不舍，师徒四人还是告别了金山寺众人，继续出发了。这一路上，唐僧发现孙悟空蔫（niān）头耷（dā）脑的，似乎没了往日的精神，便问他：“悟空，你怎么了，可是有心事？”

孙悟空长叹一声：“唉！实不相瞒，我看到师父这次回了金山寺，便也有些思念俺的花果山了，也不知道俺那些猴子猴孙这些年过得怎样。”

唐僧看着唉声叹气的孙悟空，心里顿时生出怜悯之意来，便提议说：“咱们可以先去花果山歇息几日再出发，也好解一解你的思乡之苦。”

孙悟空一听唐僧愿意与他去花果山，眼睛顿时亮了起来，连忙引众人向花果山奔去。

“孩儿们，我回来了！”刚入花果山，悟空便大喊道。

花果山一众老猴小猴看见孙悟空，都叫嚷起来，“大王，你可回来了！”“大王，咱们都好想你！”个个欢天喜地，连挠带扯地把师徒几人迎进去。孙悟空吩咐几只小猴去准备宴席，自己则转身招呼道：“师父、师弟，随我来，我带你们到山里转转。”

几人边走边欣赏花果山秀丽的风光，路过一个山洞时，闻到里面飘出了烟火味，担心是天气干燥引发了山火，便走进去察看。

刚进山洞，猪八戒就嚷嚷道：“哎！里面有人！”原来洞里有一壁龛（kān），壁龛里竖着一排木板，每块木板上都画着一只年迈的猴子，木板前点着一些香烛，一只小猴子双手合十跪在壁龛前，嘴里念念有词。

“孩儿，你干什么呢？”孙悟空问道。

“大王，今天是家祭日，”小猴子伸爪依次指了指木板，语气中带着骄傲，“你看，这是我的父亲、祖父、曾祖、高祖、天祖、烈祖、太祖、远祖……我用蜡烛照照我的祖宗，也算是光宗耀祖啦！”

孙悟空大笑道：“孩儿，光宗耀祖可不是这个意思，要是点点蜡就算光宗耀祖，你怎么不生一堆火呢？那不更亮吗！”

小猴子挠挠后脑勺，问：“大王是嫌不够亮？要不我再去找什么东西烧一烧？”

孙悟空伸手弹了小猴子一个脑瓜崩，说：“**光宗耀祖是指子孙做了官或者出了名，使祖先和家族都感到荣耀。**”接着拍拍胸脯，颇为得意地说：“所以想要光宗耀祖，不能缩在山洞里烧香点蜡，要出去闯出一番名堂来，就像俺老孙如今被封了斗战胜佛，世人谁不知道俺孙悟空的大名？这才算光宗耀祖！”

“此言差矣！”孙悟空正得意着呢，突然被唐僧的声音吓了一跳，回头看时，唐僧正微笑着看他。

孙悟空疑惑地问：“师父，我哪里说错了？光宗耀祖不就是这个意思吗？”

唐僧摇摇头说：“这个成语的意思你倒是没说错，可是它用在你身上是不合适的。”

“怎么不合适？”孙悟空搔搔下巴上的毛，皱起了眉头。

“‘光宗耀祖’这个成语，‘光’是有面子，‘宗’是宗族，‘耀’是显耀，‘祖’是祖先，连起来的意思就是让宗族有面子，让祖先显耀……”唐僧话锋一转，“可是你知道你是怎么出生的吗？”

“知道，俺老孙是天生石猴，‘嘭’的一声，”悟空比画了个爆炸的手势，把八戒吓得往旁边一跳，“从石头里蹦出来的。”

“对呀，你是天地所生，哪有祖先呢？”

悟空若有所思地点点头，突然又想起了什么，开口问道：“那宗族呢？这满山的猴子猴孙不是我的宗族吗？”

唐僧耐心地解释道：“宗族是指有血缘关系或者姓氏相同的人群。悟空你是通灵石猴，天生地养，可他们呢？”唐僧指着小猴子，道：“这些小猴子都是爹生娘养的，虽然你把他们称作猴子猴孙，但他们不能算你的宗族呀！”

“听师父这么一说，我还真用错了，”孙悟空叹了口气，眼角有些湿润，“唉，俺老孙虽然修成了正果，立下了赫赫威名，可到头来还是孤身一人，连个族亲都没有，更别提光宗耀祖了。”

八戒连忙安慰道：“猴哥，这没什么大不了的！俺老猪被贬时可是直接托生在猪圈里的，俺总不能去猪圈里认亲吧！俺和你一样，你别伤心了！”

沙僧也附和道：“俺也一样，在流沙河待的时间太久了，连祖先都记不清了。大师兄，你别难过，你还有我们呢，咱们一同经历了这么多风风雨雨，早就是亲人了！”

小白龙看着大家的情绪如此低落，便开口活跃气氛：“哎！

大师兄！我倒算有宗族，可当时还不是被我老爹赶出了家门，他还说我有辱门楣呢！我倒是羡慕你一个人自由自在，不然我跟你换一下，我来管这花果山，你去当当龙太子，如何？”

孙悟空被他逗乐了，笑骂道：“一边儿去，俺老孙才不要给那龙王老儿当儿子呢，我给他当爷爷还差不多！”

唐僧上前温柔地抚摸着孙悟空的手，劝解道：“悟空，你潜心学艺，一路保护为师取得真经，现在也是无人不知、无人不晓了，何必执意追求光宗耀祖、**光耀门楣**呢？更何况，你还有爱戴你的猴子猴孙，还有风雨同舟的师父和师弟，还有志同道合的朋友，我们这些人对你而言，不是亲人胜似亲人，振作一点儿吧！”

孙悟空抹去眼角的泪珠，点头说道：“嗯！我虽然不能选择我的出身，但是我要珍惜你们这些真正爱护我的人，让身边的人为我感到骄傲！我明白了，谢谢师父的教诲！”

唐僧闻言欣慰地笑了。这时山下有猴子来禀报，说宴席已经准备好了。孙悟空收拾好心情，领着几人有说有笑地下山去了。

文曲星驾到

光宗耀祖（guāng zōng yào zǔ）

释义：指子孙做了官或者出了名，使祖先和家族都感到荣耀。

近义词：荣宗耀祖、显祖荣宗

成语造句：我爷爷送爸爸去读书，是想让爸爸将来能光宗耀祖。

通关文牒

下列成语中，与“光宗耀祖”的结构最相近的是（　　）。

A. 鸡鸣狗盗

B. 石破天惊

C. 假公济私

D. 穿针引线

答案：D

第十八回

小猕猴刻树求高，孙悟空借典解疑

刻舟求剑

花果山的猴子们准备了十几桌野果山珍，把山洞里珍藏多年的梅子酿也取了出来，师徒几人和众猴美美地饱餐了一顿。

吃饱喝足后，沙僧离席去方便了一下，回来时，身后却跟着一只满脸泪痕的小猴。沙僧把他带到孙悟空面前，说：“大师兄，我刚才在回来的路上听见这只小猴独自在树林里啼哭，我问他为何伤心，他也不作声，我便把他带回来了。”

孙悟空朝小猴勾勾手指：“孩儿，过来！”

小猴一边抹眼泪，一边慢慢靠到孙悟空身边。孙悟空一把揽住小猴的肩膀，问他：“我问你，你为什么自己在树林里哭？”

小猴深深地低着头，不说话。

孙悟空看他害羞，就逗他：“是迷路了回不了家，还是被老鹰啄了或是被狼咬了？告诉大王，大王帮你咬回来！”

小猴“扑哧”一声破涕为笑，脸上飞过几丝红云，支支吾吾地说：“大王，我……我……怎么越长越矮了？”

“啊？”孙悟空被这突如其来的一问搞得摸不着头脑，“你说什么？”

小猴不好意思地捂住了脸，声音细得像蚊子一样：“是这样的，我从小就比较矮小，特别盼望着长高，爸爸妈妈总是说小猴到了六七岁就能长高了。于是六岁生日那天，我就在木头上刻了一个和我一样高的记号，可是，可是……”说着小猴抽噎起来，眼角又开始溢出了泪水。

唐僧安慰道：“你不要着急，后来发生了什么？”

小猴用爪子胡乱抹了一下脸上的泪水，说：“今天是我的七岁生日，刚才我高高兴兴地去和那个记号比较，想知道自己长高了多少，可是却发现我比那个记号足足矮了好几寸！呜呜呜！大王，照这样下去，过几年我岂不是就矮得看不见了？”

众人听完，也都一头雾水，不知道为什么会这样。孙悟空把眼睛滴溜溜转了一转，问他：“孩儿，你把那记号刻在哪里了？带我们去看看！”

小猴点了点头，一路小跑，领着众人到了一片树林里，然后指着一个地方，噘着嘴说：“就是这里！”

众人顺着他指的方向一瞧，只见那是一棵枝叶茂密的小树，叶子绿油油的，树干笔直，树皮上有一个用石头刻出的记号。孙悟空指着树问小猴：“你说的木头，就是这个呀？”

小猴重重地点了点头，说：“别的树树皮太硬，我刻不动，只有这棵小树的树皮比较软，我就在这上面刻了记号。”说着就站到那个记号前面比画了一下：“你们看，它是不是比我高出好多？我是不是得了什么病才长不高呀？”说着又要掉下泪来。

孙悟空觉得又好气又好笑，一巴掌拍在小猴的脑袋上，说：“你啊，得的是傻病！你这不是**刻舟求剑**吗？”

这一巴掌吓得小猴把眼泪生生憋了回去，他摸着脑袋疑惑地问道：“大王，什么叫刻舟求剑？”

“**刻舟求剑是从《吕氏春秋》中的一个故事演化而来的**

成语，一般比喻死守教条，拘泥成法，固执不变通。”唐僧解释道。

小猴从来没听过这个成语，眨着眼睛懵懂地问：“胶条是什么？是胶做成的条吗？”

“师父，他是一只七岁的小猴子，大概听不懂这些。”孙悟空对唐僧说，接着蹲下身看着小猴，“我给你讲讲这个故事吧。”

“战国时，有个楚国人坐船渡江。船到江心，他一不小心将随身携带的一把宝剑掉进了江水里，他赶紧伸手去抓，可惜为时已晚。船上的人对此感到非常惋惜。但那人马上掏出一把小刀，在船舷上刻了个记号，并且对大家说，这个记号标记的是宝剑落水的地方。”

“哎？为什么要这么做呢？”小猴不明白。

孙悟空没有回答，而是接着讲道：“船靠岸后，那人立即从船上刻有记号的地方下水，去捞取掉落的宝剑。他捞了半天也捞不着，便自言自语：‘明明宝剑就是从这儿落下去的，怎么找不到了呢？’”

小猴听了哈哈大笑：“这个人真是愚蠢啊！船一直在往前走，他的宝剑早就沉入了水底，不会随着船移动，他当然找不到宝剑呀！连我这个小孩子都知道这个道理，他却不明白，真是大笨蛋！”

孙悟空也笑道：“哈哈，这就是刻舟求剑的故事，也叫楚人涉江。你这不是挺聪明的吗？怎么轮到自己的时候就不明白了呢？”

小猴争辩道：“我和他才不一样呢！我，我是在树上刻的……”话说到一半，他突然醒悟过来：“哦！我在长高，小树也在长高呀！我这简直是刻树求高！哎呀，我真是太笨了！太笨了！”

小猴一边说一边懊恼地拍着脑袋。孙悟空把他的手拨开：“别拍啦，挺聪明的小脑瓜，再拍就成大傻瓜了！”

小猴嘿嘿地笑了起来，说：“谢谢大王，我明白了，小树长高，我也长高，我和小树一起长高！那我肯定能长得比小树还高，对不对？”

“对对对，”孙悟空含笑看着他，“你看花果山的叔叔伯伯们，哪个不是身材高大、威武强壮？只是不光要长个子，也得长心呀，遇事不能按图索骥、墨守成规，要懂得随机应变、因时制宜呀！”

“嗯！我明白了，谨遵大王教诲！”小猴说完就一溜烟跑去和小伙伴们玩儿了。

师徒几人活动了一番，肚里的饭菜也消化得差不多了，看到天色已晚，就各自回房间休息了，准备这两天在花果山好好游玩一番。

文曲星驾到

刻舟求剑（kè zhōu qiú jiàn）

释义：比喻死守教条，拘泥成法，固执不变通。

近义词：按图索骥、依样葫芦、墨守成规

成语造句：你老是想用老方法来解决新问题，这和刻舟求剑有何不同？

通关文牒

下面的几句古诗中都暗含一个成语，你能把它们找出来吗？

①堪笑东坡痴钝老，区区犹记刻舟痕。——苏轼《王中甫哀辞》

②身无彩凤双飞翼，心有灵犀一点通。——李商隐《无题》

③奇文共欣赏，疑义相与析。——陶渊明《移居二首》

答案：①刻舟求剑　②心有灵犀　③奇文共赏

第十九回

寻失女八戒传信，再出发师徒离山

沉鱼落雁

师徒几人在花果山待了几日，唐僧挂念着取经的事，这天清早便对孙悟空说："悟空，咱们在这儿玩了多日，也该出发去取经了。"

孙悟空虽舍不得花果山的猴子猴孙，但毕竟天庭的任务在身，就道："师父说的是，那我马上让他们去准备行李，咱们今天就动身。"说着就吩咐旁边的小猴去准备一些糕饼当作路上的干粮。

小猴挠着头说："大王，咱们向来是渴饮山泉水，饥食林间果，哪里会那些制糕制饼的手艺？"说罢，他眼珠一转："不过我们可以到山脚下的清泉村去让那里的村民们烤些糕饼，就是不知道来不来得及。"

孙悟空朝旁边的八戒勾勾手："八戒，你到山脚下的清泉村去拜托村民烤一些糕饼，我们一会儿去取，然后和你一同出发。"

"哼，"八戒不满地说，"跑腿的活儿怎么总是我做？"不过他转念一想，自己也许可以吃到几个新鲜出炉的糕饼，就提起九齿钉耙哼哼唧唧地往下山的方向去了。

过了一会儿，孙悟空和唐僧、沙僧打包好了行李，正准备出发，却看见满头大汗的八戒回来了。他一见几人，就一屁股坐在地上，“呼哧呼哧”喘着粗气：“唉，可累死俺了，腿都走断了，下次这种苦差事找别人干吧！”

唐僧问：“不是让你在山下的村子等着吗，你怎么又回来了？”

猪八戒用袖子擦着头上的汗：“我已经拜托村民们做糕饼了，但是昨天有户人家的女儿去山脚的林子里采药，一晚上都没回来，恐怕是跑上山了。他们听说咱们一会儿要下山，就拜托咱们在路上留意一下，我这是上山给你们报个信。”

孙悟空问八戒：“你有没有问清楚那个姑娘几岁，长什么样子？”

八戒仰起头，努力想了想，说：“大概十五六岁，应该是个女英雄，最不济应该是个侠女。”

“侠女？她的家人告诉你的吗？”众人见他言之凿凿，纷纷

问道。

猪八戒摇摇头：“不是，那女子的母亲急得话都说不出来，但是村里的老先生跟我说，那姑娘沉什么鱼、射落什么雁来着……所以她不仅能下河抓鱼，还能弯弓射落大雁，应该是个武艺高强的女侠吧？”

虽然猪八戒的描述听着不太靠谱，但是出发的时辰到了，众人决定一边走一边留意路上的情况。

行至半山腰，众人就看见了一个女子的背影，她挎着个竹篮，正在山路上东张西望。唐僧走上前去，问她：“这位女施主，可是遇上了什么麻烦？”

那女子闻声转过头来，只见她柳叶眉，丹凤眼，乌云鬓（bìn），鹅蛋脸，挽着一个松松的发髻，一身粗布衣裳也难掩清丽的面容，神情有些疲惫和慌乱。

她对几人行了个礼，说：“我是山脚的村民，昨天傍晚本来

在山脚的林子里采药，后来看见一只五彩斑斓的野鸡跑过，就去追赶，不知不觉就追到了山腰的林子里。我晚上不敢独自下山，就随便找了个山洞歇了一晚，白天才出来找下山的路。”

孙悟空转头问八戒：“她是不是就是走丢的那个姑娘？”

八戒摇头说：“不是不是，你看这位姑娘的腰比俺老猪的胳膊都细呢，怎么看也不是抓鱼射雁的料！”

那位姑娘听了，也开口问道：“几位长老在找谁？”

八戒回答：“山脚的清泉村有户人家走丢了个女孩，年纪跟你差不多大，我们正在帮忙找呢。”

“那为何提到抓鱼射雁？”姑娘问。

“清泉村的村民说丢失的那个女孩能下河抓鱼，能弯弓射雁。说起来，你也是山脚村子里的，你认识这个人吗？”

姑娘说：“哎呀，我就是清泉村的，难道还有其他姐妹在山上迷路了吗？可是我从小在村子里长大，我们村子里并没有这样的女孩呀？”

猪八戒自言自语道：“不可能啊，明明说的是**沉鱼落雁**，难道是我理解错了？”

孙悟空一听，抠了抠耳朵眼：“八戒，你再说一遍？”

猪八戒重复了一遍：“沉鱼落雁啊！我刚才突然想起来，那个老先生说的就是沉鱼落雁，感觉和抓鱼射雁差不多嘛！”

孙悟空无奈地笑了，揪着猪八戒的耳朵说：“你真是越来越呆了！**沉鱼落雁的意思是鱼儿见了沉入水底，大雁见了降落沙洲，它形容女子容貌美丽。**你倒好，理解成什么下河抓鱼、弯弓射雁！要按你这么说，那它的近义词——**闭月羞花**，是不是要把月亮藏起来，把花都掐掉啊！”

猪八戒“哎哟哎哟”直叫唤，却还嘴硬：“哎呀！什么沉鱼落雁啊，这也太夸张了！再美丽的女子也不可能让游鱼沉底，让大雁降落啊！直接说貌美如花、倾国倾城多好？你肯定是胡诌来骗我的！”

唐僧上前拉开两人，对八戒说：“八戒，你师兄还真不是胡诌的。**这个成语出自《庄子·齐物论》，说春秋时期的毛嫱（qiáng）和丽姬是有名的美女，可以让‘鱼见之深入，鸟见之高飞’。唐朝诗人宋之问后来形容美人时也曾作诗云：‘鸟惊入松萝，鱼畏沉荷花。’此后世人便以‘沉鱼落雁’形容女子之貌美。**它的近义词还有**花容月貌**。”

“原来是这样！”猪八戒点点头。他突然面色一红，有些不好意思地说：“那这位女施主当真称得上是沉鱼落雁了！不好意思，让你见笑啦。”

姑娘捂嘴一笑：“不打紧，我还要劳烦你们带我回家呢！”说话间几人已下了山，走到了清泉村外。“几位长老到我家来坐坐，喝口茶吧！”姑娘说。

“不必了，”唐僧说，“我们还有取经任务在身，不便久留。”姑娘也不勉强，便去取了村民们准备好的糕饼交给几人。师徒几人与姑娘道过别后，踏着朝阳离开了花果山。

沉鱼落雁（chén yú luò yàn）

释义：指鱼儿见了沉入水底，大雁见了降落沙洲，形容女子容貌美丽。

近义词：闭月羞花、花容月貌

成语造句：一个人如果心地不善良，纵使有沉鱼落雁之貌，也不算是真正的美人。

通关文牒

你知道下面的成语中有哪些动物吗？

沉（　）落（　）　（　）骧（　）步　（　）丝（　）迹

答案：鱼　雁　龙　虎　蛛　马

第二十回

八戒当众引大笑，悟空连连恨无知

一泻千里

他们马不停蹄地赶了一上午的路，太阳公公渐渐从东边爬到了正头顶，师徒四人都感到口干舌燥、疲惫不已。

“这还要走到猴年马月啊！”抬手抹掉头上的汗珠，脸色比苦瓜还难看的八戒，连连唉声叹气。

突然，他脸色一白，叫唤道：“哎哟！俺老猪的肚子！好痛！哎哟、哎哟……师父你们等等俺，俺去上个厕所——”说着就捂着肚子弯着腰冲了出去。

“哎！那边有个水坝，估计有厕所，你跑反了！”悟空急得大喊。

“知道啦——哎哟，我的天，痛死俺了……”八戒立马掉头，整张脸痛苦地皱在一起，边跑边喊痛。

“二师兄没事吧？”沙僧担心地问道。

“别管他！肯定又是在路上趁咱们不注意，偷吃了什么野果子。哼！活该他肚子痛。”悟空的白眼都快翻到天上去了，“师父，沙师弟，我们去水坝那儿休息一下，等天气稍稍凉快些再走吧。”

于是几人来到水坝边。沙僧取过葫芦正准备打水，便听到远处传来猪八戒的声音：“哎呀，这下舒服了！都怪那蘑菇，害得俺老猪拉肚子，一‘泄’千里，怕是都瘦了……”说着还抓住自己肚子上的“游泳圈”，掂量了几下。

“哈哈哈哈，这位小老弟，你这一泻千里恐怕用得不对呀！”一阵稍显沙哑的笑声突然传来。众人看去，只见一位白胡子飘飘的老者，背微微坨着，双手负在身后，虽是满脸皱纹，但是面泛红光，双眼有神，走起路来仍矫健如壮年。

“嘿，你这老头儿，凭啥说俺用得不对？”八戒走上前来，一手叉腰，一手拿着九齿钉耙，不满地说道，“一‘泄’千里，说的不就是闹肚子，然后排泄吗？”说到这儿，八戒依旧理直气壮，可一旁的悟空却是恨得牙痒痒，毫毛都羞得竖起来了。他连忙上前捂住八戒的嘴巴，训斥道：“你怎么好意思说出口啊？真是丢死猴了！”

老者听了八戒的话也不恼，反而豪爽地笑着：“哈哈，小老弟说话还挺直接嘛！此‘泻’非彼‘泄’，它是指水急速地往下流。像你这样粗心大意的小孩儿经常会记错呢！哈哈哈！”

悟空见八戒还是一脸糊涂，恨铁不成钢道：“是左边一个‘氵’，右边一个‘写’字的‘泻’！一泻千里形容江河奔流直下，也可以形容文笔或乐曲气势奔放，不是用来说闹肚子的！”

“是啊，二师兄，你忘记文曲星老师在课堂上讲过吗？”沙僧也凑上前来，向八戒解释着，“一泻千里，出自唐代大诗人李白的《赠从弟宣州长史昭》：‘长川豁中流，千里泻吴会。’说的是长江奔流滚滚，直泻江南。宋代的陈亮在《与辛幼安殿撰书》中更是直接写出：‘大江大河，一泻千里。’这些都是形容江河滔滔的。”

“这……对不起，是俺老猪错了。”八戒听完师兄和师弟的话，耳朵一耷拉，挠挠头，不好意思地说，“对不起，老施主，都怪俺老猪马虎，上课没有好好记，还和您顶嘴。俺老猪不会再犯这个错误了！”

“无事无事，记住了就好，哈哈哈。”老者慈祥地看着八戒，又伸手摸了摸八戒的猪脑袋，安抚道。

“这位老人家，”唐僧上前礼貌地问，“您何故到这水坝之上来？”

“哎，别看我一把老骨头，这座水坝可是我一手建造的呢！”老者笑呵呵地回答。

“哇！老施主居然这么厉害啊！”八戒惊喜地睁大眼睛，像个“小迷弟”一样看着老者。

老者捋了捋自己的胡子，回忆起自己的丰功伟绩：“我年轻时是这双叉岭区域内的河道总督，那时这条河还不像现在这样‘温柔’，河道迂回曲折，年年发大洪水，旱季时又频频缺水，一涝一旱，搞得下游民不聊生。”

老者看悟空等人一个个聚精会神、津津有味地听着，笑一笑便继续说道：“这样下去此地的农业也不能发展。‘必须要建一座水坝！’我心里如是想到，也这样做了。我翻阅无数有关水利的书籍，请专人一起设计了这座水坝，幸得此地百姓也很支持，最后顺利建成，如今已经五十年过去啦。”

老者的自豪神情感染了师徒四人，八戒更是听得激动不已，正当他准备夸赞老者时，耳边传来一阵钟声。

“这是什么声音？”八戒黑溜溜的眼睛盯着水坝最高处的塔。

“哈哈哈，小老弟，你们真是运气好！这些天久旱不雨，下游用水短缺，今天老儿我就是来令水坝开闸的。”老者回答。

“哇，俺老猪还没有见过水坝开闸是什么样子呢！”八戒兴奋地在原地跳起来，肚子和耳朵抖了两抖，“像瀑布一样吗？俺知道！俺知道！肯定是一！泻！千！里！对不对？”

“哈哈哈，你不如转身亲眼看看？”老者指了指水坝。八戒顺着他指的方向望去，只见水坝阀门缓缓抬起，上游的积水像脱缰的野马般，瞬间从坝口汹涌而出，激起百丈水雾，直向五人扑面而来。

直到水坝关闸，众人都久久回不过神来，最后还是悟空反应过来，吆喝道：“我们该上路啦！”

文曲星驾到

一泻千里（yī xiè qiān lǐ）

释义： 形容江河奔流直下，也形容文笔或乐曲气势奔放。泻，水急速地往下流。

近义词： 一泻百里

成语造句： 金沙江穿行在四川边界的深山峡谷间，江面狭窄，一泻千里。

通关文牒

你知道这些谜语的谜底是什么吗？

①最快的流水（打一成语）。

②瀑布落差一千里（打一成语）。

答案：①一泻千里 ②一泻千里

第二十一回

行善积德护书本，学识渊博胜五车

学富五车

过了大坝，师徒四人沿着一条宽阔平坦的大路继续前行。

“哎，前面有个岔路口啊。”难得走在队伍最前面的八戒，仿佛刚刚闹肚子的不是他一样。他将手举到额头上，向前张望着。

只见几辆马车堵在路的中央，车夫们站在一旁焦急地讨论着什么，迟迟没有前进。

“那边怎么回事？俺前去打探打探！”八戒说着屁股一扭，转身向前跑去。

“他吃错药了？怎么突然变得这么积极？”悟空小小的脑袋里充满大大的疑惑。

“几位施主，打扰一下，请问你们把马车停在这路边，是在等什么人吗？”八戒一改往常的调皮态度，颇有礼貌地询问道。

一个高大的男人朗声回答：“见过这位圣僧，我们是山那边的车夫，现在要将这五车东西运到山对面的学堂去，但这是我们第一次走这条新路，地图又丢了，完全不知道该往哪边走了！”

“没事，不用担心，俺大师兄眼观六路，耳听八方，可厉害了！他肯定能帮你们。”

不远处的唐僧听罢也点点头，说道：“出家人理当多行善事。悟空，你也去搭把手吧。”

“是！师父。”悟空应了声，便朝他们走去。

“几位施主可是要去山对面？待俺老孙前去探路一番！”话音刚落，他口中小声念了一句咒语，召来了筋斗云，便飞身而去。

而一旁的沙僧却好奇地打量起这五辆马车，啧啧称赞道：“这五匹马都是毛色靓丽的好马，这五辆车也是用上等的木材制造的，车中装的一定是名贵物品吧！”

“不是的，这里面装的都是书籍。”车夫直白地回答道，然后掀开帘子给一行人看。

八戒惊叹道：“哇，这些书装订整齐，还透着油墨味儿，一看就是新书。这开学堂的先生定是一位知识渊博且富有的大善人吧！”

“俺老猪明白了！这就是所谓的‘**学富五车**’！人学了渊博的知识赚了钱，所以富有到可以买五辆上等马车！”八戒急忙显摆起自己学过的成语，一副信心满满的模样，连耳朵都得意地扇动起来。

“学富五车可不是这个意思！”此时探路回来的悟空猛地降落在八戒面前，给了他两个大大的“毛栗子”。八戒疼得捂住了脑袋连连叫疼，委屈巴巴地躲到唐僧身后，一脸不解地喊道：“大师兄你又打俺！这个成语不就是这个意思吗？师父，你快给俺评评理啊！”

唐僧看着他这副滑稽的模样，无奈地摇了摇头，说道：“悟能莫闹，学富五车当然不是这个意思。**学富五车出自《庄子·天下》：‘惠施多方，其书五车。’意思是一个人的学识丰富到像**

五辆车拉的那么多。此处的'富'是丰富的意思，与钱财没有半分关系。"

"原来是这样啊！"八戒有些难为情地低下了头，耳根微微泛红。他突然又想到了什么，说道："对了，大师兄，你探路有结果了吗？我们一起帮他们把这五车书护送到学堂吧！"

"嗯，俺刚从天上看到，左边这条路可以通向一些房屋，刚好和俺们要走的是一条道，走吧！"悟空回答道。

于是，师徒四人便领着车夫们向山对面的学堂走去。

"这位施主，你们是学堂里的车夫吗？你们的雇主到底是什么样的人啊？有这么多书，他一定是个博学多才的人吧！"护送的途中，八戒一脸好奇，询问起走在最前面的那位车夫。

那车夫一听，哈哈大笑道："我们并不是那个学堂的车夫。这些车都是我们自己的，我们的孩子都跟着那位教书先生读书，这些书都是村民们集资买回来赠送给他的。那位先生也不是出自什么富家名门啦，甚至过得算很清贫了。"

笑罢，他又喃喃地说道："但说那位先生才高八斗、学富五车完全不为过。他只身一人撑起整个学堂，任劳任怨，从来不求回报，连学费都不曾收取。我们几家人本也是贫苦出身，哪有什么钱财送孩子去学堂？可有了那位先生在，孩子们得了他的教导，都变得懂礼仪、明是非。那位先生可谓是造福了这一整片山岭啊！"

一旁的唐僧听罢，行礼道："阿弥陀佛，我佛慈悲，世间竟有如此善良之人。悟空，我们一定要护送这五车书到学堂，只是不知是否有幸见到那位教书先生。"

"放心吧，那位先生不仅为人善良，还十分热情好客！若是知道圣僧们到访，他必定十分欢迎！"

听到车夫的回答，八戒也心情大好地点头说道：“天色不早了，俺们走快一些吧！俺老猪也想向他讨教一些成语知识，这样就不会再闹笑话，被大师兄揍了！”

“你以后还是要好好学习，免得让人说你胸无点墨、目不识丁，老给师父丢人！正好这次拜访这学堂，你要向这位行善的先生好好讨教讨教，知道吗？”悟空揪起八戒的耳朵连连教育道，八戒羞得满脸通红却又不敢反驳。

一行人被他的模样逗得哈哈大笑，脚步也变得轻快了许多，距离学堂也越来越近了。

文曲星驾到

学富五车（xué fù wǔ chē）

释义：形容学问渊博。

近义词：博大精深、博学多才、见多识广

成语造句：他知道的事特别多，人们都夸他博闻强识、学富五车。

通关文牒

成语接龙时间到了！我先来：学富五车。

答案：车水马龙→龙飞凤舞→舞文弄法→法不徇情

第二十二回

知晓教书先生意，心念桃李满天下

桃李满天下

悟空等人终于将装载着书籍的五辆马车安全送到了目的地。映入眼帘的是一座稍显破旧的学堂，耳边传来了朗朗的读书声。

“先生，您的书到了！”车夫向堂内喊话。

须臾，走出来一个中年男子，他身着灰色长衫，一头黑发用一支古朴的木簪（zān）固定住，宽大的袖袍和衣摆随着他的走动在空中翩翩起舞，浑身散发着书卷气。

“辛苦你们了，稍等片刻，我这就去取劳务费。”男子温和的声音仿若清泉，流进在场所有人的耳中，令人一时陶醉其中。

突然回过神来的车夫们摆摆手，连忙拒绝：“不必不必！先生教书辛苦，又不收学费，造福了我们这一片山岭，我们怎么可能收您的钱呢！”他们一个个都带着憨厚的笑容，满眼感激地望着男子。

“哎哟，你这教书的还真是奇怪！这学堂破破烂烂的，你身上的衣服也灰扑扑的，为啥不收学费，给自己买点儿像样的衣服，把学堂也翻新一下呢？看着好寒酸啊！”八戒突然插话，歪着脑袋，小眼睛滴溜溜地转，不停地四处乱瞟。

“八戒休得无礼！”唐僧立马出声制止，转身向教书先生鞠躬道歉，“这位施主，我这徒儿不懂事，冒犯了您，还请您原谅他。”

悟空也眼疾手快地揪住八戒的耳朵，将他拉到一旁，圆眼一瞪。

“哈哈，客人不必在意。鄙人只是一名教书先生，不求大富大贵，只求桃李满天下就好！”教书先生对唐僧回以一礼，笑呵呵地说着。

八戒从悟空手里救出自己的耳朵，边揉边小声嘀咕：“又不是种树的，还想让满天下都是桃树和李树……”

“二师兄你错了，但又没有完全错。桃李满天下的‘桃李’，虽然确实是指桃树和李树，但是我们常拿它们喻指‘培养的后辈或所教的学生’。‘满天下’自然就是多且分布广的意思。”沙僧跨步上前，挡住正气得吹胡子瞪眼的悟空，边安抚边向八戒解释，“这个成语比喻培养出来的学生很多，各地都有。说明先生是一个致力于教书育人的人，不在乎穿的和住的。”

一旁的教书先生听了，赞同地点点头，说：“不知诸位是否听过子质的故事？相传春秋时期，魏国有一大臣，名叫子质，是一个很有学问的人。他因得罪当时的国君，便到一位并不富裕的老熟人家中避难，开了学堂，广收学生，不分贫富贵贱，一视同仁。”

“这和桃树、李树有啥关系啊？”八戒不屑地撇撇嘴。

唐僧转了转手里的佛珠，正色道：“八戒，为师刚刚是如何教你的？”

“无事无事，这位圣僧有所不知，这子质的学堂里有一棵桃树和一棵李树，学生们都在树下跪拜认师，子质也倾尽所能，让学生们受益匪浅。学生们为表达感谢，都在自己的住处种下桃树、李树……”

“因为子质教了很多学生，他们到全国各地做贡献，还种下桃树和李树，所以最后就变成‘桃李满天下’了？”八戒忍不住接话，仿佛被故事中的子质所吸引，眼睛里亮晶晶的，闪着敬佩的光芒。

孙悟空看着八戒终于是“猪嘴里吐出了象牙”，便放弃了想要敲他头的念头，将手搭在他的肩上，说：“哼哼，看来你也不是很呆嘛！俺还知道除了子质外，**《资治通鉴》中还记载了唐代名臣狄仁杰门生众多，他向当时的朝廷推举了很多人才。有人感叹：‘天下桃李，悉在公门矣。’**哎，你看看人家，都是无私奉献、不为名利，哪像你满脑子都是给自己买新衣服，还好吃懒做！”

“唉，猴哥你怎么还一捧一踩？夸那些人就好了嘛，怎么还连带着损俺老猪呢？太不厚道了吧！”八戒噘着嘴，鼻子紧皱，一脸怨念地剜了悟空一眼。

悟空无所谓地耸耸肩，无视八戒的怨言，望着天吹起了口哨。八戒气得直跺脚，指着悟空“你你你”了半天却说不出话来。

沙僧前来圆场，转移话题道：“这位先生可是在效仿古人？志在桃李满天下，真是令人敬佩啊！”

突然，学堂里跑出来几个小孩子，笑闹着喊：“先生先生，你在干什么呀？快来教我们念诗！哇！好多书啊！”

几个小孩儿蹦蹦跳跳地跑到马车前，惊讶地张着嘴，一张张红扑扑的脸蛋，满眼欣喜，互相拉着彼此，分享着自己找到的好玩意儿。

“你看这个！”

“哇，我喜欢这个！”

“好多新书啊，太好啦！”

…………

教书先生看着孩子们，眼神中充满希望和慈爱：“你们看，这些求知若渴的孩子，都是国家未来的栋梁。今日我教导了他们，他们长大成材后，将知识传播到更多地方，就算是交了学费啊！”

接着他转过头，看着师徒四人说道：“鄙人看你们四人一马，想必就是要去取《成语真经》的圣僧吧。”

八戒吃惊地看着教书先生，下意识说：“不愧是老师，真聪明啊！”

教书先生笑呵呵地继续说：“其实我们做的都是同一件事情。你们此行取来经书，定能开拓世人眼界，到时候这天下肯定遍布‘桃李’，不是吗？哈哈哈。”

“善也。”唐僧亦眼带笑意地回答道。

就这样，四人告别了教书先生，带着他的理想，信心满满地继续踏上了取经路。

文曲星驾到

桃李满天下（táo lǐ mǎn tiān xià）

释义： 比喻培养出来的学生很多，各地都有。桃李，指培养的后辈或所教的学生。

近义词： 桃李遍天下

成语造句： 广大人民教师的愿望就是能桃李满天下。

通关文牒

你发现了吗？“桃李满天下”是一个五字成语！你还知道哪些五字成语呢？快来说一说吧！

答案：铁杵磨成针、针尖对麦芒、行行出状元、艺高人胆大

第二十三回

宾客尽兴主家欢，茶余饭后话竹马

竹马之交

师徒四人继续向前走，前方山林渐渐茂密起来，而不远处就是双叉岭了。这山林中人烟稀少，却迎面走来个头戴豹皮帽、身披虎皮、脚踩麂皮靴、拿着弓箭的人，一身猎户打扮。他仔细看了看唐僧，又看了看他的三个徒弟，随即哈哈大笑，弄得唐僧师徒感到莫名其妙。一番交谈后才知道，原来这人正是刘伯钦[①]的后人刘博厚。

刘博厚引着唐僧师徒四人进了双叉岭，走到山的向阳处，一个农家小院映入众人眼帘。刘博厚指着院内正在做木匠活儿的青年说：“这是犬子木生，那个舂（chōng）米的妇人是木生的媳妇蕙兰。”

唐僧师徒进到刘博厚家，蕙兰上前为他们奉茶，但神色有些紧张。她心想，这毛猴脸、猪头胖肚、满脸大胡子的都是些什么人，模样也忒吓人了。木生倒是比蕙兰镇定得多，他对唐僧说道：“想必您就是家父常常提起的玄奘长老，这几位定是您的高徒了。”

一旁的八戒暗自思忖，这山中人烟稀少，但蕙兰看上去却容貌甚好、皮肤白皙，不像是荒山里养出的姑娘。双叉岭有许多虎豹精怪，这木生，该不会是碰见什么妖精了吧？八戒越想越觉得

① 绰号镇山太保，在打猎途中从虎口下救了唐僧。

不对劲，忍不住和悟空商量。悟空还没来得及说话，唐僧就发现了他俩的动静。

“悟空、八戒，你俩嘀嘀咕咕地说什么呢？”唐僧扫视一番，就看见他俩在悄悄说话，这也太不尊重主人了，心中有些不满。一时间大家都看向八戒和悟空。

“这……”这下轮到八戒难堪了。这要怎么开口，总不能直接说我怀疑你家儿媳妇是妖精吧？八戒转念一想，唯唯诺诺地小声说：“这蕙娘子真是美若天仙，不像是山里人家养出来的。”

蕙兰听到这话，羞红了脸，躲到了木生后面。木生大大方方地介绍：“蕙兰与我是**竹马之交**。”说着回头看了一眼蕙兰，又继续说：“我们自幼便一起玩耍呢！”

“竹马之交？”八戒直犯嘀咕，“竹子和马能有什么交情，用竹条抽打马吗？没想到蕙娘子看上去柔弱，竟然是个厉害角色。”八戒心里暗暗说了一句，原来是“母老虎”啊！

“八戒，你这话也太无理了！怎么能随便评价主人家呢！快向这位施主道歉。”唐僧刚刚只是稍有不满，这下是彻底发火了。八戒不懂竹马之交也就算了，怎么能胡说八道呢？

八戒吐了吐舌头，拱手作揖：“对不住，刚才的话多有得罪，还望施主海涵。”蕙兰不说话，躲到屋里去了。木生看到这个场面开始打圆场，笑道：“我娘子比较害羞怕人，相信这位猪长老也只是一时嘴快。”悟空听到“猪长老”这三个字忍不住笑起来，被唐僧抓了个现行。“悟空，你和八戒说说什么叫竹马之交吧。”唐僧心里暗自摇头，这个八戒，真是让我不省心。

“这个竹马嘛，”提到了竹子，悟空顺手拔下一根毫毛变出一根竹竿，“是指小孩儿们玩的一种把竹竿当马骑的游戏中的道具。”悟空跨在竹竿上，接着说：“一起玩这种游戏的朋友就是童年好友。**竹马之交说的就是童年时代要好的朋友。**”八戒听完恍然大悟。刘博厚却被这毫毛变竹竿惊到，大呼神奇。

八戒此时面露愧色：“真是不好意思，我理解错了竹马之交的意思，刚才多有冒犯，对不住！”刘博厚一家心胸豁达，连连摆手，表示不计较这些。蕙兰这时也从屋里出来，撤下桌上的茶具，摆上碗筷，邀请大家一同用餐。

这顿午饭很丰盛，有素鸡、素鸭、素鹅、素肠，以及各色花卷等面食。刘博厚一家人不停劝说唐僧师徒多吃点儿，师徒四人盛情难却，八戒最是开心，拿起一盘盘菜直接倒进嘴里，看到唐僧恨铁不成钢的眼神才收敛了一些，改用筷子吃饭，却又夹不起菜，又惹得大家笑话他。

吃完饭，木生和蕙兰都在厨房里清洗碗筷，悟空悄悄拉八戒到一旁，戳戳他的头：“我早用火眼金睛看过了，蕙兰就只是一个普通人，根本不是什么妖怪，你瞎猜什么！”

八戒被悟空这么一讲，心里的委屈劲儿上来了：“我这不是怕他们遇上妖怪嘛！再说了，你早看出来她不是妖怪，怎么不说？害我在这么多人面前丢脸。”八戒说着撇了撇嘴。

“瞧把你委屈的，”悟空翻了个白眼，“我还没来得及说呢，就被师父发现了。再说了，人家**青梅竹马**的媳妇被你误会都没说委屈呢，你倒是先委屈上了。”悟空瞪着八戒，心想：“咋不继续说了，这下没话说了吧？”

没想到八戒的下一句话却是出人意料：“青梅竹马，刚刚不是说竹马之交吗？青梅竹马又是什么？竹马我知道是骑竹竿，青梅总不能也拿来骑吧！”

悟空无奈地摇摇头，叹口气道：“青梅竹马这个成语有一半和竹马之交相同，这两个成语都有相似的意思，都指童年时代一起玩耍的小伙伴。”

“那看来它们的区别就出在青梅竹马的‘青梅’上喽！”八戒试着推测，得到了悟空的肯定。悟空点点头：“你难得机灵一回。**青梅竹马出自李白的《长干行》，‘郎骑竹马来，绕床弄青梅。同居长干里，两小无嫌猜。’青梅竹马说的是男女小的时候天真无邪，在一起玩耍。**木生和蕙兰就是这样。”

八戒拍着手叫道：“小时候就一起玩，扎着小辫儿，牙还没长齐，这交情不浅！怪不得！怪不得！”八戒看见悟空眼里一闪而过的惊异，好奇地问：“咋了？”

悟空撇撇嘴：“没啥，刚刚还以为你能说出一个新成语，后来发现你是误打误撞。”八戒挠挠头，努力回想着自己刚刚说了啥。

看八戒抓耳挠腮的样子，悟空忍不住告诉了他：“是那句扎着小辫儿。有个成语叫**总角之交**，总角说的就是儿童的一种发型，梳那种发型时就认识的朋友，不就是童年好友嘛！”

“原来如此，”八戒连连称赞，“俺老猪这不是差点儿说对了嘛，只是没有那么文绉绉罢了。”

到了晚上，木生夫妻二人又为师徒几人准备了丰盛的晚饭，吃过饭后就让他们在客房中歇下了。

文曲星驾到

竹马之交（zhú mǎ zhī jiāo）

释义：童年时代就要好的朋友。

近义词：青梅竹马、总角之交

成语造句：他和妻子是竹马之交，两人性情相合，感情十分深厚。

通关文牒

请完成下面的成语接龙。

竹马之（　）→（　）头接（　）→（　）目一（　）→（　）陈代（　）→（　）天谢（　）

答案：交　交　耳　耳　新　新　谢　谢　地

第二十四回

七旬老人归故里，唐僧师徒论回乡

落叶归根

这天早上天还没亮，唐僧师徒就被一阵吹吹打打的声音给吵醒了。八戒把大耳朵扇了扇，盖住耳孔，哼唧一声，翻身继续睡。悟空按捺不住好奇，出门去看。这双叉岭本来就人烟稀少，今天怎么闹出这么大的动静？

悟空站在门前，看见四个人抬着一顶紫色丝绒做的轿子，轿夫个个都身披红绸，轿子后面跟着一支队伍，一路上敲锣打鼓，好不热闹。悟空正纳闷轿中人是谁，刘博厚已经走出门，来到了轿子跟前。轿子里的人掀起帘子，与刘博厚说话。悟空只能看出这是个老人，岁数不小，头上戴着的帽子中间镶着玉，衣服也是绸缎制成的，看上去十分华贵。这时八戒也被沙僧拽了起来，睡眼惺忪地来到门口看热闹。

等到刘博厚回来，悟空好奇地问："刘大哥，轿子里的人是谁啊？"

刘博厚笑着说："是一个七十多岁的老人。他年少时就离开双叉岭到外面闯荡，在外面做了官、发了财，但是老了思念家乡，这次是打算回来颐养天年了。"

"阿弥陀佛，"唐僧合掌行了个礼，"**落叶归根**，善哉善哉。"

八戒打了一个大大的哈欠，嘴里咕哝着：“什么落叶归根？这明明是人老还乡嘛，人和树叶怎么能比呢？”八戒话还没说完，耳朵就被悟空揪住了：“你怕是还没睡醒吧，大清早的在这儿说胡话，尽丢人！”

“哎哟，疼疼，”八戒吃痛捂住了耳朵，大喊着，“松手！松手！我哪里说错了嘛，落叶随风吹，飘到哪里是哪里，哪有什么归根不归根的。”

看到八戒一副理直气壮的样了，悟空更是气不打一处来：“学艺不精，还有脸说，找打！”说着又揪着八戒的耳朵往上提。八戒使劲扒拉着悟空的手，一副不服输的样子：“我说的可不是常识嘛！你说不出个道理来就会打人，野蛮得很！”

“行，我就给你好好说道说道。”悟空松开了手，叉着腰，瞪着八戒，“你可听好了。”八戒揉着被揪红的耳朵，噘着嘴，翻着白眼，嘟囔着“疼死了”。

“**落叶归根的字面意思就是叶子凋落后要回到树根。**”悟空晃动着手，模仿着叶子在空中飘转的样子，“**所以落叶归根用来比喻事物都有一定的归宿，也指离开家乡的人最终要回到故乡。**”悟空说完联想到自己，叹了口气：“现在想想，在花果山的日子有吃不完的桃子，喝不完的泉水，真幸福啊！”

沙僧闻言摸了摸自己的大胡子，眯着眼说：“当年我还在流沙河的时候，是何等的逍遥快活，如今背井离乡，也是再也没回去过了。”

八戒看看他俩，一个仰天叹气，另一个低头不语，竟没心没肺地笑了出来：“要我说啊，你们就是太不珍惜现在的美好生活了！咱们现在和师父重走取经路，能学成语，有斋饭吃，偶尔

打打妖怪，这生活还不幸福吗？”八戒摊开手，耸耸肩：“猴哥啊，花果山又没有斋饭吃，你图个啥呢？”说完又转向沙僧：“沙师弟，我知道你之前待在流沙河，可也没有必要带着井出来取经吧，要喝水找户人家借一碗不就得了？”

悟空本来正在回忆花果山的自由日子，听了八戒这番不着调的话“扑哧”一声笑了出来：“你以为人人都跟你一样，尽想着吃！是背（bèi）井离乡，不是背（bēi）井离乡，‘背’是指背对，背对着家乡的井越走越远，就是指离开家乡。”

“哦——”八戒的嘴巴噘成圆形，“行吧，背井离乡就背井离乡吧。我对高老庄就没啥留恋的，成大事者总得有所取舍，你们两个得学学我！”八戒竖了个大拇指，指了指自己，洋洋自得。

“不对吧？八戒，你这么一副乐不思蜀的模样，该不会是之前在高老庄混得不咋样吧？”悟空狡黠（jiǎoxiá）地眨了眨眼，仔细打量着八戒。八戒被悟空看得有点儿不自在，抖了抖身子，眼神转到一边，嘴里小声说着：“也不是说乐不思蜀，我还是有点想念高老庄的，只是就这么两手空空地回去，肯定招人笑话。怎么着也得像那个老人一样，穿身像样的衣服，再找几个人抬着轿子，一路上撒着花，吹吹打打，风风光光地回去嘛！”八戒说着兴奋地搓了搓手，像是已经看到了自己坐在轿子里，迎接高老庄的人羡慕眼神的模样，嘿嘿地笑着。

“我懂了！你不是不想念高老庄，你这是想**衣锦还乡**！”悟空一副恍然大悟的样子，“这么说来还是我们花果山好，猴子们也不讲究什么衣服和排场，有桃子吃，有地方玩儿就行啦！”

八戒看到唐僧一直微笑着看向他们，不发一言，于是歪着头好奇地问道：“师父，你想不想念自己的家乡呀？”

唐僧立掌行了个礼，说：“阿弥陀佛，悟空想回花果山；沙僧想念流沙河；八戒嘴上说着不想家，实际上是想衣锦还乡、**荣归故里**。你们个个都心有牵挂，可见还没参透我们重走取经路的奥秘所在。”唐僧一只眼睁、一只眼闭，把三个徒弟又仔细打量了一遍。

悟空、八戒和沙僧面面相觑，大眼瞪小眼，一时摸不准师父这话是什么意思。悟空大着胆子问道：“师父，那奥秘何在啊？”

“奥秘嘛，”唐僧清咳两声，眼神清亮，看向远方，“此心安处是吾乡，不拘泥于具体的地点。只要我的心安定，有归属感，那么无论是在花果山，还是在流沙河、高老庄，我都像是在自己家一样安心自得。”

悟空和沙僧狠狠地点头：“还是师父境界高！”

八戒却摸摸自己的肚子，傻笑着说：“既然哪儿都算家，家人们，能不能拿点儿馒头给我垫垫肚子啊？”

文曲星驾到

落叶归根（luò yè guī gēn）

释义：比喻事物都有一定的归宿，也指离开家乡的人最终要回到故乡。

近义词：衣锦还乡、木落归本

成语造句：漂泊的游子希望落叶归根，回到故乡安享晚年。

通关文牒

成语填空。

错	落		致
一		知	
	归		里
归		到	

答案：

错	落	**有**	致
一	**叶**	知	**秋**
来	归	**故**	里
归	**根**	到	**底**

第二十五回

唐僧又忆老虎精，悟空勇斗噩梦怪

夜不成寐

师徒几人向刘家人辞了行，就挑起行李继续赶路了。

长路漫漫，此时已是傍晚时分。眼看着双叉岭的山路越来越陡峭，夕阳也已经染红了晚霞，略显疲惫的师徒四人便决定寻处地方歇息。

就在悟空前去寻路之时，沙僧发现唐僧的神情好像有些异样。

此时的唐僧正骑在白龙马上，眉头紧锁着缓缓环顾四周，似乎有些惴惴不安。直到悟空探路归来，他的神色才缓和了些。

“师父，半山腰处有个山洞，我们去那里歇息吧。”于是一行四人在山洞中安顿了下来。

在双叉岭，夜里的山洞很是安静，一边的师兄弟三人很快进入了梦乡，开始说起梦话来。

“哇……桃花酥、梨花糕……都是俺老猪的，哈哈哈……”

“猴儿们，走，我们上后山玩儿去！”

“哎呀，师兄，这果子你们先吃吧……”

然而另一边却是完全不同的景象：只见唐僧翻来覆去，眉心皱成了一个“川”字，头上冷汗直流，嘴唇发白，两股战战。

悟空感觉到动静醒过来，转身看见师父一副难受极了的样子，立马上前询问："师父！您这是怎么了？怎么会夜不成寐呢？"

"哎哟！"悟空的声音在安静的山洞里显得格外洪亮，八戒和沙僧也随之惊醒。

八戒揉了揉眼睛，不耐烦地问道："猴哥，什么夜不成寐啊？到了晚上不就该睡觉吗？"

"二师兄，夜不成寐是说心里有烦心事，导致晚上睡不着觉！"沙僧的语气里带着点儿埋怨，"这个成语出自宋代洪迈的《夷坚志·乙志卷八·虔（qián）州城楼》……"

"哎，俺老猪知道啊！"八戒打断沙僧的话，叉着腰指了指自己，"别以为俺是个文盲，这《夷坚志》里说：'明日而先公言："汝夜何所往？吾闻抱关老卒云，楼故多怪，每夕必出。"予因道昨见者。是日徙于郁孤，竟夜不成寐。'意思是第二天，先公问我：'你昨天晚上去哪里了？我听在这里守关的老兵说这楼里有鬼怪，每天傍晚以后便会现身。'我便告之昨夜所见。我当晚搬到了郁孤台，竟然一夜没能睡着。"八戒边说，边摇晃脑袋，突然转过头看向唐僧，道："师父，洪迈是因为听了鬼故事，晚上一个人害怕得睡不着，可是您还有我们啊！又不是一个人……"

"唉！悟能，"唐僧摸摸手中的佛珠，又摸摸八戒的头，"为师只是回忆起第一次取经时，在这岭上遇到过一只老虎精。他将为师的随从都吃了，为师也险些丧命。"唐僧仍心有余悸，神情惶惶地道出往事。

"师父别怕！俺们三个可比你那两个随从强千百倍，要是还有老虎精来，俺老猪一拳一个，定打得他屁滚尿流！"八戒边说边挥舞着拳头。

唐僧看着八戒，眼中流露出慈爱和安心："好徒儿，为师相信你们，都继续睡吧。"

于是四人一马又接着休息了。

一炷香的时间过去了，山洞里开始变得诡异起来——香气越来越浓，仿佛要幻化成手掌扼住人的脖颈，让人无法呼吸。

最先意识到不对劲的是悟空。他刚睡下，发现续上了之前的美梦，正准备享受一番，梦中的猴子猴孙们却突然消失了，怎么也找不到。他刚想飞到空中去俯瞰一下，结果自己好像被困在了空气墙里，急得他如同热锅上的蚂蚁一般在原地转圈。接着空气好像渐渐变得稀薄，四周也在慢慢变暗，悟空立马警惕起来，挣扎几下，强行将自己从梦中拔出来。

悟空发现师父、八戒和沙僧的情况也不妙。只见八戒一只手攥紧拳头，另一只手捂着嘴，浑圆的肚子气鼓鼓的，嘴里还在叫骂着："啊！你卖的是什么破糕点？全是石头！哎哟我的牙，我的牙怎么断了？黑心商家！"

而另一边沙僧则是连连摆手，**辗转反侧**，嘴里说着："不是我，不是我，我也不知道这果子有毒啊！不是，不是……"也是急得汗如雨下。

唐僧最为不好过，本来白净的脸如今面如死灰，眼角甚至涌出了泪水，像是受伤的鸟儿一样发出悲鸣："悟空，悟能，悟净！我的好徒儿啊！你们怎么就被吃了呢？不要离开为师……"

悟空连忙站起来走到每个人身边，使劲摇着喊着，想把他们叫醒，一张脸急得通红，却是徒劳无功。

这时，空中突然传来一阵嚣张的大笑声："放弃吧！除非他

们自己从梦中醒来，否则你永远都叫不醒，哈哈哈哈！”

“呔！什么妖精，快快现身，不然俺老孙饶不了你！”孙悟空起身掏出金箍棒，又在耳后拔下几根毫毛，对着毫毛吹了一口气，变出几个自己，随时准备与妖怪一搏。

“我堂堂噩梦怪还怕你一只泼猴？”说话间，四周的空气向山洞中间凝结，形成一个食人花形状的雾团，“你这猴子，还是第一个从我这精心布置的陷阱里逃出来的呢！算你有点儿本事，但是你师父和师弟们就没这么好运了，哈哈哈哈。”

“他们不醒没关系，俺将你这害人的妖精打死，他们自然就没事了。”说罢，所有的分身都朝噩梦怪打去。

噩梦怪张开大口，一股巨大的吸力将分身全都吸入了雾团中。“哼哼！你的师父和师弟们一会儿也逃不掉了！”

悟空却也不急，就站在那儿等着什么。噩梦怪见自己的恐吓无效，疑惑地问：“你！你怎么不怕？”

“哼，你刚刚吞下去的那些分身，其实是用三昧真火炼出来的毫毛……”

悟空话还没说完，“食人花”雾团中就冒出了熊熊大火。“不，不可能！不——”伴随着噩梦怪的尖叫，它永远消失在了空中。

不久后，唐僧等人便醒了过来，三人都感叹着自己做了噩梦，还好不是真的。悟空则认真地向他们解释：“之前的香气是迷惑人的，等我们陷入美梦后，美梦会突然变成噩梦，就会加大我们的恐惧和不甘，进而被困在噩梦中，或是被吓醒。我们会**彻夜难眠**，最后身体虚弱，被噩梦怪吃掉。”

“太阴险了！”八戒瞪圆了眼，耳朵气得立了起来。

伴着八戒愤愤的骂声，师徒四人不愿停留，继续赶路了。

文曲星驾到

夜不成寐（yè bù chéng mèi）

释义：形容因心中有事，晚上怎么也睡不着觉。寐，睡着。

近义词：彻夜难眠、辗转反侧、寝不安席

成语造句：他做了坏事之后心中不安，连连几天夜不成寐。

通关文牒

“寐”是睡着的意思，你还知道哪些成语中带有这个字吗？

答案：晨兴夜寐、恍如梦寐、梦寐以求

第二十六回

取经路上诱惑多，路旁鲜桃莫要摘

浪子回头

走了不久，师徒四人进入了五行山地界。虽然他们一路上有说有笑，可这五行山太大了，一走就是十天半个月，很快就让人心生倦怠之意，八戒更是三番五次地吵着要撂挑子。

一日，正逢正午走到草木稀疏之处，酷暑难耐，众人都蔫头耷脑、无精打采的，只听到八戒突然激动地喊道："看！看！师父快看！"众人循着八戒指的方向看去——竟是一大片桃林！每一棵桃树上都结满了硕大、粉嫩的果子！大家顿感周身的疲惫一扫而光。

"还等什么？快去吃它个痛快！"八戒一扔九齿钉耙，解开上衣，一副要大干一场的架势。"慢着，八戒！"悟空大喝一声，拍拍八戒的肩膀，"你先莫急，这可不是咱们的地盘，未经主人同意，咱们可不能乱来，还是继续赶路吧。"

"大师兄，你不是最爱吃桃子吗？之前连王母娘娘的蟠桃都敢偷吃，如今这人间的几棵桃树，你怎么反倒怕了呢？"沙师弟打趣道。

"我这可不是怕了，只是咱们得有规矩呀，不是我们的东西可不能随便动！咱们出家成佛之人如果连这么简单的道理都不懂，岂不叫人笑话？"悟空手拄金箍棒，义正辞严地说。

“阿弥陀佛，悟空说得不错。我们出家人更不能总想着贪小便宜。”唐僧甚感欣慰，“咱们还是继续赶路吧。”

“哎，真是可惜了这么好的桃子。”八戒看着桃林，一脸的不舍。

“哎呀！这不是孙大圣嘛！”

众人一惊，回头看了半天，才发现一个小个子老头正朝他们走来。

“土地老儿！”悟空满心欢喜地说，“好久不见啊！你莫不是被贬官了？”

“大圣说笑了，我这土地爷的官儿还能怎么贬呀？”

“那你……莫不是，来这儿种桃的？”悟空突然开窍。

“哈哈哈，大圣果然机敏。你们这一路辛苦了，我来好好招待招待你们。”

“好好好！我们正愁找不到吃住的地方呢！”悟空不禁窃喜。八戒更是面露喜色：“那……那既然是土地老儿的桃子，咱们这下总能吃个痛快了吧！”

“哈哈哈，别急，桃子过会儿再吃也不迟，咱们今天先好好叙叙旧！”

说时迟那时快，一眨眼的工夫，众人眼前就摆满了珍馐（xiū）美味。“今日见大圣，我觉得和以往大不相同啊，真是士别三日当刮目相看，尤其是大圣连最爱的桃子都能忍住不吃，真是让我佩服！”土地爷夸赞道。

“我们师徒四人现在可是新兴偶像，当然要时刻注意自己的一言一行！”悟空拍拍胸脯，喜上眉梢。

“哈哈哈，大圣这是有偶像包袱了。想当年大圣偷吃蟠桃，把天庭搅得乱七八糟，如今真是浪子回头啊，哈哈哈——”土地爷捻着胡子笑得满面通红。

“咳咳——”悟空被一口水呛得满脸通红，“谁还没个年轻气盛的时候——”

“浪子？沙师弟才是浪子吧？猴哥你不是从石头里蹦出来、在树上长大的吗？难不成因为你大闹了龙宫？”迷迷瞪瞪的八戒打了个岔。

“二师兄呀，我是在河里长大的，但也不是浪子呀，这话可不能乱说！”沙僧连连挥手。

“哈哈哈——哈哈哈——”众人被这番对话逗乐了。八戒也被笑得不好意思起来：“那你们倒是说说，浪子是什么意思呀？”

“八戒，**‘浪子’是指不务正业、游手好闲，甚至到处惹是生非、拈花惹草的人。‘浪子回头’当然就是指不务正业的人改过自新啦。改邪归正、迷途知返都是这个意思。**”唐僧娓娓道来，“八戒，你还是要多学习呀。”

“还有一句谚语和这个成语有关呢，叫‘浪子回头金不换’，就是说不走正道的人改过自新是最难能可贵的，用来夸奖改正过失的人。这里面还有个有趣的故事呢……”满腹经纶的沙僧又说到了兴头上。

“说是有个财主老来得子，取名天宝。天宝被宠溺得厉害，不学无术、挥金如土。于是财主请了个先生来管教他，天宝也渐渐改了天性。但好景不长，财主和他的妻子不久后去世了，天宝的学业也就中断了，他之前的狐朋狗友又重新找上门来，就这样天宝又开始和他们鬼混，家中财产没几年就被挥霍一空，他只得乞讨为生，这时才感到懊悔，决定痛改前非。后来天宝被王员外相中，被请到府上给他女儿蜡梅讲学。但时间一长，天宝又原形毕露，他经常对蜡梅动手动脚。王员外便给了他一些盘缠和一封书信，让他把信交给苏州孔桥边的表兄，天宝到苏州寻了几个月都不见王员外的表兄，盘缠倒是花了个精光，拆开信来才发现里面只有四句话：‘当年路旁一冻丐，今日竟敢戏蜡梅。一空桥边无表兄，花尽银钱不用回。’天宝看完这几句话羞愧难当，终于痛改前非，发奋读书，最终考取功名，还了王员外当年的盘缠并回了封信，信上写道：‘**三年表兄未找成，恩人堂前换白银。浪子回头金不换，衣锦还乡做贤人。**’”

“这故事可太精彩了！看来让浪子回头真是不容易呀！”八戒也忍不住感慨道。“你个土地老儿，我那都多久之前的事了，还揪着不放，你说这桃林是不是用来考验我们的？”悟空说道。

“哈哈哈，不错不错，大圣果然厉害！”土地爷笑着说，“恭喜你们通过考验！”

“好啊，竟然又是考验！”八戒满脸的不高兴。

“这生活中一丝一毫的小事都是对我们的考验。在这人世间，能成大事者都必定是能够洁身自好、坚守对真善美的追求的人，更何况我们呢？我敬佩大圣如今的修行，相信你们这次也一定能顺利取得真经！这桃林中的桃子和天庭的蟠桃一模一样，这次让你们一次吃个够！不过净坛使者你也得进步进步啦！”土地爷笑着说。

于是一行人在土地爷家舒舒服服休息了几日后，在五行山的一片青翠中，迎着鲜艳的朝阳又启程了。

文曲星驾到

浪子回头（lànɡ zǐ huí tóu）

释义：不务正业的人改邪归正。出自明代陈继儒的《小窗幽记》：“浪子回头，仍不惭为君子。”

近义词：回头是岸、迷途知返、改邪归正

成语造句：经过组织上耐心的教导，他终于浪子回头、痛改前非了。

通关文牒

请完成下面的成语接龙。

（　）（　）可乘 → 乘（　）破（　） → （　）子回头 → 头（　）是（　）→ （　）听（　）说

答案：有 机 风 浪 浪 头 道 道 途

第二十七回

师徒山路遇狂风，少年洞中说妖魔

蓬荜生辉

四人在山中行至中午，忽然间刮起大风来，一时间飞沙走石，猪八戒的眼睛被沙子迷了，痛得他捂着眼睛大喊："师父！猴哥！沙师弟！俺看不见了！咱们找个地方避避风吧！"

孙悟空也被吹得东倒西歪，余光瞥到不远处有个山洞，便领着大家到山洞中暂避大风。

几人顶着风走到洞口，发现洞口被树丛遮掩了大半，还挂了一个草帘子。几人掀开帘子走了进去。这洞口虽小，洞中却足有两间房那么大，里面还摆着石桌、石床和一些生活用具。

沙僧看见地上还有燃着的火堆，便对唐僧说："洞中应该有人居住。师父，咱们这样算不算私闯民宅呀？"八戒一屁股坐到石床上，伸了个懒腰，说："哎呀，咱们只是暂避大风，又不是要霸占他的家！这石床真舒服，让俺老猪先睡一觉……"

还没等他的背碰到石床，几人就看见一个人走进洞来。那个人看见师徒四人，吃了一惊，问道："你们是谁？在我家做什么？"

众人借着火光定睛一看，原来是一个十几岁的少年，窄脸盘上长着杏仁眼和圆圆的鼻子，身材十分挺拔。少年四处打量了一下，接着用手一指八戒，提高了声音："那个胖子，从我的床上下来！”

八戒被这么一吓，一个没坐稳，“叽里咕噜”地从床上滚了下来，摔倒在地，摸着屁股“哎哟哎哟”地直叫唤。唐僧连忙把八戒拉起来，转身对少年合了合掌，面带歉意地说：“对不起，我们是路过的僧人，只是想来洞中避风，不知道有人在此居住，我们马上就离开。”说完就要拉着徒弟们往外走。

八戒刚被叫作“胖子”，现在又摔了一个屁股墩，气不打一处来，一把甩开唐僧的手，指着少年的鼻子说道：“你知道我们是谁吗？我们可是从天庭来的使者，我师父可是大名鼎鼎的旃檀功德佛！我们到你这山洞来，让这里**蓬荜生辉**……”

听到这里，那个少年哈哈大笑起来。猪八戒被他笑得心里发虚，支支吾吾地说：“你……你笑什么？难道我说得不对吗？”

那个少年却不理他，转头对唐僧说道：“久仰圣僧大名，听说您腹中有经书万卷，怎么教出来的徒弟却连成语都不会

用呢？”

还没等唐僧说话，猪八戒就愤愤地说：“你可别想骗我！这个成语我前几天刚在书上看到，书上写得明明白白。**‘蓬荜’是指用草木做的门，形容简陋的房屋。**你这个破山洞四处漏风，连门口都只有草帘子，不是蓬荜是什么？**蓬荜生辉就是使寒门增添光辉**，用在这里有什么不对？”

那少年听完，嘴角露出一丝讥讽的笑，反问八戒：“这成语的意思你倒是记得不错，但是你知道它是谦辞吗？谦辞用在这里是不恰当的！”

猪八戒摇摇头：“什么千词万词的？使用成语的时候难道不是保证意思对了就可以了吗？”说着回头望向唐僧，想让师父给他撑腰。

唐僧无奈地笑了笑，叹了口气，向八戒解释道：“悟能，蓬荜生辉的意思你解释得没有错，但是它的确**多被当作谦辞使用**，一般用在客人到访主人家，或者客人赠送给主人装饰物时，主人会说‘你的到访使我家蓬荜生辉’，或者‘你送的东西使我家蓬荜生辉’。可不能反过来说哟！”

猪八戒把头摇得像拨浪鼓一样，说：“俺老猪是个粗人，不懂那么多规矩！”

这时少年开了口：“那我给你举个例子，就比如人们称呼自己的儿子通常会用什么词语？”

猪八戒不假思索道：“那还用问，当然是犬子！”

少年继续说：“人们一般都是称呼自己的儿子为犬子，那你能对别人说‘你的犬子如何如何’吗？”

猪八戒撇了撇嘴，说：“那肯定会挨骂，那不就相当于骂人是狗吗？”接着恍然大悟道：“我懂了，谦辞确实不能随便用！刚才是俺老猪鲁莽了，说出那种话来，对不起！”

少年却摆了摆手，说：“无妨无妨，只是以后不要再这样对别人说了。它的近义词**柴门有庆、蓬屋生辉**也属于谦辞，用的时候也要注意，不然可就要闹笑话啦！”

说罢少年看了看洞外的天气：“看今日这大风，想必又是那山上的妖怪在作怪，你们暂且在我这里避一避吧！”说着示意师徒四人在桌边坐下。

唐僧听见“妖怪”二字，担心地问道：“这山上有妖怪？”

少年重重地点了点头，说：“这山顶上有个金鲲（kūn）洞，里面有个修炼多年的鲇（nián）鱼精，唤作金鲲大王。这妖怪本领十分高强，能呼风唤雨、撒豆成兵。他盘踞五行山多年，今日出来欺男霸女，明日出来抢夺财物，搞得五行山上的村民和动物几乎无法生存。”

孙悟空问道：“既然他这么厉害，那你为何还要住在这山中呢？”

少年心里燃烧着怒火，对众人说：“我和我的父老乡亲们一直住在五行山脚下，这几年来深受这妖怪所困。我听说五行山那边有一个大智禅寺，寺里的空海长老是得道多年的高僧，便想翻过山去寻空海长老，跟他学些本领。前几日走到此处，碰上那妖怪又出来作怪，便在此歇脚，准备明天继续赶路。”

孙悟空站起身来拍了拍少年的肩膀，夸赞道：“好志气！你既听说过我师父，想必也知道俺老孙的名号，这世上能让俺老孙害怕的妖怪还没有出生呢！你放心，我必定帮你把这个鲇鱼精给除了！”

文曲星驾到

蓬荜生辉（péng bì shēng huī）

释义：使寒门增添光辉（多用作宾客来到家里，或赠送可以张挂的字画等物时的客套话）。

近义词：柴门有庆、蓬屋生辉、蓬荜生光

成语造句：今天寒舍真是蓬荜生辉、高朋满座啊！

通关文牒

你能把下面的成语接龙补全吗？

蓬荜生辉→（　）（　）夺目→目（　）（　）人

答案：辉　煌　中　无

第二十八回

师徒对坐谈法宝，撒豆葫芦惊小龙

惊弓之鸟

少年一听孙悟空愿意出手相助，又惊又喜，咧开嘴笑了起来，但马上又把眉头皱得紧紧的，叹了口气，对孙悟空说："我知道诸位长老神通广大，可那妖怪有件十分厉害的法宝，我怕你们打不过他，反而被他捉了去。"

孙悟空听了，疑惑地问："是什么法宝？连太上老君的炼丹炉都奈何我不得，难道这法宝比天庭的法宝还厉害不成？"

少年答道："先前村里也有像我这样的年轻人上山找那鲇鱼精讨说法，可去了十几人，只有一人侥幸逃脱回村。他说那妖怪有个神仙给他的葫芦，他念句口诀，把葫芦口向下，就能'噼里啪啦'地倒出许多豆子来……"

猪八戒一听，哈哈大笑，打断少年的话："不就是豆子吗，有什么可怕的？俺老猪最喜欢吃炒黄豆，任他倒出多少来，俺老猪都能给他吃得一粒不剩！"

少年摇了摇头："要只是豆子的话，确实没有什么值得害怕的，可那豆子一落到地上，就突然变大，变成了一群人，足有几百个！那些人都听那妖怪指挥，而且身上都有些功夫，不一会儿上山的那群年轻人就都被抓进洞里去了，到现在还生死未卜呢！"

沙僧听了大惊："啊？竟有这样厉害的法宝？"

少年点点头，说："逃回来的那个人后来就如惊弓之鸟一般，看见葫芦就绕着走，听见村里人翻晒豆子的声音都吓得躲进被子里直打哆嗦，以为是鲇鱼精来找他了，后来他就疯了。"

猪八戒吓得汗毛都竖起来了，说："天哪！那葫芦也太可怕了！不光能把豆子变成人，还能把人变成鸟吗？"

少年被他问得一愣。唐僧无奈地笑了笑："悟能，平日里为师让你多读书，你不肯听，你看你又闹笑话了！"

八戒摸摸自己的脑袋，问："是他刚才说那个人成了惊弓之鸟，难道是什么特殊品种的鸟吗？"

少年也"扑哧"一声笑了出来，解释道："惊弓之鸟的意思不是他真的变成鸟啦。**惊弓之鸟是一个成语，比喻受过惊吓的人碰到一点儿动静就非常害怕。**就像那个人听见翻晒豆子的声音，就以为是妖怪在施法，进而感到恐惧一样。"

八戒追问道："那为什么把人比作鸟呢？惊弓又是什么意思，看见弓就感觉很惊讶吗？"

少年耐心地继续为八戒解释："**惊弓之鸟这个成语出自《战国策·楚策四》，说在战国时，魏国有一个叫更羸（léi）的射箭能手，有一天他和魏王到郊外去打猎，看见一只大雁，便对魏王说自己不用箭、只拉弓就能让那只大雁掉下来。**"

猪八戒把头摇得像拨浪鼓一样，说："不可能，不用箭怎么能射鸟呢？"

少年笑着说："**魏王也不相信，更羸便拉了一下弓，发出了'嘣'的一声，那只大雁向上扑腾了几下便直直地掉了下来。**"

猪八戒张大了嘴巴，问："他怎么做到的，难道他会气功？"

少年继续说：“当然不是气功。**更羸看见那只大雁飞得很慢，叫声十分悲伤，便断定它是一只受过箭伤且孤独失群的雁。它一听见弓弦响，心里很害怕，使劲往上飞，挣裂了伤口，自然就掉下来了。**后人就以此比喻受过惊吓的人碰到一点儿动静就会感到恐惧。**惊弦之鸟**和**伤弓之鸟**都是这个意思。”

八戒恍然大悟：“原来是这么回事！那你们村里逃回来的那个人，也是因为看见了葫芦里倒出豆子、豆子变成人的怪异场景，才那么害怕翻晒豆子的声音，那么他是一个‘惊豆之人’！”

大家都被八戒滑稽的说法逗笑了。孙悟空一直没有说话，他听完少年的描述之后，总觉得自己在哪里听说过这件法宝。他挠着头想啊想啊，就是想不起来到底天上哪个神仙有这样的宝物，头上的毛都被他挠掉了一片。

突然洞口传来了一个声音：“回来的那个人有没有说，那葫芦上绑着一条八宝琉璃带？”

众人抬头一看，原来是洞口的小白龙化作人形，溜达了过来。少年早就听说过白龙马是龙太子变化成的，因此也不惊讶，搬了张凳子让他坐下，答道：“那人确实提到过葫芦上绑着一条镶着宝石的带子，在阳光下一闪一闪的，非常显眼。”

小白龙点点头，说：“那便是了，这个宝物以前在我父王，也就是西海龙王的龙宫里，我小时候曾拿来把玩过，有些印象。”

这时他旁边的孙悟空一拍脑门：“哦！原来如此，我就说我怎么不记得天上有哪个神仙有这样的宝物，原来是海里的！那这样说来，那个鲇鱼精你是不是也认识？”

小白龙说：“前些年我父王手下的一个鱼将军告老还乡，我父王便把那葫芦赏给了他。那鱼将军得了葫芦之后就出了龙宫，听说他家就在五行山一带，现在看来他八成就是那鲇鱼精了！”

孙悟空大喜，一把搭上小白龙的肩膀，嬉皮笑脸地问他：“好兄弟，那你跟我说说，那宝物有什么弱点？咱们又该怎么降服那鲇鱼精？”

小白龙说：“那鲇鱼精一身厚厚的鳞片像铠甲一样，刀枪不入，加上有那个葫芦在身，想要伤害他难于上青天！”

少年坐不住了，一下子站起来，急切地问道：“难道没有别的办法了吗？”

小白龙伸手把少年按到凳子上，嘿嘿一笑，说：“你碰上我，算是烧香烧对菩萨啦！伤害他是很难，但捉住他很容易，这事儿还得从那个葫芦下手！”

文曲星驾到

惊弓之鸟（jīng gōng zhī niǎo）

释义：被弓箭吓怕了的鸟，比喻受过惊吓的人碰到一点儿动静就非常害怕。

近义词：伤弓之鸟、惊弦之鸟

成语造句：那些打了败仗的士兵，就像惊弓之鸟，听见鞭炮声就四散奔逃。

通关文牒

除了“惊弓之鸟”，还有很多关于动物的成语。你知道下列成语中缺失的字都是什么动物吗？

汗（　）功劳　　狡（　）三窟

画（　）添足　　亡（　）补牢

答案：马　兔　蛇　羊

第二十九回

小龙妙设夺宝计，悟空巧变夜明珠

兵不厌诈

孙悟空听小白龙说还得从那个葫芦下手，摸了摸下巴，问他："莫不是你刚才说的那条八宝琉璃带上有什么玄机？"

小白龙一拍大腿，高兴地说："大师兄果然聪明过人！那葫芦只是个普通的壳子，真正有法力的是上面的八宝琉璃带。那带子看上去是一个装饰品，其实是用海底巨蟒的筋做的，叫作捆仙索，刀砍不断，火也烧不着。捆在人身上，别说普通人挣脱不了，便是大罗神仙也难逃。"

少年疑惑地问道："那葫芦撒豆成兵是怎么回事呢？"

小白龙说："我小时候听我父王讲，这捆仙索不仅能用来捆人，捆在普通的容器上，那容器便能装下万物；如果用来装人，便是有高深法力的人也不能从中将它打碎，只能永远被困在里面。所以你们看到的那些豆子变成的人，可能就是这些年被他抓起来的百姓，如今被他装在葫芦里听他使唤。所谓豆子变人，只是他为了掩人耳目使的一点儿障眼法罢了。"

孙悟空若有所思地说："原来是这样。你刚才说那鲇鱼精一身厚鳞难以伤害，但可以捉住他，是不是咱们可以用那捆仙索把他捆起来？"

小白龙哈哈一笑，说："我正有此意，而且如果从葫芦上解下那捆仙索，那些被抓进去的人也能得救了！但是想要拿到那捆仙索，还得让大师兄配合我一下！”

孙悟空把胸脯拍得“砰砰”响，说：“你就说需要怎么做吧！师兄我一定全力配合！”

小白龙挠挠头，说：“这也不难，那鲇鱼精在龙宫当差时和我也算熟识，我装作上门拜访，吸引他注意，你使个障眼法，变成什么东西跟我进去，趁他不注意把那捆仙索偷来！”

孙悟空欣然答应，沙僧突然拿胳膊肘撞他，眼睛往唐僧那边一瞥。孙悟空看向唐僧，只见唐僧耷拉着脸、皱着眉头、撇着嘴看着他们，似乎有什么话想说。

孙悟空嘿嘿一笑，凑到唐僧跟前，说：“师父，你的脸怎么比外面的天还黑呀？是不是对徒儿有什么不满呀？”

唐僧的脸色稍微松动了些，但他还是沉着脸说道：“出家人用这种不光明的手段，不太妥当吧？”

孙悟空一下子明白了，唐僧是嫌他们做偷捆仙索这种事见不得人。孙悟空便伸手给唐僧捏肩，嘴里劝说道：“哎呀，师父，那鲇鱼精搅得整个五行山不得安宁，还抓了那么多无辜百姓，也不是什么光明磊落之辈！”

“就是就是，”小白龙也在一旁帮腔，“师父，我只是拿回我父王的东西，至于手段嘛……书上说‘**兵不厌诈**’，我们这不能算偷盗，只能算智取！”

猪八戒平常总是挨孙悟空训斥，今日一见唐僧批评孙悟空，便在一旁煽风点火：“什么兵不厌诈啊，里面不是也有个诈字吗？诈骗就不是君子所为，是小人行径！”

孙悟空听了猪八戒这番话，又好气又好笑，伸手使劲扯了他的耳朵一下，说："你知道兵不厌诈是什么意思吗？**意思是用兵作战不排斥运用诡变、欺诈的策略或手段克敌制胜。**对鲇鱼精这样的妖精，我总不能跑到他洞口去让他乖乖地把捆仙索交给我吧？我这不是诈骗，是合理运用战术罢了！"

猪八戒疼得直叫唤，但还是嘴硬："哎哟哎哟，你轻点儿！我不信，肯定是你信口胡编来哄骗我的！"

唐僧听了他们的话，觉得孙悟空和小白龙说的有道理，心里的那点不舒服也烟消云散了，他拍了拍八戒，说道："悟能，这还真不是你大师兄哄骗你。**这个成语出自《韩非子》，原文是'战阵之间，不厌诈伪'**，就是说用兵打仗的时候，不排斥采取一些迷惑敌人的手段，比如欺诈或者设陷阱之类的方法。它的近义词**兵不厌权**也是这个意思。"

孙悟空听唐僧这么说，就知道唐僧想开了，便笑嘻嘻地问他："师父，那你不生气啦？"

唐僧坐直了身子，清了清嗓子："咳咳，为师虽然是出家人，但也不是不懂用兵之法，先礼后兵对这种凶恶的妖精肯定不管用。你们去吧，为师相信你们有分寸。"

孙悟空和小白龙交换了个胜利的眼神，就凑在一起嘀嘀咕咕地开始商量细节。

一炷香的工夫，二人便把战术商量好了。只见孙悟空"嗖"地一下变成了一颗流光溢彩的夜明珠，在昏暗的洞中发出夺目的光芒，一看就是价值连城之物。小白龙摊开手心，轻轻吹了口气，一个精美的木盒就出现在他手里，接着小白龙把这颗"孙悟空牌"夜明珠装了进去。

准备工作做好后，小白龙整了整衣服，捧着盒子一阵风似的直奔山顶。

到了山顶，小白龙四处张望了一番，一眼就看见了一个巨大的山洞，上面写着“金鲲洞”，门口有几个小虾兵正在低头打瞌睡。小白龙上前抓住一个小虾兵，对他说：“我乃西海龙太子，是你们家主人的旧相识，快去给我通报一声！”

小虾兵一听是龙太子到访，吓得腿都软了，连滚带爬地进了洞，边跑边喊：“大王，大王，龙太子来啦！”

过了一会儿，一个矮胖的妖精就迎了出来。他尖头阔腮，两根长长的胡须挂在脸旁，还真是个鲇鱼精！他一看见小白龙，脸上笑出了一层一层的褶子，点头哈腰地把小白龙往里迎，嘴里还说：“不知太子大驾光临，有失远迎，有失远迎！”

文曲星驾到

兵不厌诈（bīng bù yàn zhà）

释义：用兵作战不排斥运用诡变、欺诈的策略或手段克敌制胜，也指用巧妙的手段骗人。

近义词：兵不厌权、不宣而战

成语造句：战场上讲究兵不厌诈，双方都十分小心谨慎，生怕落入对方的陷阱。

通关文牒

除了“兵不厌诈”以外，描述战场上用兵之道的成语还有很多，你能通过以下意思猜出它们指的是哪些成语吗？

①经历了许多次战役，都没有遇到危险，形容善于用兵。

②用兵贵在行动迅速。

③使军队暂不行动，现也比喻暂不开展工作。

答案：①百战不殆　②兵贵神速　③按兵不动

第三十回

小龙席上献宝物，悟空盗索收鱼精

登峰造极

鲇鱼精把小白龙迎进洞后，便吩咐小虾兵们准备了几桌宴席，还把自己的金夫人——一只漂亮的金鱼精叫了出来，为小白龙接风洗尘。

小白龙欣然入席，把装着孙悟空的盒子放在自己的脚边。酒过三巡，鲇鱼精喝得脸蛋通红，眼神也变得迷离，拉着小白龙的手说起胡话来："太子，你看我这金鲲洞气派不气派？不比龙宫差多少吧？"

小白龙刚要张嘴说话，却没想到盒子里的孙悟空早就按捺不住了。他本就是个疾恶如仇的急性子，此时便仗着宴会嘈杂，在盒子里冷哼了一声："这鲇鱼精竟如此自大猖狂！"

没想到那鲇鱼精隐隐约约听了个大概，抬起头来问小白龙："太子说什么？"

小白龙惊出一身冷汗，便依着孙悟空的语调遮掩道："我是说金鲲洞实在是富丽堂皇！"

鲇鱼精将信将疑，小白龙连忙又端起酒杯，说："来，咱们也算故友重逢，我敬你一杯！"

鲇鱼精见小白龙端酒敬自己，便一下子把刚才的事抛在了脑后，端起自己的酒杯和小白龙的一碰，打了个酒嗝，说："太子，我这些年潜心修炼自己的武艺，准备找机会面见玉帝，让他封我个五行山大将军，你看怎么样？”说着放下酒杯，站起来摇摇晃晃地比画了两下拳法。

还没等小白龙说话，孙悟空又按捺不住了，在盒子里发笑：“还大将军呢，我看就是个无赖泼皮！”

鲇鱼精又迷迷糊糊地问：“太子，你说什么？”

小白龙吓得心“怦怦”直跳，脸上故作镇定地说道：“我刚才说，我看你的武艺真是**登峰造极**！”说完还踢了一下脚边的盒子，示意孙悟空不要出声。

鲇鱼精此时酒劲儿发作，便信以为真，得意地哈哈大笑。这时坐在鲇鱼精旁边的金夫人问道：“太子，这登峰造极是什么意思呀？是夸我们洞主武艺高强吗？”

鲇鱼精一屁股坐下，拿手勾住金夫人的肩膀，说：“**真是没见识。登峰造极的意思是登上顶峰，到达最高点，它用来比喻学问或技艺等已达到最高的境界。**用它来形容我的武艺最合适不过了！”

金夫人听了似懂非懂地点点头。鲇鱼精想在金夫人面前炫耀一下自己的学问，就引经据典起来：“**这个成语出自南朝宋刘义庆的《世说新语》，原文是‘不知便可登峰造极不’。**它的近义词还有好多呢，比如**空前绝后、超群绝伦、无与伦比**！这些成语都可以用来形……形容我的武艺！”

金夫人听了，拍手称赞道：“洞主懂得真多！不光是武艺，在文学上也是登峰造极了！定要让玉帝封一个文武大将军才是！”

孙悟空刚才被小白龙踢了一脚，不敢再胡乱出声，就在心里悄悄说：“这个不知天高地厚的鲇鱼精，还扯什么近义词呢，我看他的武艺啊，完全是登峰造极的反义词——平淡无奇、稀松平常！我花果山的小猴都比他强千百倍！”

小白龙觉得时机成熟了，就捧出木盒，说道：“我给你带了西海仙蚌新产的夜明珠做礼物。”

鲇鱼精接过木盒小心翼翼地打开，只见孙悟空化成的夜明珠静静地躺在盒子里，乐得他嘴角都咧到后脑勺了，连忙吩咐金夫人：“你去把它放进我的宝物房里吧！”

金夫人刚捧着盒子走进宝物房，孙悟空一下子就从盒子里蹦出来，显出原形。金夫人吓得大叫一声，拔腿就要往外跑。孙悟空在她后脑上敲了一下，她便闷哼一声昏倒在地。

孙悟空环顾一周，一眼就看见了宝物房中间挂着的葫芦，上面果然缠着小白龙说的捆仙索。他把葫芦揣进怀里，自己变成金夫人的模样，扭腰扭胯地走了出去，步入宴会厅，走到鲇鱼精旁边，俯下身子说：“洞主，我扶你回去休息吧！”鲇鱼精只是哼哼两声，没有什么反应。

孙悟空看他确实醉得不省人事了，便变回真身、拿出捆仙索，一下子套在他的脖子上。鲇鱼精闷哼一声，挣扎了两下，变成了一条五尺长的大鲇鱼。

鲇鱼精的手下看见自己的大王被擒，一个个都像无头苍蝇一般四处乱窜。孙悟空把他们一个个捉住并绑起来，然后打开葫芦的塞子，把被关着的那些人都放了出来。放出来的人“扑通扑通”跪倒在孙悟空脚边，说：“大恩人！谢谢您救了我们！”孙悟空不好意思地挠挠头，说：“举手之劳而已，你们快各自回家吧！”那些人再次道谢之后便四散离开了。

孙悟空把鲇鱼精和金鲲洞的大妖小妖们统统装进葫芦里，对小白龙说：“既然他是你父王的旧部，那就交由你父王处置吧，可不能轻饶了他！”小白龙拍了拍胸脯，说：“放心吧，我会亲手把他交给我父王的，你先带师父他们赶路，我去去就回！”说完化作一道金光，直奔西海而去。

文曲星驾到

登峰造极（dēng fēng zào jí）

释义：登上顶峰，到达最高点，比喻学问或技艺等已达到最高的境界。

近义词：空前绝后、超群绝伦、无与伦比

成语造句：泥人张的彩塑美妙无比，其技艺可谓“登峰造极”。

通关文牒

下面是一组成语接龙，你能补全空缺的地方吗？

登（　）（　）极→极恶（　）凶→凶多（　）少→少（　）（　）事

答案：峰 造 穷 吉 不 更

第三十一回

村中少年怀远志，山寺玄奘叩佛门

有志者事竟成

孙悟空这次打了个大胜仗，把尾巴翘得高高的，溜溜达达地回到了山洞。一见到唐僧他们，孙悟空就汇报了自己和小白龙智擒鲇鱼精的经历。唐僧对他说：“不错，不费一兵一卒就完成了任务。现在天色也不早了，你送这位少年下山回家吧！他一个人下山不安全。”

那少年却不肯走，眼睛亮晶晶地看着孙悟空，说：“你们真是太棒了！不仅本领高强，而且机智过人！我也要成为你们这样行侠仗义的大英雄！”

孙悟空拍了拍少年的头，说：“没想到你年纪轻轻，志向还挺高远，那你想过怎么才能当上像我们这样的大英雄吗？”

少年被孙悟空问住了，思考了一会儿，坚定地说：“我不回家了！我要跟你们一起走，到山的那边去继续寻找空海长老。我要拜他为师，跟着他学习武艺。”

猪八戒听到少年想学武，忽地翻了个白眼，劝说道：“学武可难了！不仅要早起晚睡，还要冬练三九、夏练三伏，没有三年五年可练不出来，还要挨好多好多打才能练就铜皮铁骨。现在鲇鱼精已经被收服了，而且你又不用去取经，学武做什么？要我看，还是在家里躺着吃吃喝喝来得舒服。”

少年却没有被他的话吓退，紧紧地攥起小拳头，说：“我的确不用去取经，可虽然你们今天捉住了这只鲇鱼精，以后还可能有鳄鱼精、甲鱼精来五行山作怪，到时候我该去哪里寻你们呢？又有谁可以帮我呢？只有我自己学到了厉害的本领，才能保护父老乡亲！”

少年说到这里，小脸蛋发红，攥紧的拳头微微颤抖。他顿了顿，继续说：“我才不怕吃苦，三年不行就五年，五年不行就十年，十年不行就二十年、三十年。村里的先生说**有志者事竟成**，我相信只要我有坚定的志向，一定能成为武艺高强的大英雄！”

猪八戒也被他的一席话打动了，说：“你真是人小志高！俺老猪实在是佩服，我要是有你一半的志气，也不至于像现在这样天天被师父训斥了。我决定了，我也要树立远大的志向，我也要习武，我也一定能有志者事……事什么来着？”猪八戒敲着脑袋，努力回想着那个长长的成语，但就是想不起来，急得额头上都起了一层细密的汗珠。

孙悟空看见猪八戒这副样子，捂着肚子笑得直不起腰来，说：“那个成语叫有志者事竟成！我看习武的事咱们应该先放放，你还是先树立起学好成语的志向吧！连成语都说不完整，要怎么当大英雄呢？你总不能当不说话的英雄吧！”

猪八戒羞红了脸，不好意思地挠挠头，说：“俺老猪脑子笨，平常用到的成语一般只有四个字，俺便只能记得四个字，这个成语太长了，俺脑子里就只剩前四个字了。”说罢转向唐僧，问道：“师父，那个有志者事竟成是什么意思呀？还有，这六个字的也算成语吗？”

唐僧摸了摸八戒的头，解释道：“成语可不止有四个字的呀！五个字、六个字的都有，你不记得桃李满天下了吗？这有志者事竟成确实是一个成语，指只要有志向，做事终究会成功。它告诉我们要自己去拼搏、去奋斗，在风雨中也要百折不挠、勇往直前。也有人将它简化为有志竟成。”

少年在一旁补充道：“圣僧说得没错。村里的先生还告诉我们，这个成语出自《后汉书》，据说东汉时的耿弇（yǎn）是汉光武帝刘秀手下的一员名将。在一场战斗中，耿弇的大腿被一支飞箭射中，他抽出佩剑把箭砍断，又继续战斗，最终打败了敌人。刘秀就用有志者事竟成这个成语来夸赞他。”

猪八戒听完说：“哦！原来还有这么个典故。我记住了，从现在开始，我要好好学成语，争取成为像师父一样博学的人，有志者事竟成！”唐僧赞许地对八戒点了点头。

众人聊了这半天，天早已黑了下来，小白龙也回到了五行山，依旧化作马的模样。众人生火吃过晚饭后在山洞中歇息了一晚，第二天便迎着朝霞出发了。

走到晌午时，众人终于翻过了高高的五行山，都累得东倒西歪。孙悟空突然一眼看见不远处有一个被树林掩映着的建筑，他一下子跃上了旁边的大树，站在树枝上伸长了脖子往前看，发现前面是一座汉白玉做的山门，上面挂着一块匾额，写着四个大字：大智禅寺。

孙悟空心中大喜，便扯开嗓子大声对众人喊道：“师父，师弟！我们到了，前面就是大智禅寺！”猪八戒听了一屁股坐到了地上，哭丧着脸说：“可算到了，哎呀，俺老猪走不动了，俺一定要进去找张床睡一觉，再来碗香喷喷的素面吃……”

孙悟空说：“吃吃吃，你就知道吃！”接着从树上蹦下来，一把拎起猪八戒的领子，提着他就往前跑。其他人也擦了擦脸上的汗，加快脚步向大智禅寺的方向走去。

文曲星驾到

有志者事竟成（yǒu zhì zhě shì jìng chéng）

释义：只要有志向，做事终究会成功。

近义词：有志竟成

成语造句：有志者事竟成，经过三年的苦读，他终于考上了理想的大学。

通关文牒

除了“有志者事竟成”，你还能说出其他六个字的成语吗？

答案：化干戈为玉帛、不分青红皂白

第三十二回

师徒禅寺暂歇脚，八戒错手毁楹联

入木三分

到了禅寺门口，唐僧对山门处扫地的僧人说：“我是从灵山来的玄奘，路过此地，想在贵禅寺歇一歇脚，不知是否方便？”

那僧人自称虚明，听说是玄奘，十分惊讶，连忙带他们去找禅寺的方丈空海长老。

几人跟着僧人进到内院，见到了一个胖胖的老和尚，那和尚身披八宝袈裟（jiāshā）、手持鎏金禅杖，此刻正背对众人，仰头看着一些站在架子上、手持铁锤“叮叮咚咚”敲打的僧人。

引路的僧人对他们说：“这位就是我们的方丈——空海长老。”

唐僧上前对老和尚说：“空海长老，我是从灵山下凡取经的僧人玄奘，我们想在您的禅寺歇歇脚，不知是否方便？”

老和尚听到声音转过头来。只见他面色如朝霞般红润，眉毛像雪花一样洁白，眼神中透出出家人特有的纯净与庄严，众人心里惊叹道：“果然是高僧之相！”老和尚见到几人，惊讶地说道：“久闻几位长老大名，十分欢迎你们在禅寺歇脚，可是前段时间阴雨连绵，有些地方被雨水泡坏了，正在修缮，可能会有些杂乱，不知诸位是否介意？”

唐僧说："出家人有个遮风挡雨的地方就很满足了，哪里还敢挑剔呢？"

空海长老双手合十道："如此甚好。"接着便吩咐虚明带着几个僧人把唐僧几人的行李搬到客房，然后又对唐僧说："诸位旅途劳累，本应先让各位去歇息，但是贫僧有一事相求，不知玄奘长老是否方便？"

唐僧答道："空海长老不必客气，有什么事不妨直说。"

空海长老指着两块靠在墙边、写着"笑到几时方合口，坐来无日不开怀"的木板说："刚才僧人们检查弥勒殿的楹（yíng）联时，发现里面已经腐坏生虫了。贫僧武艺尚可，但书法造诣实在不高，早就听说玄奘长老写得一手好字，所以想问问长老，可否为我们写一副新的楹联？"

还没等唐僧说话，一旁的猪八戒发出了"啊"的一声惊呼。众人回头看时，只见猪八戒蹲在木板旁边，手里拿着木板的一个小角。原来是他对那木板好奇，便凑近去想拿起来仔细看看，没想到那木板被雨水浸泡了许多天，已变得十分松脆，八戒一用劲儿，便断在了他手里。

这下可把猪八戒弄了个大红脸，他哆哆嗦嗦地拿着木板，扔也不是，不扔也不是，见众人都盯着他，他脸上很快就渗出了一层细汗，嘴里支支吾吾地解释："师父……我……碰了一下……对不起……"

空海长老连忙开口解围："八戒长老肯定不是故意的，这楹联都悬挂了几十年了，加上连日阴雨，断了也是正常的，诸位不必挂在心上。"八戒连忙鞠躬道谢。

这时沙僧看着八戒手里的木板"嗯"了一声，然后拿过木板，举起来对众人说：“师父，长老，你们看，这墨汁都渗入木板里去了！渗得好深呢！”众人闻言都看向他手里的木板，果然，被掰断的地方正是上联的“笑”字。那木板本就有三寸厚，从断口处来看，墨汁渗入木板足有两寸多，木板的一大半都被墨汁浸透了。

唐僧看了赞叹道：“这副楹联一定是高人所写，真是**入木三分**啊！”

“可这明明渗得只有两寸多呀？为什么说入木三分呢？”猪八戒见众人不再追究他掰断木板的事，也凑上去研究木板里的墨迹。

唐僧解释说：“入木三分是一个成语。**唐代张怀瓘（guàn）的《书断》中记载，东晋大书法家王羲（xī）之的笔法十分有力，他在木板上写字，木工刻字时发现墨汁透入木板有三分深。后来大家就用入木三分这个成语来形容书法笔力强劲。**”

“可我经常听村里的先生夸赞有些文人的文章入木三分，这又是什么意思呢？难道他们都是在木板上写字吗？”这时唐僧身边的少年也提出了疑问。

唐僧笑着摇摇头，说：“当然不是，**入木三分也有另一个意思，就是比喻分析问题很深刻。**入木三分的近义词**力透纸背**，也有形容书法遒劲有力和文章很深刻两层意思。”

“哦！”少年恍然大悟，“怪不得先生经常说，写文章一定要入木三分，不能一知半解、不着边际，我还以为要在木板上写文章呢，原来是这样！谢谢圣僧！”

唐僧摸了摸他的头，说：“不必客气。”然后牵着他的手，带他到了空海长老面前，说：“这个少年是我们在五行山中遇上的，他一心想来这大智禅寺学习武艺，不知空海长老可否收留他？”

空海长老笑得眼睛都眯成了一条缝，看着少年说：“当然可以，不过习武是很苦的，不知道你能不能坚持呀？”

少年坚定地说：“我的本领增长一分，我的亲友们就安全一分，我一定会勤学苦练，成为本领高强的大英雄！”

空海长老点了点头，夸赞道：“真是好志气，那我便收你为我的俗家弟子，你就在这禅寺住下，学成之后再下山去吧。”又转向唐僧说道：“我定会亲自教导他，不负玄奘长老所托！”唐僧和少年连忙向空海长老道谢。

唐僧派孙悟空重新寻了一块木板，为弥勒殿写了一副新的楹联。空海长老大为感激，连忙吩咐虚明去准备素宴来为众人洗尘。

文曲星驾到

入木三分（rù mù sān fēn）

释义：形容书法笔力刚劲有力，也比喻对文章或事物的见解深刻、透彻。

近义词：力透纸背、鞭辟入里、铁画银钩

成语造句：鲁迅的一些杂文入木三分地展现了反动派的丑恶嘴脸。

通关文牒

你能把下面方格中缺失的内容补全吗?

乘			入			
			三			意
			分	明		

答案：

乘	虚	而	入			
			木			
			三	心	二	意
	黑	白	分	明		

第三十三回

猪八戒贪吃成疾，老郎中悬壶济世

悬壶济世

为了招待师徒几人，空海长老摆了一大桌素宴，菜肴是用五行山中的奇珍异果做成的，香气直往人鼻孔里钻。

猪八戒口水直流，抓起一个黄金菜团就塞进了自己的大嘴里，伸直了脖子使劲往下咽。当他又去抓旁边的一笼三鲜蒸包时，唐僧用筷子敲了一下他的手，斥责道："悟能，注意吃相，不可无礼！"

猪八戒一边继续伸手抓了两个包子，一边用被菜团塞得满满的嘴含混不清地说道："我说师……师父，咱们在山里走了这些时日了，一直没好好吃饭，再……再不让俺多吃点儿，俺老猪的一身神膘可就没啦！"说完就把手里的两个包子扔进了嘴里。

唐僧无奈地摇摇头，又看见孙悟空和沙僧也在埋头猛吃，连抬头的空也没有，便也知道徒弟们是真的饿了，就自己细嚼慢咽地吃了起来。

一眨眼的工夫，几人就把桌上的菜肴吃了个七七八八。唐僧正要带徒弟们回房休息，猪八戒却瘫在椅子上不肯动弹，嘴里直哼哼。孙悟空以为他是懒病发作，就推了他一把，开玩笑道："八戒，还不起来，难道你想留下来洗碗？"

这一推可不得了，猪八戒直接从椅子上滚到了地上，躺在地上抱着肚子直叫唤：“哎哟……疼死我啦！”众人这才发现猪八戒脸色铁青，满头都是汗，肚皮鼓得像个圆滚滚的大皮球，好像十分痛苦。

孙悟空忙把猪八戒扶起来，问道：“八戒，你怎么了？莫不是吃坏了肚子？”猪八戒的脸色由青转红，他小声说：“不是吃坏了，应该是吃多了，现在肚子胀得很痛……”然后紧紧抓住孙悟空的手，说：“猴哥，你想个办法救救我吧，太难受了！”说完又闭着眼睛哼哼起来。

几人听了哭笑不得，但是谁也不知道该怎么办。这时空海长老说：“离这里往东不远有个善堂，那里有个老郎中在坐诊，不如去问问他有什么办法！”唐僧听了，连忙让孙悟空把八戒搀扶去善堂。

孙悟空搀扶着八戒向东走了一会儿，果然看见了一个善堂。

一个须发皆白的老郎中端坐在里面，门口挂着一面用布做成的幌子，上书四个大字——**悬壶济世**，下面还悬挂着一个葫芦。

孙悟空架着猪八戒就要往善堂里走，没想到猪八戒费力地把眼睛睁开了一条缝，瞄见了“悬壶济世”四个字，又看见了那个葫芦，一下子把眼睛睁得滚圆，惊恐地问孙悟空：“你要带我往哪里去？”孙悟空没好气地说道：“去善堂啊！还能去哪儿？”

猪八戒不但不听，反而大力挣扎起来，嘴里嚷着：“你骗我！俺老猪又不是不识字！这明明写着什么悬壶，还挂着酒葫芦，这分明就是酒铺。你是不是嫌俺老猪累赘，想公报私仇，把俺卖到酒铺当下酒菜？”

老郎中听见外面的动静，从善堂里走了出来，问道：“两位有什么事啊？是要来看病吗？”

孙悟空趁机把乱蹬乱踢的猪八戒往地上一扔。猪八戒刚才挣扎了一番，早已没了力气，便只能躺在地上翻白眼。孙悟空对老郎中说：“他吃多了，说肚子胀得生疼，麻烦您老人家给他诊治一下。”

老郎中听了，说：“原来如此，这个简单，稍等一下。”便让孙悟空把猪八戒扶到善堂里面，自己去药柜里面取出几粒葡萄大的药丸，捏开猪八戒的嘴巴，用水送了进去。

猪八戒感觉有人给他喂东西，迷迷糊糊地说：“这一定是蒙汗药，俺老猪一世英名，没想到今日竟折损在这小酒铺里了！”

老郎中给他灌完水，听到他说的这些胡话，疑惑地问孙悟空：“他说什么？什么小酒铺？”

孙悟空翻了个白眼，答道：“他看见你的幌子上写了‘悬壶济世’四个字，以为‘壶’字指的是酒壶，就把你这里当成酒铺了呗！”

老郎中听了哈哈大笑，对八戒说：“那你可真是误会我啦！我这儿的确是善堂，幌子上写的悬壶济世是用来颂誉医生救人于病痛的一个成语。”

猪八戒听了，将信将疑地问：“如果是善堂，为什么不挂药材？为什么要挂这么一个酒葫芦？”

老郎中在他对面坐下，耐心地解释道：“悬壶济世这个成语出自《后汉书》，说汉代的某年夏天，汝南一带瘟疫横行，有个老人开了一家中药店，门前挂了一个药葫芦。凡是有人来求医，老人就从药葫芦里取出一粒药丸给他，病人服下药丸就能痊愈，但是这位老人在病人离去后便会跳入葫芦里，人们都猜测他是一个救死扶伤的神仙。所以后人将行医称为悬壶，也用悬壶济世这个成语来称赞医生救死扶伤的行为。”

猪八戒恍然大悟：“那这个‘壶’字指的不是酒壶，而是这个药葫芦？”

老人点点头，说：“是的，而且因为这个故事的流传，药葫芦也变成了中医的一种标志，行医者无论走到哪里，身上都背着药葫芦。‘药王’孙思邈（miǎo）采药时，身上也挂着一个药葫芦呢。”

孙悟空在一旁补充道：“除了悬壶济世，妙手回春、触手生春这些成语也能用来称赞医生救死扶伤的行为。八戒你可千万记住了，别再闹笑话了！”

这时，只听见猪八戒肚子里“咕噜噜”一顿响，肠胃运动了起来。猪八戒顿时感到一身轻松，身上也有了力气。他“扑通”一声跪在地上，抱着老郎中的腿大声哭道：“恩人！谢谢你救了我的命！等俺老猪取经归来，一定给恩人你换个金葫芦！”老郎中笑着说：“金葫芦就不必了，只是以后切不可这么贪吃啦！”

孙悟空也向老郎中道谢，付了药钱后便带着猪八戒回到了大智禅寺。唐僧让八戒在禅寺里好好休养了几日，等到他完全康复之后，便辞别了空海长老，又带着徒弟们踏上了取经的道路。

文曲星驾到

悬壶济世（xuán hú jì shì）

释义：颂誉医生救人于病痛。

近义词：妙手回春、触手生春

成语造句：他从小就想当一名医生，很早就立下了悬壶济世、救助贫病的宏愿。

通关文牒

医生是十分伟大的职业，除了悬壶济世以外，你还能说出三个跟医生有关的成语吗？

答案：妙手回春、救死扶伤、手到病除

大话成语学堂 3

跟着特级教师巧学成语

陈琴 主编 刘子郡 郭婉玉 编

人民邮电出版社

北京

图书在版编目（CIP）数据

大话成语学堂 ：跟着特级教师巧学成语. 3 / 陈琴主编 ；刘子郡，郭婉玉编. -- 北京 ：人民邮电出版社，2023.6
ISBN 978-7-115-61102-4

Ⅰ. ①大… Ⅱ. ①陈… ②刘… ③郭… Ⅲ. ①汉语－成语－小学－教学参考资料 Ⅳ. ①G624.203

中国国家版本馆CIP数据核字(2023)第023950号

内 容 提 要

要想取得“成语真经”可没有那么容易。唐僧师徒四人故地重游，这一次，他们又遇见了谁？发生了哪些惊险有趣的故事？又有怎样的意外收获？

在这一册中，请你紧跟他们的脚步，一起来探寻“纸上谈兵”“外强中干”“南辕北辙”“五十步笑百步”“捉襟见肘”等成语背后的故事，完成一次难忘的西游之旅吧！

本书依托《西游记》中鲜活的人物形象，将历险故事与成语知识紧密结合，让孩子在快乐阅读中追溯成语本源、纠正成语误用、发现成语妙用。

◆ 主　　编　陈　琴
编　　　刘子郡　郭婉玉
责任编辑　朱伊哲
责任印制　周昇亮
◆ 人民邮电出版社出版发行　　北京市丰台区成寿寺路 11 号
邮编　100164　　电子邮件　315@ptpress.com.cn
网址　https://www.ptpress.com.cn
天津千鹤文化传播有限公司印刷
◆ 开本：880×1230　1/32
印张：16.625　　2023 年 6 月第 1 版
字数：372 千字　　2023 年 6 月天津第 1 次印刷

定价：158.00 元（全 6 册）

读者服务热线：(010)81055296　印装质量热线：(010)81055316
反盗版热线：(010)81055315
广告经营许可证：京东市监广登字 20170147 号

目录

第三十四回

鹰愁涧师徒遇险，猪八戒巧化劫难

运筹帷幄

师徒四人离开了五行山之后，来到了鹰愁涧。八戒环顾四周，只见鹰愁涧峭壁林立，底下水面虽然开阔，但水面上方的峭壁却向内收紧。老鹰飞过这里，会将水中自己的倒影误认为是同类，于是投入水中，所以这里叫鹰愁涧。

八戒托着腮看着水面沉思。悟空看见他表露出少有的沉思样，忍不住取笑他："再凶猛的老鹰也拎不动你，你就放一百二十个心好了！"

"去去去，你懂什么？你这泼猴，就会取笑我。"八戒瞪了悟空一眼，"我是想起来之前咱们在这儿遇到了好兄弟小白龙，还打了一架，要不是观音大士来了，这事儿还没完了呢。"

"二师兄说的是啊，"沙僧拍了拍白龙马，和善地笑了笑，"你还记得这里吗？"白龙马仰身长嘶，鼻孔里喷出热气，绕着岸边跑了一圈。这不跑不打紧，一跑起来，水潭里突然响起爆炸声，更是有水柱升出水面。悟空眼疾手快，拉着唐僧后退，八戒反应慢了一拍，被水浇湿。

"哎呀，这是怎么回事？"八戒不住地用手抹着脸上的水，"小白龙，你搞什么鬼！"

白龙马委屈地眨了眨眼睛，甩甩马尾，似乎在说不关我事，又将头扭到了一边去。沙僧露出一副恍然大悟的表情："听说自从小白龙走后，这里来了条小黑龙，他一直盘踞在这里。小黑龙还是小白龙的远亲，生性顽皮，刚刚肯定是他搞的鬼！"

唐僧转头看向悟空："按照悟净这么说，小黑龙恐怕不好对付，我们这下该如何是好呢？"

"这有何难？"悟空摆摆手，"我也是潜心研读过《孙子兵法》的'有志之猴'，菩提老祖又传授给我众多本领。我在后方运筹帷幄（wéiwò），指挥你们作战，八戒和沙师弟按我说的办就好了。"

"哼，什么运愁为握，咱们如今愁的是这水，难不成这水还能被握住吗？"八戒摇摇头，"咱们重走西天取经路，练的就是这成语。就连我都有几分长进，你怎么还不如我呢？我看你这大师兄也当不了多久了，不如让给我当好了。悟能大师兄，听起来多响亮！"

"你懂啥！"悟空拧着八戒的耳朵，"竟然还想当大师兄，咱们要是都像你这样，连运筹帷幄都没听过，这鹰愁涧怕是过不去了！"

"哎哎哎，疼！"八戒又是生气又是委屈，"你说不过我就动手，那你倒是说说，什么叫运愁为握。"

"我先写给你看！"悟空掏出金箍棒，在空中写出"运筹帷幄"四个大字，"八戒你看，运筹帷幄是这几个字。你看这'帷幄'两个字都是'巾'字旁，知道这个词语和什么有关了吧？"

八戒揉了揉自己的耳朵，开始认真思考起来："是和布有关？"

"哎，对了。你倒也不傻。'帷幄'指的就是军中的帐幕。

这两个字容易写错，你可要记住了。古代人行军打仗，流动性较强，所以军营中搭的是帐篷。门携带起来比较麻烦而且笨重，他们就用帷幕之类的布来阻隔视线、分割空间。”

八戒点点头：“我明白了，那为啥要在帷幄里运筹呢？‘筹’又是什么意思？”

悟空拿金箍棒轻轻敲了敲八戒：“筹就是这个！”一旁的沙僧和唐僧都笑了，八戒还是丈二和尚摸不着头脑。

沙僧说：“**这‘筹’就是‘算筹’**，是古人**用来辅助计算的小棍子。**大师兄的金箍棒可以算是伸缩变换全能型算筹了。**‘运筹’的原意是摆弄算筹做计算，引申义是制定作战计划或策略。**二师兄，你又学到了一个新成语啊！”

八戒这才知道是自己没听过这个成语，一时闹了笑话，但又不肯服输：“噢，我知道了。运筹帷幄不就是指**在军帐里摆弄算筹，制定规划和策略嘛**。我也挺会打妖怪的，今年计划打一百个妖怪，我也是运筹帷幄。”

“哎，八戒，你这只是粗略了解了‘运筹帷幄’的意思，没有了解这个成语的使用语境。”悟空笑眯眯地对八戒说，“运筹帷幄呢，**说的是做计划、决策的人，一般是不参与具体的作战行动的。**你看古代指挥作战的军师，很多是文人，让他们上战场作战可就太为难他们了。但是他们善分析、懂谋略，能很好地把握战场的局势变化、预测未来的战况。所以他们在军帐里运筹帷幄，决胜千里之外。这也算是术业有专攻吧。”

“噢，我明白了。你的意思是说，在使用运筹帷幄的语境中，制定规划、谋略的人一般不直接参与具体计划的实施，属于管理层。是吧，猴哥？”八戒也不再闹小脾气了，开始虚心请教起来。

“看来你的领悟能力还不错。那我再问你，如果是拍脑门做决策，或者是慌乱之间做决策，还能不能叫运筹帷幄呢？”悟空对八戒的表现还算满意，于是又给他出了一个难题。

只见八戒抓耳挠腮，开始冥思苦想。是啊，都是决策，拍脑门做决策也算运筹帷幄吗？他摇摇头：“感觉不像。”

“对了。**运筹帷幄虽然是说做决策，但更倾向于有把握、有依据的决策，而不是慌乱中做出的决策。**刚刚悟空说的慌乱之间做决策，如果是个好决策，可以说是急中生智。”唐僧在旁边解释道。

“那要是个坏决策呢？”八戒努力睁着他的小眼睛，眼神里写满了大大的问号。“那就是病急乱投医呗！”悟空接上这句。

“原来如此。”八戒点点头，又学会了一个成语，这让他感到“法力”又增强了不少。于是他冲着水面大喊：“小黑龙，我可不怕你。有我大师兄运筹帷幄，有我骁勇善战，肯定打你个落花流水。”

“密码正确。”水面向两边分开，忽然出现了一条道路。八戒竟然误打误撞说对了通关密码。师徒四人连同白龙马又高高兴兴地向前赶路了。

文曲星驾到

运筹帷幄（yùn chóu wéi wò）

释义：在军帐内拟定作战策略，常指在后方决定作战方案，也泛指筹划决策。

近义词：出谋划策

成语造句：女排教练临危不惧、运筹帷幄，终于以韧性取胜。

通关文牒

请完成下面的成语接龙，可用谐音。

运筹帷幄→我（　）（　）素→（　）不可（　）→（　）人寻味→（　）同嚼蜡

答案：行 我 俗 耐 耐 味

第三十五回

空谈理论险误事，脚踏实地为良谋

纸上谈兵

师徒四人走到一座山中，山路不平，八戒一脚高一脚低地走着，两只大耳朵一上一下不停地晃动。悟空逗八戒说：“戴个三角帽，穿个灯笼裤，你就是最靓的角儿了！”

“嘿，那是当然。别的不敢说，俺老猪帅起来，就没别人什么事儿了！”八戒拍拍自己的肚皮，哀叹道，“可是，人是铁，饭是钢，一顿不吃饿得慌。哎，赶紧去化点斋饭吧！我已经饿得前胸贴后背，都没个猪样了。”众人听罢哈哈大笑，继续赶路。

师徒四人正走在路上，悟空眼尖，发现不远处的山林里冒出了一股紫烟，连忙喊大家停下：“我看这山里怪得很，那冒紫烟的地方定是有妖怪出没。不知道那妖怪什么来头，我们还是小心点儿为好。”众人点头称是。悟空正要用火眼金睛搜查一番，那紫烟却突然消失了。

“猴哥，怎么连你也怕起妖怪了？”八戒不以为意，“兵来将挡，水来土掩，咱们冲上去结果了这妖怪！”

“八戒，不可冲动。”唐僧面露难色，自从重新踏上这取经之路，他就被玉皇大帝削去了法力，其他人的法力也被大大削弱了，“连你大师兄都没看出那是个什么妖怪，想必是个厉害角色，你还是不要意气用事了。”

“是啊，”沙僧也点头附和，“三十六计，走为上计，不如咱们从旁边的小路绕过去，免得和这妖怪碰上。”

“你们的胆子也太小了。”八戒摇着头啧啧叹气，“俺老猪打过的妖怪，没有一千也有九百九，这方面我可是专家！妖怪都是贪吃的家伙，俺老猪就舍己为人一回，现出原形来，诱敌深入。等到妖怪扑上来，我就假装逃跑，他必定得意忘形。我再溜他两圈，等他恼羞成怒向我冲来时，我就蹲身躲闪。”他说着蹲下身子，补充道：“妖怪扑了空，往前栽去，肯定露出侧腰，我就趁势用九齿钉耙给他来上一下，出其不意，攻其不备。”八戒越说越兴奋，开始手舞足蹈起来：“妖怪这时肯定已经元气大伤，现出原形，连声叫着爷爷饶命。可惜兵不厌诈，俺老猪哪会听信他这胡言，直接就结果了他！”八戒说着拍拍手上不存在的灰，像是已经轻松制服了一个妖怪。

“小心！”悟空一声惊呼，只见一条大蟒蛇从八戒背后窜了出来。八戒一转身就和大蟒蛇黄色的三角眼对视上了，吓得跌坐在地上，竟然意外躲开了大蟒蛇的第一次进攻。八戒忙着摸出自己的九齿钉耙，蟒蛇却已经“嘶嘶”地吐着信子，张开血盆大口，露出尖利的牙，朝他冲了过来。八戒早已没有刚刚指点江山的豪迈，死死地把九齿钉耙横撑在蟒蛇的嘴里，脸色煞白。而蟒蛇一时咬不到八戒，嘴却不断地开关，黑色的毒液不停地滴下来。八戒使出浑身的力气，勉强逼退了蟒蛇一些。他正打算乘胜追击，抓住蛇尾把它丢出去，蟒蛇却一摆尾，将他甩飞了出去。八戒摔在地上闷哼一声。悟空刚刚怕误伤八戒，一直没有出手，眼下当即给了蟒蛇一棒，“砰”的一声，蟒蛇散成了一片金光。

“八戒啊，你刚刚的气势呢？怎么这回倒一屁股坐地上了？原来是**纸上谈兵**啊！”悟空用金箍棒敲了敲八戒的脑袋。

八戒吓得脸色煞白，还没回过神来，说起话来结结巴巴：“我……我也没在纸上写……写出来啊……怎么就……就叫……纸上谈兵了？”

“哈哈哈哈，”沙僧看到八戒被吓得话都说不顺溜了，不禁发笑，“**纸上谈兵说的是在纸面上谈论打仗，也就是空谈理论，不能解决实际问题。**幸亏大师兄刚刚挥了一棒子啊！”沙僧伸手把八戒拉起来，说：“历史上纸上谈兵的人的下场可就凄惨多喽。”

“那历史上纸上谈兵的人发生了什么？”八戒拍拍屁股，好奇地问。

“**战国时期，赵国有个大将军叫赵奢。赵奢的儿子叫赵括，赵括从小就学习兵法，谈起用兵打仗的事来头头是道，**是个标准的学霸。不像你，就想着吃。”悟空戳了戳八戒软软的肚子。八戒拍开他的手，催他继续说。

“但赵奢觉得儿子只会纸上谈兵，没上过战场，真的去打仗怕是要成炮灰。”

八戒想到自己刚才的一番吹嘘，问道：“那他最后上战场了吗？”

悟空点点头：“**但这位学霸不懂变通，就知道书上怎么说他就怎么做，结果四十余万赵军全军覆没，赵国不久也就灭亡了。**四十多万人呢，可不是咱师徒四个。”悟空伸着四根毛茸茸的指头比画。

再看八戒，已经吓得猪脸雪白，小眼睛里写满了惶恐。

“历史上纸上谈兵的人都没有好下场，不是办砸了事，就是‘翘辫子’了。赵括是既打输了仗，又害死了四十多万人。你现在知道纸上谈兵的危害了吧。”悟空推了推八戒，“别愣着呀，知错就改呗，这也不算丢人。”

“是是是，不丢人，不丢人。”八戒摸着胸口安慰自己。

“丢猪呗，可惜了那大蛇没尝到猪头肉。”悟空嘿嘿笑着。八戒心中恼怒，噘起嘴，哼唧了一声。

“悟空，你别总笑八戒了。”唐僧看向悟空，“八戒呢，虽然说得比做得漂亮，没有妖怪时勇猛无比，见到妖怪就被吓得屁滚尿流，但他舍己为人。这不，他以自身为例给大家解释了什么叫纸上谈兵。”

“师父，你怎么也和大师兄一样拿我开涮？”八戒哭丧着脸说道。

“好了好了，不逗你了。”唐僧拍拍八戒的脑袋。“一些和‘纸上谈兵’意思相近的成语，都表达了只会空谈理论，不能解决实际问题的意思，就比如**坐而论道**。它的意思是坐着空谈大道理，没有行动。像你刚刚那样是，”唐僧顿了顿，“‘倒走论道’。”大家一齐笑起来，原来师父也有这么“毒舌”的时候。

“还有**华而不实**呢，”悟空看着一片草丛中长出了一些花，接着说道，“理论开花不结果，遇到妖怪往后躲。”悟空摇头晃脑，还编了句顺口溜。

“我……我知错了。”八戒此时也没了脾气，垂下了头。唐僧赶紧安慰他：“没事的，八戒，大家只是开开玩笑。纸上谈兵是不对的，从今往后，你要脚踏实地、埋头苦干，踏踏实实做事。”

“脚踏实地、埋头苦干。”八戒念叨着这两个成语，看向地面，跺了跺脚，弯下腰，用脚在地上刨了起来。大家正在笑他又望文生义时，他却真的刨出来个地瓜。

“我看见这里有地瓜苗的叶子，跺了跺脚，感觉这块地的声音不一样，没想到真刨出来个地瓜。”八戒捧着地瓜，脸上沾的泥土和汗水混在了一起，眼睛却是亮晶晶的。

“八戒，好样的！”一直嘲笑他的悟空率先朝他竖起了大拇指。唐僧拿出手绢给他擦脸，“八戒，你真是个知错能改的好孩子。”沙僧也帮八戒拍去身上的尘土。八戒被大家夸得不好意思，露出了憨厚的笑容。

在美美地吃完一顿烤地瓜后，师徒四人又上路了。

文曲星驾到

纸上谈兵（zhǐ shàng tán bīng）

释义：在纸面上谈论打仗，比喻空谈理论，不能解决实际问题，也比喻空谈不能成为现实。

近义词：坐而论道、夸夸其谈

成语造句：纸上谈兵学不到真本事，闭门造车结不出好硕果。

通关文牒

请完成下面的成语接龙。

纸上谈兵→兵（　）相（　）→（　）踵而（　）→（　）高无（　）→（　）善若（　）

答案：刃 接 接 至 至 上 上 水

第三十六回

赌约未定多波折，两度下雨场场虚

鹏程万里

取经路漫漫，恰逢此处烈日炎炎，空气干燥无比。八戒的两只耳朵左右开工，轮流扇风，他却还是热得直吐舌头。他愤愤地踢着路上的石子："俺老猪身上的水都蒸发完了，再不下场雨，俺这天蓬元帅就没有天蓬，只有干蓬了！"

"咱们还是赶紧赶路吧！这大气哪儿会下雨啊！"沙僧草草地看了一眼天空，继续低头赶路。

八戒也看了眼天空，这不看不要紧，一看吓一跳，天空远处飘着乌云，黑压压一片。八戒兴奋地拍着手，叫道："要下雨了！要下雨了！"

"你怕不是热昏了头？这太阳都快把我烤化了，怎么可能会下雨？"悟空扇着虎皮裙，懒洋洋地说道。

"猴哥，你别不信我，咱们走着瞧！"八戒信心十足，"不出半个时辰，肯定会下雨，要是我输了，就少吃一顿饭！可要是你输了……"八戒故意停住不说。

"怎样？"悟空反问他。

"要是你输了，就得背俺老猪一程！"

"成交！"孙悟空很干脆。

八戒心里窃喜，猴哥啊猴哥，这回你可栽在我手上了！看云识天气，俺老猪就从没错过！一想到马上能享受“齐天大圣牌”坐骑了，八戒心里乐开了花，嘴都咧到了耳后根。

不一会儿，果然如八戒所愿，只见那片乌云越来越近，越来越大，遮天蔽日，时间仿佛瞬间从中午变成了黄昏。

八戒欢喜雀跃：“哈哈，云来啦！雨来啦！我有猴骑啦！”

转眼之间，这片“乌云”上下翻飞，天空中突然现出一只大鸟，只见它翅膀微微抖动，地上便卷起一股狂风。顿时黄沙漫天，路旁的小树“咔嚓”作响，连八戒都被吹得左右摇摆，站立不定。

“八戒！睁开你的小眼睛好好看看，那是乌云吗？告诉你吧，这是一只大鹏！**鹏程万里**，正在往天池飞呢！”悟空定睛一看，大声说道。

“大鹏？鹏程万里？”八戒疑惑地看向天空。那片“乌云”广阔无边，墨色翻涌，凸起的一块像是鸟头，两侧上下翻动气流的部位像是翅膀，隐隐可以看出是一只鸟。这片“乌云”在众人头上盘旋片刻，便渐渐升高。

“二师兄，这个我知道。大鹏是一种很神奇的鸟。南华真君，也就是先秦著名的思想家庄子有云：‘北冥（míng）有鱼，其名为鲲（kūn）。鲲之大，不知其几千里也；化而为鸟，其名为鹏。鹏之背，不知其几千里也；怒而飞，其翼若垂天之云。’”沙僧摇头晃脑，背了一段古文。

八戒听着，却一脸茫然。沙僧继续滔滔不绝：“意思就是有种鸟叫大鹏，它是由一种叫鲲的大鱼变的，每年都要飞到南边的天池去。它的脊背有几千里那么宽，翅膀挥起来，就像遮蔽天空的云彩。所以才有‘鹏程万里’的说法哟！”

“鹏之徙于南冥也，水击三千里，抟扶摇而上者九万里。”沙僧又吟诵了一段。

“看看大鹏这身板，翅膀一挥就是九万里，它的法力还用得着说吗？对付你呀，就是小菜一碟！”

八戒眼前直冒星星：“这大鹏不好好待着，飞那么远干什么？可别累瘦了。”

“这就叫作志存高远！”沙僧昂起了头，“大鹏前程似锦，路上累点苦点也绝不叫唤，不像某人，一路上叫苦连天的。”沙僧拖长了音调，话中有话。八戒的脸青一阵白一阵，他想要反驳，又不知从何说起，急得直挠腮。

这时，孙悟空又开腔了：“做人啊，就要像大鹏，前程远大飞得高。半途而废不可取，日暮途穷空悲号！空悲号！”悟空把“空悲号！”的声音拖得很长，还朝着八戒挤眉弄眼。

“什么‘日暮途穷’的，简直胡说，现在不是才到中午吗？俺老猪也不比大鹏差，站在风口上，俺也能飞个十万八千里！”

“‘前程似锦’‘前程远大’和‘鹏程万里’都是在说前景广阔，而‘日暮途穷’嘛，”唐僧拍拍八戒，笑了笑，“意思是太阳下山了，又找不着路，凄凄惨惨戚戚。八戒，悟空的意思现在你明白了吧？”

“好你个泼猴！”八戒骂了孙悟空，还不解气，又愤愤地说道，“这大鹏，没事在我们头上瞎转悠什么？害得俺老猪又丢脸了！”

要说这大鹏也真是神奇，原本远去的它，似乎听到了八戒的叫骂声，又飞了回来，一片“乌云”瞬间又布满了天空。只听得“啊——嚏”一声，天上顿时飘下来几缕雨丝。

八戒如获至宝：“猴哥，下雨了，这次是真的！快点儿过来，我要骑猴了！”悟空笑骂道：“你没听见吗？那是大鹏打了一个喷嚏，你还真当个宝了！”

“居然是喷嚏？”八戒抹了一把头，再一闻，说道，“好你个大鹏，居然让俺老猪吃口水！俺老猪今天跟你没完！”

“乌云”翻滚起来，只听“呸！呸！呸！”几声，刚才的雨丝顿时变成了一片雨幕。可是，这雨也下得怪，别人都没淋着，就八戒身上湿淋淋的。

“下雨啦！下雨啦！这次是大雨！”八戒高兴得都忘记了大鹏，冲着悟空大声叫嚷。

“说你呆，你还真是越来越呆！你没看见我们都没事，就你浑身湿透了吗？你没听见‘呸！呸！呸！’的声音吗？你骂了大鹏，这是人家给你的回击！这下凉快了吧？哈哈！”

“啊！又是口水啊！好你个大鹏，你等着瞧，等俺老猪取完经，再跟你好好较量一番，非让你走投无路不可！”八戒挥起袖子抹了抹脸上的水滴，跟着唐僧他们加快脚步，离开了鹰愁涧。

文曲星驾到

鹏程万里（péng chéng wàn lǐ）

释义：相传鹏鸟能飞万里远，比喻前程远大。

近义词：前程似锦、前程远大、前程万里

成语造句：每位老师都希望自己的学生能够鹏程万里。

通关文牒

找一找下列方格中一共有多少个成语。

鹏	程	万	里
一	呼	百	应
九	霄	云	外
横	连	纵	合

答案：鹏程万里、里应外合、合纵连横、一呼百应、九霄云外，共五个。

第三十七回

真假难辨白龙马，故地重逢黑熊怪

天马行空

师徒几人路过一片树林，便各自找了个石墩坐着休息。这时，树丛里忽然传来了窸窸窣窣的声音，似乎有巨大的怪物正在朝四人靠近。灵敏的孙悟空立刻从石墩上弹跳起来，大喊："师父小心！"说着，他拿着金箍棒对准树丛响动的方向，又定睛往树丛底部看，心中疑惑：怎么这怪物长着马蹄一般的脚？

正当悟空疑惑之时，树丛里的怪物突然伸出了头，并发出了"吁——"的叫声。这白白的、灵巧转动的耳朵，这乌溜溜的眼珠——原来这怪物竟是白龙马。

只见白龙马朝着一脸惊讶的悟空皱了皱鼻子，一甩脑袋又继续"叭叭叭"地嚼草叶了，好像很不屑似的。

悟空身后的八戒伸了伸脑袋，立刻像泄了气的皮球一样甩了甩胳膊，不满地数落悟空道："你看你，大师兄，就你疑神疑鬼的，这不是咱们小白龙肚子饿了，跑别处去吃草嘛，看把你吓得。"

安坐在后面的唐僧一听八戒这话，就像吃了一颗定心丸，连说了几声"阿弥陀佛"，并让一直护在他身边的沙僧去歇息。沙僧应道："好的，师父，我把扇子拿来给您扇扇，眼看就要到大中午了，日头还毒着呢！"接着沙僧便转身去捡放在一边的蒲扇。正当他低头时，一个笨重又肉乎乎的东西抵在他的肩膀上，弄得他痒痒的。沙僧“哎哟哎哟”叫起来，抬头一看，原来是白龙马，他笑道：“小白龙，出什么事啦？”可白龙马只是眨了眨眼睛，没有过多的动作。突然之间，沙僧大惊：这白龙马，不是一直站在自己后面吗？

“奇了怪了！”沙僧连忙大叫起来，“怎么有两匹白龙马？”

八戒嗔怪起来：“哎呀，沙师弟，怎么你也一惊一乍的……”他话音未落，抬头看看沙僧的方向，再看看悟空的方向，眼睛也跟其他三人一般瞪得像铜铃一样了。

悟空顿时急不可耐，一拍脑袋：“糟了！一定是有妖怪变成了白龙马！师父，小心！”唐僧闻言，唤了一句“悟净”，就朝旁边的沙僧跑了过去，紧紧握住沙僧的手，面色凝重地审视着两匹白龙马。

师徒四人正惊慌时，一声爽朗的大笑响彻云霄。孙悟空凭记忆仔细辨认了一下，心一沉："黑熊怪？"他着急地挠了挠脑袋，又朝树丛里望，想要一探究竟。

果然，从树丛后面走出来的正是黑熊怪。他两脚分开，站定在那树丛旁的白龙马前，说："怎么？我这天马比你们那白龙马如何呢？"说完，他得意地甩了甩自己背后的红色披风。

悟空紧皱眉头，戒备地说道："你这黑风山老怪，从哪儿得来的天马？有什么意图？"

"哈哈哈！"黑熊怪哈哈大笑，"我这天马，乃是观音菩萨送给我做巡山坐骑使的！它呀，不仅会跑，还会在空中飞呢！"话音刚落，一旁未出声的白龙马也扬了扬蹄子，发出"呜呜"的声音，一副完全不相信的样子。

悟空嗤之以鼻，说道："你这老怪，还真是天马行空呢！这马也没长翅膀，怎么能飞呢！"

黑熊怪似乎早就预料到他们会有这种反应，不慌不忙地说道："唐高僧，孙师父，我可不是在吹牛。我黑熊怪可不是那不切实际的人！是吧，天马？"旁边的天马怒气冲冲地"吁——"了一声，鼻孔大张。

黑熊怪退后一步，欠身朝前伸了伸手："请各位师父观看。"

随着几双眼睛滴溜溜转过来，这匹毛色洁白的天马跺了跺脚，长啸一声，随后马鞍的两侧便变出一对雪亮的大翅膀，像两把羽毛扇子，在空中扇动时发出有力的"唰唰"声。天马稍一仰头，脚一蹬地，便像鸟一般腾空而起，四肢都舒展开来。悟空等人仰着脖子看了一会儿，都觉得脖子十分酸痛。

唐僧叹了一句："真是世界之大，无奇不有啊！"

沙僧挠了挠自己光溜溜的脑袋，问道："师父，这就是真的

‘天马行空’了吧？”

唐僧点点头，举起手朝天空中比画了一下：“你看这天马在天空中飞行，是不是非常矫健潇洒，速度很快？**因此天马行空可以用来形容诗文气势豪放。**”

沙僧若有所思地点点头，又问道：“那刚刚大师兄说黑熊怪‘天马行空’，又是什么意思呢？”

悟空听到自己的名字，便转过头快嘴说道：“我呢，就是用了这个成语的另一个意思，**形容一个人的想法呀，像这天马一样脚不沾地，不切实际**！”

师徒正议论纷纷，天马悠悠地从天空中落下，十分轻巧地落在地面上，又转了一个圈，十分骄傲地冲师徒四人“哼”了一声。师徒四人纷纷佩服地点头。

这时，黑熊怪从身上的黄色小腰包里拿出一张叠得四四方方的纸，打开后递给唐僧师徒看。只见那是一张手写公文，盖了天庭旅游办的红章，标题上面写着“批准建立黑风山景区”几个字。

黑熊怪补充道：“观音菩萨派我来守好这个景区，让我当负责人呢！”

唐僧和悟空听了不由得张大了嘴巴。真是时过境迁、沧海桑田！想不到黑熊怪已经改邪归正了，黑风山也要被开发成景区了。唐僧不由得对黑熊怪产生了敬佩之情，行礼道：“哎呀，没想到黑风山如今已有这样的发展，我们师徒四人刚刚真是失敬、失敬！”

听完唐僧的话，悟空想到自己刚刚的所作所为，不由得脸红了一下，赶紧说道：“黑熊老兄，这次是小弟失礼了，祝景区越来越好，老兄也鹏程万里！”

文曲星驾到

天马行空（tiān mǎ xíng kōng）

释义：天马奔驰神速，像是腾起在空中飞行一样，多形容诗文或书法气势豪放，不受拘束，也形容说话做事不切实际。

近义词：不切实际

成语造句：这位少年书法家在众目睽睽之下挥洒自如，其作品犹如天马行空。

通关文牒

下面几个成语中，意思与其他三个不同的是（　　）。

A. 中规中矩　　B. 天马行空

C. 龙飞凤舞　　D. 挥洒自如

答案：A

第三十八回

师徒历险黑风山，花妖欲吞白龙马

外强中干

师徒几人又往前走了一阵，八戒耗尽了力气，直接瘫坐在路旁，再不肯多走一步。他哼哼唧唧道：“俺老猪累了，爬这山差点要了我的猪命，咱们能找地儿歇歇吗？最好还是个有吃有喝的地儿！”

沙僧劝道：“二师兄，我们有任务在身，可不是来玩乐的，再坚持一会儿吧。”

悟空抓耳挠腮道：“何时才能取到经书啊！我一个筋斗云就能到的地方却走了这么久，鞋都磨破好几双了！”

“你是**外强中干**，我可不行！脚都磨出血泡了。”八戒委屈地说道。

悟空骂道：“你才外强中干！”

八戒疑惑不解：“大师兄，我这可是夸你能干呢，你怎么还凶我啊？”

沙僧说道：“二师兄，你又用错成语啦！外强中干不是夸人很能干，**而是形容外表强壮，内里空虚。它出自《左传·僖（xī）公十五年》：‘外强中干，进退不可，周旋不能，君必悔之。’**这句话的意思是‘（郑国的马）虽然看起来很强壮，但实际上却很虚弱，打起仗来一紧张就进退不得，无法移动。大王您必定会后悔的’。它是一个含贬义的成语。你说大师兄外强中干可不对啊。”

八戒漫不经心地点了点头，其实并没有认真听。

“就是！俺老孙是坚不可摧的！有我在，哪个妖怪敢撒野！”悟空边说边跳起来，对着空中就是一棒。树林里的鸟儿们似乎受到了惊吓，扑腾着翅膀立刻飞走了。

师徒四人继续向山中行进。山里的景象总是千变万化：当明媚的阳光洒在黑风山上时，耀眼的光芒时而像嫦娥舞动着纯白的细纱，翩翩起舞；时而又像波涛汹涌的大海，从天外滚滚而来。

八戒边走边摘路旁的小花，又将花别在耳后。“这山上的风景倒是不错，到处都是奇花异草，俺的高老庄都没这么多。”八戒说着也给白龙马的尾巴系上了一朵小野花。

一阵风吹过，白龙马突然跑了起来。悟空想要去追白龙马，但好巧不巧，天上居然下起了花瓣雨，各色花瓣遮住了悟空的眼睛，等他拍掉花瓣时，白龙马早已消失在视野中。

“这可怎么办啊！行李全挂在马背上呢！”沙僧急得直跺脚。

“这山里一定有妖，你们照顾好师父，我去去就回。”悟空说着就腾云而去。

孙悟空飞了好一会儿也没看出什么异常，正准备掉头返回时，突然瞥见山顶右侧有一片红红的东西，飞近一看，发现是一朵大红花。这花长着十分怪异的花瓣，方的、圆的、尖的……各样都有。花瓣脉络分明，里面有红色的液体一直在流动，沿着花瓣与花蕊的连接处一点点往下流，越往里颜色越深，像浓郁的草莓果酱却没有一丝甜味。花朵特别大，底下的茎却细如发丝。

悟空一跃而起，只见花蕊中间有几根白色的马毛：“原来在这儿啊！”他跳入花蕊中，抓着白龙马就往外拽。这时花瓣突然合拢并猛烈地抖动，花内一片黑暗。悟空像跌入了一口热锅，在里面不停地打滚。红色的黏液不时滴落在他身上，没过一会儿，粘到黏液的地方便长出了一朵朵红色的小花，他觉得奇痒无比。很快，悟空的身上就长满了小花。

过了许久，花瓣张开了，悟空迅速跳了出来，边挠痒边往回飞去，身上的小花被挠得掉了一地。

悟空急忙叫大家来帮忙，可叫来了帮手也没用，八戒和沙僧根本进不了这花。八戒一跳，花瓣就立刻合拢将他堵在外面，他像个皮球一次次被花瓣拍在地上。沙僧这边就更奇怪了，他一靠近，花就开始猛烈地喷洒汁水，红色的黏液喷得到处都是，旁边的石头上都长出了小花。师兄弟三人使出了浑身解数也没能救出白龙马。

“不行了，不行了！我是一点儿劲儿也没有了。”八戒瘫坐在地上说。

“俺也感觉不行了，痒得受不了，到处都被挠破了。”沙僧站在远处说道。

唐僧围着花走了一大圈，一副若有所思的样子。

“你们把花茎斩断试试。”唐僧突然说道。

只见悟空拿出金箍棒朝着花茎一挥，花茎瞬间就断了，花瓣渐渐垮了下来。伴随着一声嘶叫，白龙马担着行李从花里走了出来，八戒和沙僧看傻了眼。

“师父，你真是太厉害了，你是怎么知道要斩花茎的？”八戒一脸崇拜地说道。

“你们只顾着看这花硕大的花瓣和深不见底的花蕊，而忽略了花茎。其实它的弱点在花茎上。我猜这花妖吸附白龙马也是为了用马毛加固自己的花茎吧，它看起来坚不可摧，实则外强中干啊。”

八戒不解：“花蕊不干啊，有好多花蜜呢！”

沙僧说道：“二师兄，我刚才跟你解释时你没有认真听。这个‘干’字指的是空虚，而不是指没有水了、枯萎了。我再举几个意思相近的成语给你听，例如**色厉内荏、羊质虎皮**等。色厉内荏的意思也是**外表强硬，内心虚弱**。这朵花不就是以这巨大的外形糊弄人，内里却什么都没有吗？它就是外强中干最好的写照。”

八戒听完点了点头，又说：“什么羊？什么虎？这山上还有老虎吗？那我们要不要提前准备准备打老虎啊？”

孙悟空在一旁听不下去了：“羊质虎皮是外强中干的近义词，意思是**羊虽然披上虎皮，但是它的本性没有变，比喻装作强大而实际上很胆小**。看来，得让师父好好给你补补课了！”

“哈哈哈哈，这回我懂了！你是外强中干的反义词，是坚不可摧、牢不可破。我的大师兄就是最好的大师兄！”八戒笑着说道。

“那肯定！要不是我飞累了，哪用得着让你来帮忙啊！”悟空骄傲地说。

“行了行了，既然学到了新的成语，就要认真辨析意思，像八戒你今天这样的字面解读可要不得啊！成语的学习贵在积累，学会举一反三、灵活运用，才会学有所得啊！”唐僧笑着说。

“知道了，师父，我一定好好学习。”八戒羞愧地点了点头。

不知不觉，晚霞慢慢消散，空中升起了一弯明月。风继续轻抚着这座山头，师徒四人坐在草地上有说有笑，只是八戒心里还在想——这儿到底有没有老虎啊？

文曲星驾到

外强中干（wài qiáng zhōng gān）

释义：指外有强形，内中干竭，泛指外表强大，内里空虚。

近义词：羊质虎皮、色厉内荏

成语造句：他只是个外强中干的人罢了。

通关文牒

“外强中干”这个成语中有两对反义词，下面这些成语与它结构相同，你能把它们补全吗？

头（　）脚（　）　深（　）浅（　）　名（　）实（　）

答案：重 轻 入 出 存 亡

第三十九回

荆棘密布路难行，悟空欲借火烧山

南辕北辙

唐僧师徒在山顶住了一晚后，天一亮，他们就又继续赶路了。正所谓“上山容易下山难”，这下山路上荆棘密布，可真把师徒四人难坏了。

“哎呀！这锯齿状的叶子扎得我小腿都流血了，师父你快看，可疼死俺老猪了。”八戒坐在一块大石头上哭丧着脸说。

“二师兄，你再坚持坚持，天黑前我们就能到山脚了。”沙僧边用他的降妖宝杖砍掉荆棘边说道。

唐僧指着八戒的裤腿儿说道：“八戒，别贪图凉快，把裤子放下来盖住小腿就不会再被刺伤了，这山里人家在山上砍柴时也都是这么往返的。”

“这样多麻烦！反正砍了和烧了殊途同归！俺老孙去向铁扇公主借一把火把这山烧了得了，这样既方便百姓也方便我们下山。”悟空说着就飞了起来，准备驾云而去。

唐僧见状立马说：“悟空！这山都爬上来了，还怕下山的艰难险阻吗？不过是一些荆棘罢了，若全烧光了，山路变得光溜溜的，会更难走，而且火势太大也会危及山脚下百姓的房屋。烧了虽然看起来很省事，但产生的后果和预想的结果南辕北辙，完全不同呀。”

悟空无奈地又折了回来，一脚跨向前，走在最前方披荆斩棘。

“师父，从南面上来我看也不远啊，北面确实是曲折了点，要不咱们换个方向下山？兴许那边没这么难走。”八戒摸着脑袋笑嘻嘻地说。

“是南辕北辙，不是南边路途遥远，北边道路曲折！师父是说我把这山烧了反倒是背道而驰，那我就不烧了呗。”悟空回头嘟囔着。

“背到而迟？背着确实是更走不动了，但师父可不能受伤，就让俺老猪先背，迟点就迟点吧，我刚吃了两个野果，还不是很饿，能坚持到山脚下！”八戒说着就蹲在了唐僧面前。

“二师兄！你快起来，这地上可蹲不得。荆棘越往下刺就越硬，可别把你的屁股也扎流血了。”沙僧笑着说道。

只见八戒腾地就跳了起来，这一跳没留神，大腿又被划破了。“哎呀！”八戒发出一声惨叫。

“你们一个个呀！”唐僧边摇头边笑着说，“八戒，你再好好想想，你有没有理解错什么成语？这又是远近，又是背我下山的，把为师都绕晕了。”

八戒摸着自己的伤口满脸疑惑。

“二师兄，你又理解错了。‘南辕北辙’是一个成语。辕是指车前部用于驾牲畜的两根直木，辙是指车轮在地面上碾出的痕迹。这个成语说的是，心里想往南去却驾车向北行，比喻行动和目的相反。”

“可是我们没有车啊，要真有车反倒好了呢！”八戒不解地说。

“八戒，想往南去和驾车北行比喻的是行动和目的，不是真的一定要在行车的时候才能用。学习成语不能只关注字面意思，意思会有差异且不说，还会大大缩小成语的运用范围。”唐僧语重心长地说道。

“我知道了师父，可是这个南啊北的确实容易让俺老猪糊涂嘛。”八戒看着这满路的荆棘，走到一处荆棘稍少的地方，“师父你还是快点到我背上来吧，我背着你虽然是会到得迟一些，但起码不会南辕北辙了，这下我的成语用对了吧！”

唐僧、悟空、沙僧不约而同地哈哈大笑，八戒疑惑地看着他们。

“八戒，这不是迟不迟的问题。看看你这圆滚滚的肚子，你背得动师父吗？况且背道而驰也不是这么用的！”悟空摸着八戒的肚子哈哈大笑着说。

八戒赶紧推开悟空的手，不服气地说：“哼，俺老猪好歹也是天蓬元帅，元帅懂不懂！别说师父了，你和沙师弟我都能一起背上，一眨眼就能到山脚下。”

“二师兄，‘南辕北辙’你是理解正确了，都学会造句了。但‘背道而驰’是它的近义词，这两个成语的意思都是说行动和目的完全相反。”沙僧边翻找行李边说。

“哦，原来是这样。”八戒边点头边在一旁搬起一块块大石头，以此彰显自己力大无穷。

沙僧从行李中拿出一个小本子，说道：“**南辕北辙出自《战国策·魏策四》，这中间还有个小故事呢。魏王想攻打赵国，季梁劝他说：‘我在大路上遇到一个赶着车向北走的人，他告诉我说：“我要去楚国。”我问他：“你要去楚国，为什么要向北走呢？”他说：“我的马跑得快。”我说：“你的马虽然跑得快，但这不是去楚国的路啊！”他又说：“我的盘缠很充足。”我说：“你的盘**

缠虽然多，但这不是去楚国的路啊！”他又说：“给我驾车的人本领很高。”他不知道方向错了，赶路的条件再好，离楚国的距离也会越来越远。’季梁借此故事来劝说魏王要想实现统一天下的目标，必须有与之相对应的行动，不然就会适得其反。”

“那后来魏国真的攻打赵国了吗？”八戒问道。

“八戒，沙师弟讲这个故事是想告诉你，我们做事情的目的和所采取的行动要一致，你的关注点怎么总是跑偏呀？”悟空说着揪了一下八戒的耳朵。

“行了行了，你们别吵了。学习成语除了要熟记，也要去领悟成语的真正含义，将它运用到实践中。快继续走吧。”唐僧说。

“知道了，师父！”三位徒弟应声道。

文曲星驾到

南辕北辙（nán yuán běi zhé）

释义：心里想往南去却驾车向北行，比喻行动和目的相反。

近义词：背道而驰、适得其反

成语造句：让你求面积，你怎么求周长了呢？真是南辕北辙！

通关文牒

请将下面的成语补充完整。

			（ ）	
			途	
	普	（ ）	同	庆
		南	归	
		地		
南	辕	北	（ ）	

答案：

			殊	
			途	
	普	天	同	庆
		南	归	
		地		
南	辕	北	辙	

第四十回

猪八戒愁思满身，孙悟空借机调侃

望梅止渴

师徒四人一路奔波，天色也越来越深。看着这漫天的繁星、皎洁的月亮，猪八戒一时愁思涌起，小声嘀咕道：“在我家窗户前也可以看到这样美好的月色啊！也不知道何时才能再回到俺净坛使者的庙宇？那样就不会如此辛苦，每天也不用像现在这般风餐露宿。”八戒的低语，恰巧被身旁的孙悟空听到了。

孙悟空心想：“成天净想着偷懒享福，看俺不敲打一下你。”于是他蹑手蹑脚地走到猪八戒身后，猛地一拍他的肩膀，伸手指向前方说道：“八戒，你看，前面山谷边的房子不是你的庙宇吗？好像还有人在祭拜呢！”

猪八戒被孙悟空吓得一激灵，但听他说到自己的庙宇，心里不免欣喜，脱口而出：“哪里？在哪里？我的庙宇在哪里呢？”

孙悟空一看猪八戒上当了，便说：“八戒，你越过前面的山谷，在那湖面上便能看到月亮的倒影，等到月亮升起后湖面腾起一片烟雾时，便能看到你的庙宇了。”八戒听了他的话，气不打一处来，知道孙悟空又拿自己开涮，便没好气地回道：“猴哥，到湖里捞月是你会做的事，俺老猪可不会做出这种事来。”

“此话何意？俺老孙啥时候去湖里捞月了？”孙悟空疑惑不解地问道。

"猴子捞月，傻猴一个！"八戒看到孙悟空上套了，便回道。

孙悟空一看猪八戒转而调侃到自己身上，也没生气，淡定地说道："八戒，你现在好歹也成佛了，求人不如求己，就不要对着这夜空中的月亮望梅止渴了，还是老老实实地护送师父，这样才能早日完成任务！"

"大师兄，你们刚刚不是在说庙宇吗，怎么突然间提到了梅子呢？"沙僧不解地问道。

"沙师弟，八戒刚刚对着月亮幻想着能早点儿回到自己的庙宇去享清福，接受世人的朝拜，你说他这不是空想嘛！"孙悟空解释道。

"噢，那这和梅子有什么关系呢？"沙僧疑惑地看向悟空。

"悟净，这'望梅止渴'的原意是梅子酸，人想到吃梅子就会流涎，因而止渴。不过悟空在此处运用的是它的另一种用法，还是你来解释吧，悟空。"唐僧回答了一半，便招呼孙悟空来解答。

"师父所言极是。俺老孙在此处使用'望梅止渴'表达的是某人无法实现愿望，用空想来安慰自己。这里的某人可就是指你啊。"孙悟空对着猪八戒坏笑道。

"望梅止渴出自南朝宋刘义庆所著的《世说新语·假谲（jué）》，你们谁知道这其中的典故吗？"唐僧在孙悟空解答完后，紧接着抛出了一个问题，希望徒弟们能够讨论起来。

孙悟空庆幸自己当时用心学了这个成语，现在终于有了能够好好展示的机会，于是赶紧抢答道："师父，师父，我知道，我来回答！这个成语的典故与三国时期有名的人物曹操有关。要说这曹操，后人对他褒贬不一，有人评价他是治世之能臣，乱世之奸雄。”孙悟空不紧不慢地说着，顺势坐在了一块大石头上。

猪八戒一看风头都被抢走了，而自己又被孙悟空调侃了一番，心里很不是滋味。他脑子急转，终于想起了这个成语的背景知识，在孙悟空讲话的间歇赶忙讲道：“大师兄讲得不全，俺老猪知道这个故事。”

孙悟空听到猪八戒的话，心想：“我料你也不了解这个成语，还在这里故作聪明，那我就看看你能讲出什么来。”

孙悟空清了清嗓子，回道：“既然如此，那八戒你就来讲讲吧！”

猪八戒心中一喜，赶紧说道：“曹操有一次率兵出征，行军途中，士兵们干渴难耐，而随军携带的水又不足，于是他骑马到队伍前，大声对士兵们说前方不远处有梅林，那里的梅子酸甜可口。你们猜怎么着？”猪八戒讲得绘声绘色，还不忘吊胃口：“士兵们一听这话，脑海里便出现酸甜的梅子，嘴里不自觉地流出口水。其实前方是没有梅林的，但曹操通过诱骗士兵，达到了让他们解渴的目的。”

猪八戒讲完，孙悟空却很郁闷：没承想他还真知道呀，失算了。

“听你们这么一说，我想起来了，文曲星老师曾经讲过这个成语。我还记得‘望梅止渴’在《世说新语》里的原文是：**魏武行役，失汲道，军皆渴，乃令曰：‘前有大梅林，饶子，甘酸可以解渴。’士卒闻之，口皆出水，乘此得及前源。**师父我没说错吧？”沙僧挑着眉头说道。

“徒儿们表现得非常好，讲解得既详细又准确，值得表

扬。”唐僧欣慰地说道。

“师父，您说今日谁才是名副其实的表现最佳者？”孙悟空不甘心风头被抢走，于是问道。

唐僧怕徒弟们再争吵起来，便赶忙打圆场，说道：“今日你们的表现都很棒。刚刚八戒只是感慨一下，悟空你也不要上纲上线，再为难八戒了。今日大家温习了‘望梅止渴’这个成语，也是收获颇丰。”

“师父，现在已经错过了投宿的时间，不如今晚就在此扎营吧。”孙悟空建议道，还不忘转头调侃一下八戒，“想着你的庙宇犹如**画饼充饥**。咱们这里还有些干粮能填饱你的肚子。”八戒摸了摸肚子，不好意思地“嘿嘿”两声。

“也好，那咱们就分头行动，早些吃完，也好早些休息。”唐僧吩咐道。

文曲星驾到

望梅止渴（wàng méi zhǐ kě）

释义：原意是梅子酸，人想到吃梅子就会流涎，因而止渴，后比喻愿望无法实现，用空想来安慰自己。

近义词：画饼充饥

成语造句：面对理想，我们要鼓足干劲、迎难而上，力求实现它，绝不能望梅止渴，整日空想。

通关文牒

“望梅止渴”是和水果有关的成语，你能列出几个含有水果的成语吗？能详细解释一下成语的含义吗？

答案：滚瓜烂熟，滚落在地上的瓜熟透了，形容读书或背书极为纯熟流利；瓜田李下，意指正人君子要主动远离一些有争议的人和事，避免引起不必要的嫌疑，也指易引起嫌疑的地方。

第四十一回

师徒离开黑风山，悟空一诺值千金

一诺千金

第二天，师徒几人继续赶路，行至晚间，才到一处村庄。村里热心的老汉盛情邀请师徒众人进屋，问道："长老们这是要去往何处啊？"

唐僧双手合十答道："施主，我们要离开这黑风山，到前方去取经书。"

老汉一听黑风山，不禁说道："各位长老，这黑风山虽然没有妖怪作祟，但是山脚下的岔路极多，而且有强盗在此设伏，外地人入内，极易中埋伏啊！这不，官府发了告示，谁捉拿了强盗，可领一百贯钱。"

孙悟空哈哈笑道："施主，妖怪我等都不曾怕过，还会怕这强盗吗？你只需要帮俺找个向导即可。"

老汉的妻子正好端着饭菜进屋，听闻师徒几人欲寻找向导，便提醒道："老头子，咱们村里的老张常年做皮货生意，经常进出黑风山，何不请他为诸位长老带路呢？"

老汉被妻子一提醒，一拍大腿，说道："我怎么把他给忘了，这老张绰号'活地图'呢！老婆子，你赶紧去找老张，让他给几位长老带路。"

不一会儿工夫，老汉的妻子便引着老张到了家中。众人看他身材矮小，皮肤黝（yǒu）黑，虽其貌不扬，但是眼睛特别有神，沉稳中透着干练。

唐僧上前对着老张鞠了一躬，毕恭毕敬地说道：“施主，我等想要离开这黑风山。不过人生地不熟，想请施主做向导。”

老张听了唐僧的话，面露难色，挠着头为难地说：“这要是在平时，我义不容辞。不过最近黑风山多了一些强盗，我怕遇到他们，惹上麻烦。”

孙悟空听了忙劝说道：“施主莫担心，这黑风山的黑熊怪当年便是俺降服的，区区强盗不在话下！你只管带我们找到他们，剩下的麻烦俺来解决。”

老张一听黑熊怪是眼前人降服的，心里满是佩服，于是便不再有顾虑，拱手道：“既然如此，我回去带些绳索和干粮，明日一早就出发。”

第二天，众人在老张的带领下直奔强盗的老巢。

这强盗的老巢坐落在一山口处，门口有几个小兵站岗。猪八戒按捺不住，上前对着寨门大喊：“里面的强盗听着，你们已经被包围了，乖乖地束手就擒，要不然俺老猪就打过去，灭了你们。”

里面的强盗不知虚实，未敢妄动，只能口头回击：“哪里来的毛和尚，敢在这里撒野？小心丢了性命。我劝你哪儿来的回哪儿去！”

孙悟空应道：“里面的强盗听着，你们速速投降，如若不然，小心性命不保！”他顿了顿，看里面没动静，继续说：“你们只要乖乖投降，俺老孙**一诺千金**，定不会伤了尔等性命。”

强盗们在头领的带领下一齐冲出了寨门。这头领对着孙悟空喝道：“你这毛脸雷公嘴的猴子，我等在此好生快活，怎会如你所愿？你等速速退去，小心猴头落地！”

这时，他手下的刀疤脸提醒道：“大王，咱们辛辛苦苦抢劫一年，连一百两金子都没抢到，而现在人家要给咱们千金，这可是一笔不小的钱啊！不如我们按他们说的做，归顺了官府吧！”

孙悟空听完，嘿嘿笑道：“没想到你们这帮强盗不仅危害村民，还这么无知。俺老孙所说的‘一诺千金’，出自**汉代著名史学家司马迁所著的《史记·季布栾（luán）布列传》，**书中说黄金再多，都比不上季布的一个承诺。哎，你们这群强盗可要好好学习了。”

猪八戒接过孙悟空的话茬：“收拾你们之前，你猪爷爷再好好给你们上一课。这一诺千金的**‘诺’是许诺的意思。**这个成语指**许下的一个诺言有千金的价值，比喻说话算数，极有信用，一旦许诺，必定做到。**来，乖乖地投降，俺老猪会考虑送你们一本《史记》，让你们好好学习。”

那头领听了，气得叫喊道：“你这毛和尚，居然戏弄本大王。小的们，给我上！”

“嘿，你这小小的强盗敢对你猪爷爷无礼，让你看看俺的厉害。”说罢，猪八戒嘴里念咒，身形瞬间增大了数倍，变成了一个巨人，手里的九齿钉耙大如一座山包。

强盗们看到这个巨人，吓得吱哇乱叫：“妖怪来了，快跑啊！”

只见猪八戒深吸一口气屏住后又大口呼向那些强盗，这气息犹如暴风。一口气吹完后，这些强盗被吹到半空中，然后重重地落下，摞在一块，像叠罗汉一般，全都晕了过去。

孙悟空赶紧吩咐沙僧和老张：“沙师弟、张施主，你们赶紧将这些强盗捆起来，以免他们清醒后逃走。”

老张赶紧抽出腰间的绳索，和沙僧一块儿按照孙悟空的吩咐将强盗们捆在树上。

沙僧对着巨大的猪八戒喊道："二师兄，可以了，赶紧变回来吧！"

猪八戒赶紧变了回来，打着哈欠说道："真没意思，俺老猪还没发挥真本领呢！"

唐僧看到徒弟们轻松摆平了强盗，很是欣慰，微笑着说道："八戒这次出力甚大，予以表扬，下次继续努力！"

孙悟空此时想起赏金的事来，便对老张说道："张施主，一会儿你回到村里，带着乡亲们将这些强盗押解到官府，领的赏钱你自己留一半，也算是此次带路的费用，另一半就用来在村里建一所校舍，让孩子们有读书的机会。"

老张赶忙推辞："诸位长老已经帮了我们如此大的忙，这赏金我们万万不好再收下。”

唐僧迈步上前，说道：“施主莫要推辞，我这徒弟向来**言出必行**。施主你就收下吧！”

老张推脱不掉，只好接受。

在老张的带领下，约莫在午时，众人离开了黑风山的地界。唐僧谢过老张，又将猪八戒所带干粮分给了他，才依依不舍地与他告别。

文曲星驾到

一诺千金（yí nuò qiān jīn）

释义：许下的一个诺言有千金的价值，比喻说话算数，极有信用，一旦许诺，必定做到。诺，许诺。

近义词：言而有信、言出必行

成语造句：小明一诺千金，答应的事情必定会做到。

通关文牒

今天我们学的成语包含数字，你还知道哪些以数字开头的成语？看谁写得又多又准确。

答案：一言为定、一言九鼎、一针见血、三言两语、四面楚歌、五脏六腑

第四十二回

涉长路偶遇巧匠，师兄弟趣赛木马

五十步笑百步

告别了老张之后，师徒四人又在路上走了几天，正是人累马疲时，忽然间前方出现了一个村庄。猪八戒一屁股坐在地上，乱嚷起来：“俺老猪一步也走不动了！让俺进去休息休息吧！”唐僧一心取经，怕耽误了时间，正在犹豫之时，沙僧抬起手抹了抹脑门上的汗珠，也劝道：“师父，咱们一直未曾好好歇息，小白龙也累了，而且咱们的干粮确实不多了，不如进去休整一下再上路。”

唐僧觉得沙僧说得有理，便和他们走进了村庄。四人找了一家农户歇脚，化了些斋饭，歇了一会儿。唐僧要启程上路时，猪八戒死死扒着人家的院门不肯走。唐僧斥责道：“悟能！不可放肆！”

猪八戒看着吃饱喝足的白龙马便抱怨起来：“师父有这马儿代步，自然不累，俺老猪这么胖的身子，一步一步走下去，怎么受得了！俺也想有匹马骑！”

孙悟空听了，气得眉毛倒竖：“你居然还要起无赖来！还想要马骑？马儿在那儿，你挑一匹来骑吧！”说着一指院子里小孩子玩的几个木马。猪八戒撇了撇嘴：“木马又不会动，你净拿我说笑！”

两人在院里乱嚷了一通，引得房子的主人走来院子里察看。

他正巧听见孙悟空让猪八戒骑木马，便笑道：“二位长老，普通的木马确实不会动，我这木马可不同！”

孙悟空把那木马上上下下打量了一番，好奇地问道：“哦？这木马看起来也没什么特殊的，难道还能活过来自己走路不成？”房子的主人骄傲地说：“诸位有所不知，我叫诸葛梓，是诸葛亮的后人。当年先祖北伐时，制作了木牛流马来运输粮草，后来这手艺传到了我手里，我就仿制了这木马。它虽然不能活过来，却也能日行十里呢！”

猪八戒围着木马走了几圈，笨手笨脚地爬上木马，揪着木马的耳朵，口里喊着“驾！驾！”，那木马却纹丝不动，急得他在木马上乱摸乱抓，不知道触动了什么机关，那木马发出“咔嚓咔嚓”的机关转动的声音，竟往前移动了几步。猪八戒摇晃了几下稳住身子，惊讶地张大了嘴巴，低下头去打量身下的木马。

孙悟空笑着说：“这样简单的木马都不会骑！”猪八戒爬下马背，愤愤道：“猴哥你不要站在那里说风凉话，你行，你来啊！”孙悟空把头一扬：“我来便我来！”他一跃跳上木马的背，说：“看我的！”他也学着猪八戒的样子在木马身上乱摸，想寻找木马的机关窍门，但是任凭他怎么摸，那木马却不肯移动一步。孙悟空在八戒面前夸下了海口，此时又羞又急，眼见着豆大的汗珠就从脑门上落了下来。

猪八戒第一次见孙悟空这么窘迫，自然不会放过笑话他的机会，两手捧着肚皮大笑起来：“猴哥啊猴哥，你也有今天，你老说你本领滔天，如今怎么连小小的木马都驯服不了呢！”孙悟空自知理亏，本来就红扑扑的猴脸腾地一下成了绛（jiàng）紫色，灰溜溜跳下木马背，低着头，嘴里小声道：“你不过是

五十步笑百步而已！”

猪八戒闻言十分疑惑，问道：“什么五十步笑百步？俺数得清清楚楚，俺的木马走了三步，猴哥的木马一步也没走，俺这分明是三步笑零步啊！”

唐僧听了，无奈地说：“八戒，不是这样的，五十步笑百步是个成语，不是指你实际走了多少步。”

八戒摇头道：“又是成语！俺不明白它是什么意思！”

唐僧耐心地给他解释：“**五十步笑百步这个成语用来比喻自己跟别人有同样的缺点或错误，只是程度比别人轻一些，却以此嘲笑别人**。”

沙僧插嘴道：“就像现在一样！明明二师兄和大师兄的木马都没走多远，但是二师兄却那么刻薄地笑话大师兄。”

八戒挠挠头，还是没有明白：“可是五十步明明比一百步要少，为什么是五十步笑百步呢？不应该是走了一百步的人笑走了五十步的人吗？”

唐僧答道：“不能按字面意思来理解。**这个成语出自《孟子·梁惠王上》，说军队打了败仗的时候，士兵们纷纷逃跑。有的跑得快，跑了一百步停下来了；有的跑得慢，跑了五十步停下来了。这时，跑得慢的士兵却嘲笑那些跑了一百步的士兵是胆小鬼。**八戒，你觉得跑得慢的这些士兵这样做合适吗？”

八戒把头摇得和拨浪鼓一样，说：“当然不合适！无论是跑了五十步，还是跑了一百步，都是逃跑，他们怎么有资格去嘲笑别人呢？”

“你这不挺明白的吗！刚才嘲笑我的时候也没见你嘴下留情啊！”孙悟空大怒。

八戒挠挠头，不好意思地嘿嘿一笑：“俺明白了，刚才是俺不好，俺不应该五十步笑百步，不应该那么刻薄地嘲笑猴哥。俺向你道歉，猴哥对不起。”

孙悟空看八戒这样诚恳，便大手一挥：“我大人有大量，不和你计较，咱们师兄弟之间也不必这么客气！”八戒看孙悟空不再生气，放下心来，转而扯着唐僧的袈裟不放，央求道：“师父，咱们把这木马买下来，也好给俺师兄弟减轻点负担，好不好？”

诸葛梓听了，上前道：“不可不可，并非我不舍得，而是这手艺流传到我的手里早已不复当年，虽然木马能载人走路，但是一天最多走十里，只能供孩童玩耍用，要是骑它上路，岂不是耽误时间？”

猪八戒听了，失望地耷拉下耳朵，打消了这个念头。唐僧看大家也休息得差不多了，便谢过诸葛梓，带着徒弟们走出村庄，继续上路了。

文曲星驾到

五十步笑百步（wǔ shí bù xiào bǎi bù）

释义：比喻自己跟别人有同样的缺点或错误，只是程度上轻一些，却讥笑别人。

近义词：半斤八两

成语造句：你别五十步笑百步了，我考了 51 分，你考了 59 分，都没及格！

通关文牒

你能把下面这些数字填进合适的成语里吗？

五　七　八　十　五十　百

①（　）光（　）色

②（　）上（　）下

③（　）步笑（　）步

答案：①五 十 ②七 八 ③五十 百

第四十三回

黄风岭上风沙多，火眼金睛难辨清

雾里看花

师徒四人昼夜兼程，不知走了多久，终于来到了黄风岭地界。放眼望去，这黄风岭毫无生机，没有一点儿树木花草，只有光秃秃的山头和四处散落的碎石头，甚是凄凉。四人踏着崎岖不平的山路，迈着艰难的步伐继续前进，走了一炷香的时辰才看到一棵枯死的老树。老树扭曲的枝干上攀爬着的藤蔓也已枯萎，一群乌鸦停在上面，发出凄惨的叫声。

这样的情景，加之呕哑啁哳（zhāozhā）的乌鸦叫声在耳边萦绕，让人不免心烦意乱。八戒实在憋不住，便发起牢骚，打破了这沉闷的氛围：“这黄风岭也太荒凉了，方圆几十里，别说村子，就是人影也未见一个。猴哥，莫非此地有妖人作祟？”

“俺老孙也觉着奇怪，待俺前去察看一番，两位师弟看护好师父。”说罢孙悟空便腾空而起，驾着筋斗云向远方飞去。那枯树上的乌鸦也受了惊吓，“哑——哑——”叫着，四处飞散。

过了不多时，孙悟空便回到原地，对唐僧道：“师父，不知何故，这黄风岭未见人烟，山间黄沙遍地，此外再无他物。依徒儿所想，为防不测，咱们应该尽早离开。”悟空话还未说完，只见远方漫天的黄沙席卷而来。狂风裹挟着黄沙，使得天地浑然一体。太阳的光芒也被遮蔽，若明若暗的，实在是看不真切。

“不好，妖怪来了！沙师弟看管好行李，俺老猪看护好师父，切莫让那妖怪趁乱把师父抓走了。猴哥，你赶紧去看看前方是何情况！”八戒着急地说。

“别急，俺老孙有火眼金睛。俺倒要瞧瞧，到底是何方妖孽敢来招惹我们。”说罢，悟空跳上一个山头，用火眼金睛向前望去。

少顷，孙悟空跳下山头，回到唐僧身边，失望地说：“师父，俺老孙用火眼金睛望去，奈何那黄沙太厚，茫茫一片，犹如雾里看花，一点儿也看不真切。”

八戒听后急忙接话：“猴哥，我看你是被这黄沙吓蒙了吧？将雾里看花用在此处甚是不妥啊！”

“哦？如此看来，八戒是知道雾里看花的意思了。不妨说说，俺老孙洗耳恭听。”悟空有些戏谑地望着八戒。

“这雾里看花出自唐代杜甫的《小寒食舟中作》：‘春水船如天上坐，老年花似雾中看。’这句诗的意思是春来水涨，江河浩漫，所以在舟中漂荡起伏犹如坐在天上云间；身体衰迈，老眼昏蒙，看岸边的花草犹如隔着一层薄雾。因此该成语是形容年老视力差，看东西模糊。猴哥，你有火眼金睛呢，还没老眼昏花吧？”八戒摇头晃脑，胸有成竹地娓娓道来。

“看样子，八戒近来用功颇多，成语解释倒是详细准确。那为师来考考你，这杜甫诗中所云为‘老年花似雾中看’，而悟空所用为‘雾里看花’，这其中略有区别，你可知为何？”

沙僧听后忙道：“这其中的区别我听文曲星老师讲过，这雾里看花在宋人赵蕃的《早到超果寺示成父且约归日携家来游》中也有出现：‘雾里看花喜未昏，竹园啼鸟爱频言。’另外王国维也曾化用杜甫诗中的‘老年花似雾中看’，化用的句子为‘白石写景之作……虽格韵高绝，然如雾里看花，终隔一层’。这里所用雾里看花是看不清事物的本质的意思。”

“悟净所言甚是。你这一番解释正弥补了八戒的不足。八戒说悟空将雾里看花用在此处不恰当，也不太对。悟空用火眼金睛察看这漫漫黄沙为何物，奈何黄沙太厚，看不真切，无法知道黄沙的本质。如此说来，悟空所用为雾里看花的后一种用法，倒也合适。”唐僧解释道。

“我知道了，雾里看花就如在云雾里看花一般，若明若暗，看得不真切，并不一定要用在老年人身上。那它的反义词是不是清清楚楚、明明白白？”八戒争抢道。

沙僧点了点头：“二师兄所言甚是，如果强调‘看’的动作，‘一目了然’更贴切些。”

“师父及两位师弟所言让俺老孙增长了知识。不过当下要紧之事是防范师父被妖怪抓走。这黄沙甚是奇怪，莫不是那黄风怪在作怪？想当年，俺老孙可是见识过这黄风怪的手段，俺的火眼金睛就曾被其所伤，当真不可小觑。”悟空急得抓耳挠腮。

“不如大师兄找本地的土地爷来问个究竟，也省得咱们在此瞎猜一番。”沙僧建议道。

“沙师弟此法甚好，俺老孙这就去招那土地老儿前来问个清楚。”悟空说罢便取出金箍棒在地上击打了一下。

不一会儿工夫，地上便冒出一股白烟，一位矮胖的老者出现在众人眼前。只见他手拿一根拐杖，腰间系一葫芦，鬓发皆白，但精神矍铄。

“黄风岭土地爷参见孙大圣及诸位长老，不知召唤小老儿前来所为何事。”土地爷恭敬地作揖道。

悟空急问道：“土地老儿，俺来问你，这漫漫黄沙究竟是怎么回事，怎会突然出现呢？是不是有妖怪在此作祟，阻挠我等求取真经？”

“大圣且勿着急，听我细细道来。”土地爷清了清嗓子，“这黄风岭的黄风怪自从被灵吉菩萨收服后，这里便太平了，老百姓安居乐业。但不知哪一天，来了一群外地人，他们向当地人宣扬，说黄风岭的树木在东海傲来国是抢手商品，一棵百年老树便可值万贯。当地人一听便财迷心窍，纷纷携妻带子到山里找寻百年老树。没一年的工夫，黄风岭上的百年老树便被砍伐殆尽。人们找不到百年老树，便砍伐树龄小的树木，久而久之，这黄风岭便只剩下光秃秃的山头和散落的石头了。经过多年的风吹日晒，石头破碎，落入土中，这黄风岭的树木便再难生长。如今这里早已荒无人烟，不时还刮起漫天的黄沙，当地人都难以生活，便远走他乡另谋生计了。”

“这真的是自作孽不可活，大自然的力量不可小看。众生应顺天道而为，切不可逆势而行。”唐僧感慨道。

师徒四人听了土地爷的解释，又看到眼前这黄沙漫天的景象，事情原委自是一目了然。众人深感痛心，决定前往那黄风岭深处一探究竟。如果真如土地爷所说，那么需要从源头予以遏制，这样才能够拯救这里的环境，也算是善事一件。于是，师徒四人等黄沙风暴过后，便辞别土地爷继续前行，向着黄风岭的深处进发。

文曲星驾到

雾里看花（wù lǐ kàn huā）

释义： 原形容年老视力差，看东西模糊，后比喻看不清事物的本质。

近义词： 若明若暗

成语造句： 这篇文章写得太笼统，很不明确，读起来好似雾里看花。

通关文牒

小明和爷爷一同外出游玩。小明指着不远处大山上的一块大石头，让爷爷看看那块石头像不像一只伏地的猴子。可是爷爷张望了好久都看不清，只得无奈地说道：“年龄大了，看东西就像（　　），不中用咯。”

你觉得在括号里填入以下哪个成语能够使句意完整通顺呢？

A. 雾里看花　B. 雪中送炭　C. 扑朔迷离　D. 含糊不清

答案：A

第四十四回

师徒一行遇风沙，插翅难飞入困境

插翅难飞

师徒四人来到了黄风岭的深处，这里的景象更为凄凉，四周只有漫漫黄沙和连绵起伏的沙丘，满目苍凉。

“这是什么鬼地方呀？这风吹得俺老猪满嘴都是沙子，光吃沙子都饱了，咱们也用不着去化缘了。”猪八戒满脸的不情愿，干脆一屁股坐下，不走了。

没想到他刚一坐下，就嚎了一嗓子，直接从地上跳了起来：“嗷嗷嗷！烫死俺老猪了，这该死的沙子快把俺的屁股烫熟了。”

“哈哈哈哈，幸好我等出家人吃素，要不然把你烫熟了，我们可就要吃烤猪了。”孙悟空在一旁哈哈大笑，一副看好戏的样子。

唐僧看着这荒野沙丘，担忧地说：“徒儿们，眼看前方这沙丘甚是凶险，不易通过，此间又无其他路可走，为师一时也是束手无策，你们看应该如何是好？”

“师父，猴哥本领高强，不就是一座沙丘嘛。对于猴哥来说移走这沙丘简直就是易如反掌，不如让猴哥展示一下他的好——身手。”八戒故意将“好”字的音拉长，在一旁阴阳怪气地说。

“你这家伙，净说风凉话！这连绵起伏的沙丘看不到尽头，移山术可行不通。”悟空不满地回道。

说话间，远处突然刮起一股怪风，裹挟着地面上的沙石向众人袭来。唐僧师徒躲闪不及，瞬间便被风沙吞没了。

“不好，妖怪来了，师父千万别被抓走了。”沙僧大惊失色。

孙悟空见状腾空而起，怎料这风沙太厚，他无法辨认方向，只得退回地面。

“猴哥，师父不见了，该不会是被妖怪抓走了吧！”猪八戒生怕自己的声音被风沙盖住，便扯着嗓子大喊。

“两位师弟，这风沙太大，俺老孙的火眼金睛也派不上用场，如今咱们被困在风沙里进退两难，师父也不见了，不如分散去寻找。千万要保证师父的安全，别让他被妖怪抓走了。”孙悟空急得额头直流汗，嗓子被风沙呛得有点沙哑。

八戒和沙僧正欲分散寻找，白龙马却在此时驮着唐僧帅气地奔了过来。“三位师兄，实在抱歉，刚刚我被这风沙迷住了眼睛，带着师父跑错了方向。我听到师兄们的呼喊，便循着声音过来了。”白龙马嘶鸣一声，解释道。

“刚刚二师兄还说师父被妖怪抓走了，没承想这‘妖怪’竟是咱们的白龙马。”沙僧打趣道。众人看到唐僧安全回来，也松了一口气，哈哈大笑起来。

“这风沙一时半会儿也停不下来，我们就别站在这里吃沙子了。前方好像有个山洞，我们暂且去避一避，大家跟我来。”悟空提醒大家。

八戒一听有躲避处，瞬时心花怒放：“沙师弟，你记得挑着行李，还要把那白龙马也牵好，别再让这个‘妖怪’把师父抓走咯。俺老猪身先士卒，先去探探路。”说完八戒撒腿就跑，一溜烟就不见了。

结果他没跑两步就出事了。“猴哥、猴哥，救命啊！俺老猪被流沙困住了，你来晚了的话俺老猪可就变成‘磨砂猪’啦！”八戒高声疾呼。

孙悟空赶紧前去，循着声音来到猪八戒身边，对着他施用法术——“定！”猪八戒的身体马上停止了下沉。

“八戒，这流沙和沙师弟的流沙河相比，哪个更强劲呢？你别说，我还真想看看到底什么是‘磨砂猪’！”悟空幸灾乐祸，在一旁揶揄（yéyú）。

“猴哥，都这种时候了，你还有心情取笑俺老猪。流沙河那儿都是水，现在俺老猪的衣服里全是沙子，难受死了，赶紧把俺老猪救出来吧，这对你来说轻而易举。”八戒向孙悟空哀求道。

“救你倒也不难，不过你得先表示一下。俺老孙可记得上次让你拿点儿私房钱出来救人，你可是一点儿都不愿意。这一次你要是不掏出点东西来孝顺俺，俺老孙可不管你。”孙悟空慢悠悠地讨价还价。

“我的好哥哥哎，俺可真没有私房钱了，不信你把我拉出来搜搜身。”八戒可怜巴巴地望着悟空。

“我可不管，那我们继续赶路咯！”孙悟空说罢，作势要走。八戒急忙从耳朵里掏出一包碎银，扔到悟空脚底。“你这家伙真是嘴硬，看在你掏钱充公的份上，这一次就饶过你。接住俺老孙的棒子。”孙悟空掏出金箍棒递向猪八戒，一使劲便将他拉了出来。

猪八戒喘着气瘫坐在地上：“俺老猪刚吃了满嘴的沙子，衣服里也灌满了沙子，又损失了私房钱，真是赔了夫人又折兵。不过多亏了猴哥，要不然俺老猪今日定是**插翅难飞**啊。”

“八戒你是不是被吓蒙了，怎会说‘插翅难飞’呢？你又不是鸟儿，哪里来的翅膀？”孙悟空打趣道。

“八戒并非被吓蒙了。他的意思是在刚刚的危境中，**即使插上翅膀也难以飞走。插翅难飞比喻陷入困境，难以脱身逃走**。”唐僧解释道。

八戒听后抢过话来：“还是师父学识渊博。猴哥你连‘插翅难飞’都不知道，以后可要跟俺老猪多多学习。”

“八戒，你净会拍马屁，如果你能给俺讲出这个成语的出处，俺老孙就服你。”悟空不服气地说道。

“那俺老猪就跟你好好说道说道。这个成语出自**明代周楫的短篇小说集《西湖二集·胡少保平倭战功》：‘王直细细叫人探视，见四面官兵围得铁桶一般，插翅难飞。’**看看，这是不是和俺老猪的用法一样。哼，服了吧？”猪八戒白了他一眼，得意地摇着耳朵。

“二师兄得意得太早啦，唐代韩愈的长诗《寄崔二十六立之》有云：‘**安有巢中鷇（kòu），插翅飞天陲。**’这里的‘插翅飞天陲’才是插翅难飞的‘母体’呢！二师兄你只知其一，不知其二啊！”沙僧在一旁“补刀”。

“听到了没？八戒，韩愈是唐代的大诗人，唐代比明代早多了。你这水平还想让我服？没门儿！”孙悟空笑道。

“哼，我虽然没说全，但总比你连这个成语都不知道要强。师父你来评评理，是不是俺老猪也是有水平的？”猪八戒就是争强好胜。

“你们都不错，八戒有长进，悟净掌握得很全面，悟空也不差。咱们还是赶路吧，只有奋力向前，才能取到真经啊！”唐僧郑重地总结道。

文曲星驾到

插翅难飞（chā chì nán fēi）

释义：即使插上翅膀也难以飞走，比喻陷入困境，难以脱身逃走。

近义词：插翅难逃、束手无策

成语造句：我军已布下了天罗地网，敌人再猖狂也插翅难飞了。

通关文牒

根据前面所学的成语知识，请你判断一下，以下几个句子中“插翅难飞”的用法是否正确。

①警察根据广大人民群众提供的有效线索，推理出罪犯的藏身之处。天网恢恢，疏而不漏。任何危及人民群众生命安全的罪犯终将插翅难飞。

②这座城池坚固异常，攻打城池的敌军面对它都插翅难飞。

③前面就是悬崖，这次我看你是插翅难飞啦！

答案：①（正确）解析：在人民群众与警察的密切配合下，罪犯陷入了困境，面对动员起来的人民群众，他们难以脱身。其符合插翅难飞的使用语境，所以是正确的。

②（错误）解析：插翅难飞形容陷入困境，难以逃脱，此处敌军围城，处于优势地位，并没有陷入困境的迹象，因而使用不当。如果插翅难飞用来形容城池里被围住的人，倒是符合语境。

③（正确）解析：前面是悬崖，后面是追兵，陷入了进退两难的困境，符合插翅难飞的使用语境，因而是正确的。

第四十五回

洞内众人遇塌方，化险为夷危转安

节哀顺变

师徒几人又往前走了一段，忽然前面涌来很大一团风沙，风夹杂着沙子刮个不停。孙悟空寻得一个隐蔽的山洞，招呼众人进去。步入山洞，一股诡异的风呼啸而过，寒得彻骨。石壁缝隙间是密不透光的苔藓，也不知道山洞那无限的漆黑里隐藏着什么恐怖的秘密。

虽暂时安全了，八戒却是满腹牢骚："俺老猪真是太背了，衣服里全是沙子，磨得难受。哎呀，这是什么破山洞啊！乌漆嘛黑的，也没有水让俺老猪洗洗。"

沙僧看着浑身难受的八戒，给出对策："二师兄，这洞里漆黑，我们也看不见，你干脆在这儿直接换衣服得了。"

八戒撇了撇嘴："俺老猪才不干呢，俺要是换衣服，猴哥的火眼金睛可是看得一清二楚。"

众人听罢哈哈大笑，没想到这八戒还会害羞。

唐僧提醒孙悟空："这山洞可暂时用来躲避风沙，你不如趁此时机到洞内深处探察一番。"

"师父与师弟们稍做休息，俺老孙这就去探察一番。"悟空弹了弹八戒的肚皮，笑着说，"顺便看看能不能找些水来，给这聒噪的家伙清洗清洗。"悟空说罢便向山洞深处探去。

猪八戒经过风沙和流沙的双重打击，心里对走出黄风岭已不抱太大的希望，便继续喋喋不休：“这鸟不拉屎的山洞能有多大？师父，咱们别忙活了，倒不如大家拍拍屁股回天庭享清福去。俺老猪敢打赌，不出一刻钟，猴哥就会无功而返。”

沙僧听后安慰八戒：“哀兵必败，二师兄你要节哀顺变，打起精神来，大师兄肯定能帮助我们脱困的。”

猪八戒听后立马抗议道：“沙师弟，你可不要仗着俺老猪憨厚，就乱用成语来欺负俺。你可知刚刚的‘节哀顺变’使用得极不恰当？”

沙僧急忙解释说：“二师兄，我可没有别的意思，不知‘节哀顺变’用在这里有何不妥？请指教。如果二师兄说得有理，我自会道歉。”

八戒哼唧一声，不满地回道：“沙师弟，你听俺说，**这‘节哀顺变’原指抑制悲哀、顺应变故，后作为慰唁之词，多用来慰唁死者家属。**俺老猪既不是孝子，也没有亲人去世，你说这成语用得恰当吗？”

沙僧挠着头，不好意思地说：“哦，原来如此，难怪二师兄责怪我，确实是我使用不当，老沙我给二师兄赔不是了。”说罢对八戒深深鞠了一躬。

说话间，便听到远处传来孙悟空的声音：“师父，俺老孙在这山洞里找到当地的居民了，咱们有办法走出黄风岭了！”

沙僧听后大笑：“二师兄，你不是说大师兄会无功而返吗？没想到转眼间就被‘打脸’了，哈哈哈哈……”

“师父，就在前面不远处，我找到了一名老者。”孙悟空边说边喘着粗气，“他和他的三个儿子在这里采药，知道一条绕开沙丘的小路，完全可避开风沙。这可真是个大收获呀！”

众人跟随悟空来到老者身边。老者听了唐僧的叙述，同意带领他们绕过沙丘。唐僧师徒随即收拾妥当，满怀希望地跟随老者一家向山洞深处走去。

老者叮嘱道：“诸位师父，此洞的尽头直通沙丘后方，是小老儿我无意间发现的。山洞漆黑，路不好走，还请大家跟紧我。”

走了好长的路程，八戒又不耐烦地大声叫嚷起来：“你这老儿是不是在哄骗我等？走了那么久，还在洞里绕，俺又饿又渴。俺老猪不走了，爱咋地咋地。”说罢便瘫倒在地上不走了。

“这位师父，这洞内时常有野兽出没，切莫大声叫嚷，免得招来麻烦。再稍做坚持，前方不远处便是出口。”

“那野兽赶来，俺老猪定让它有去无回，让它见识一下九齿钉耙的厉害！”说罢，八戒拿出九齿钉耙，朝洞壁狠狠砸了下去。

没想到，这一砸却坏了事。只听“咣当”一声，四周洞壁发出巨响，山洞开始震动起来！“快……快跑啊！”石块不断掉落，众人纷纷躲避。待洞内石头不再掉落，众人清点人数后，却发现老者不见了踪影。

众人看着这满地的乱石，周边还有斑斑血迹，又看见被乱石压在下面、只露出半截的随身拐杖以及一只布鞋，都心知肚明——老者被埋在石头下，已是凶多吉少。见此情景，老者的儿子们以为父亲已经遇难，悲伤地趴在石头上号啕大哭，痛不欲生。

“八戒，看你干的好事！你说你逞啥能，现在老者也找不到了，你是难辞其咎！”孙悟空狠狠地看着八戒说。

“师父、猴哥，俺也没想到会这样。俺老猪这就去寻找老人家，他心地善良，好人有好报，一定会没事的。”八戒局促地搓着自己的小肥手说道。

“众位施主，还请节哀顺变。你们这般痛哭，会哭坏身体的。老人家在世的话，也不希望见到你们这般伤心。”沙僧安慰道。

“悟净，切勿妄下定论，眼下还未寻得老者，还不能断定老人家已经仙逝。当务之急，应该尽快确认老者是否被压在乱石之下。如果确认被压，则要先行营救。”唐僧在一旁分析道，“不过也可以看出悟净理解了‘节哀顺变’之意。先人在**《礼记·檀弓下》中曾经告诫过我们：‘丧礼，哀戚之至也。节哀，顺变也。君子念始之者也。’**真是极具智慧啊！”

孙悟空若有所思：“师父所言极是。俺老孙觉着，这老者应该还有生还的可能。刚刚石壁崩塌之时，俺老孙并未看到他被石头压住，不妨叫来土地爷，让他帮我们寻找一下。”

说话间，孙悟空掏出金箍棒，顺势在地上敲打了一下，叫了一声“土地爷速来”。

一股白烟冒起，土地爷现身，闻到空气中弥漫的沙石气味，被呛得忍不住咳嗽：“咳咳，大圣为何又把小老儿召唤出来呀？”

唐僧抢先道：“土地大仙，我等刚遇山洞塌方，还请您帮忙寻找一位老者，看看他是否被压在石头下了。”

“这简单，长老稍候，我去去就来。”说完，土地爷便钻进了地底。

过了片刻，众人便听到土地爷的声音从地底传来：“长老，我已找到您所说的那位老者了。你们绕过塌的地方，向前走几步，便可寻得他。”

唐僧道谢后便带领众人绕过塌的地方，又向前走了几步，就在洞内的转角处发现了躺在地上的老者。老者的儿子们高兴不已，赶紧上前察看，孙悟空也跟上去，对着老者施以法术，老者便苏醒了。原来老者在石头落下之际向前闪开了，虽然有些擦伤，但总算保住了性命。

“果然善人自有高福，看样子佛祖还不想把您接到西天去呢。您比俺老猪强多了，俺之前可差点变成‘磨砂猪’。”八戒看到老者转危为安，不禁放松下来，开怀大笑。

等老者缓过神来，众人也不敢久留，便扶着老者向山洞的尽头前进。

文曲星驾到

节哀顺变（jié āi shùn biàn）

释义：原指抑制悲哀、顺应变故，后作为慰唁之词，多用来慰唁死者家属。

成语造句：逝者已去，生者还请节哀顺变。他的教诲会永远陪伴着我们。

通关文牒

小明跟随父母去参加葬礼，到了地方之后，小明看到父母走过去安慰死者亲属，并且轻声说道：“逝者已矣，生者如斯，还请（　　），好好保重身体。”

你觉得括号中填入下面哪个成语比较合适呢？请说明你选择的理由。

A. 节哀顺变　　B. 顺其自然

答案：A

A. 节哀顺变。选择的理由：该成语为慰唁之词，后世多用来安慰死者家属，结合场景，此处使用节哀顺变最为合适。

B. 顺其自然。不选择的理由：该成语的意思是顺着事物本来的性质自然发展，强调顺应自然发展，不人为去干涉。其不符合上文的语境。

第四十六回

孙悟空戏猪八戒，捉襟见肘引争论

捉襟见肘

正如老者所言，出山洞后便绕过了那连绵的沙丘。一出洞口，清新的空气扑鼻而来，明媚的暖阳照亮众人的脸庞。放眼望去，没有黄风岭的漫天风沙，只有湛蓝透亮的天空，郁郁葱葱的树木，还不断传来鹿鸣声，这里与先前的恶劣环境有天壤之别。

八戒不禁深吸一口气，欢喜地说道：“啊！这空气真是清甜。到了这儿，感觉俺老猪的皮肤都变得光滑有弹性了呢！”

“得了吧，你看你这满身的褶皱，我可不相信你的皮肤还能好到哪里去！”孙悟空眼疾手快，伸手去扯猪八戒的衣服。

“你这猴头，是不是又想抢俺老猪的私房钱啊？”猪八戒一跃而起，想躲开孙悟空的“偷袭”。无奈孙悟空更胜一筹，一把抓住猪八戒的衣袖。只听“嗞啦”一声，八戒的袖子被撕下一截。

猪八戒甚是不满，嘟囔道：“猴哥，看你干的好事！现在好了，俺老猪只能光着膀子啦。”

沙僧在一旁幸灾乐祸：“哈哈，二师兄现在这副模样，**稍微拉一下衣襟就露出胳膊肘**，不正是**捉襟见肘**嘛。”

“猴哥，这一路上你净欺负俺，还把俺老猪的私房钱骗走，这次又扯坏俺的衣服。俺不管，今天你要是不赔钱，俺就不走了！”说罢猪八戒直接躺在地上打起滚儿来。

悟空无奈地摇了摇头："得，得，得，俺老孙给你变身新衣服，免得让旁人看了你这副**衣服破烂的模样，还以为你是生活穷困、**四处流浪的乞丐呢。"

猪八戒倍感委屈，转身向唐僧求助："师父，你可得给俺评评理啊！要不是猴哥戏弄俺，老猪我怎会如此丢面子？你看，现在他还倒打一耙。再说了，这'捉襟见肘'也不都是形容俺老猪的这副模样，是吧，师父？"

唐僧有意为猪八戒解围，便道："悟空、悟净，你们不要再戏弄八戒了，八戒的这副模样确实还称不上'捉襟见肘'。"

"师父此言何意？二师兄现在一拉衣襟就会露出胳膊肘，这不就是'捉襟见肘'的样子吗？"沙僧不解地问道。

唐僧解释道："**庄老夫子曾经讲过一个故事，说曾子在卫国居住的时候，生活非常困苦。他曾经三年没有生火做饭，十年都没有制作新衣服穿。帽子戴得久了，上面的帽带一拉便断了；衣服穿得久了，破烂不堪，一拉衣襟就会露出胳膊肘。**"

"哦，我记起来了，文曲星老师曾经提过这个典故。它出自

《庄子·让王》，说的是曾子‘**捉衿（襟）而肘见**’。”沙僧一拍脑袋，恍然大悟。

唐僧赞许道：“不错，悟净的知识很扎实。你看看，八戒的模样和曾子的是否一样？”

“这么说来，八戒确实达不到曾子那般捉襟见肘的境地，顶多算是衣衫不整。”孙悟空笑着调侃八戒。

“你还笑，要不是猴哥你戏弄俺老猪，俺怎会如此！哼，你才是罪魁祸首！”猪八戒气得满脸通红。

“那就是说，‘捉襟见肘’用来形容衣服破烂，生活穷困，而二师兄则是因为大师兄扯坏了衣裳才露出了胳膊肘。这么说来，用在此处确实不太合适。”沙僧一本正经地总结说。

“沙师弟，你这是只知其一，不知其二。我可记得文曲星老师还讲过捉襟见肘的其他用法呢！”八戒一改刚刚委屈的样子，一脸得意地摸摸肚子。

“那请二师兄赐教，师弟给你作揖啦！”说罢，沙僧摆出作揖姿势。

八戒摇头晃脑地解释道：“这个成语除了可以用来形容生活贫困，**还可以用来比喻处境窘迫，顾此失彼，疲于应付**。比如猴哥既要保护师父，又要斗妖怪，捉襟见肘，很难兼顾。”

“想不到，你懂的还挺多的。作为奖励，这是俺老孙给你变出来的新衣服，赶紧穿上吧！”孙悟空递给猪八戒一套新衣服。

“还是猴哥体贴呀！”猪八戒笑嘻嘻地接过衣服，“那俺老猪就不客气啦，省得你再说俺衣衫不整。”说罢，八戒换上了崭新的衣服。

“哎哟，还真是人靠衣装。八戒穿上这新衣服，还真精神，真像个新郎官呀！”孙悟空打趣道。

看着嬉戏打闹的徒弟们，唐僧清了清嗓子，指着前方说道：“徒儿们，时候不早了，咱们在黄风岭耽误了太多时日，要抓紧时间赶路了。”接着，他转过头对老者一家说：“多亏老人家带路，我等方能脱险。现下也不敢再给你们添麻烦，就在此与大家道别了。”

文曲星驾到

捉襟见肘（zhuō jīn jiàn zhǒu）

释义： 衣服破烂，拉一下衣襟就露出胳膊肘，形容衣服破烂，生活穷困，后也比喻处境窘迫，顾此失彼，疲于应付。

近义词： 衣不蔽体、衣衫褴褛、顾此失彼

成语造句：

1. 他本来收入就不高，现在他的孩子因病住院，真是捉襟见肘啊！

2. 目前，我们的处境异常艰难，已经到了拆东补西、捉襟见肘的境地了。

通关文牒

请你用“捉襟见肘”的近义词造句。

答案：那个小女孩在寒冷的冬天里衣衫褴褛，真是可怜。

第四十七回

流沙河怀古叹今，三藏妙语赞判官

刚正不阿

师徒四人马不停蹄地走到了流沙河地界。

流沙河的水卷着沙一浪翻起，一浪落下，没有昔日的波涛汹涌，只有令人舒适的平静。

悟空探路回来道："天色还早，咱们抓紧时间赶路吧！"唐僧没有回答，淡淡地看了一眼沙僧。这平时两耳不闻窗外事，一心挑担赶路的徒儿，此时却仿佛长了一只眼睛在流沙河里，望了那河好一阵儿了。沙僧是靠着岸边走的，也不怕湿脚，只是一脸雀跃，眼睛眨也不眨地望着流沙河，好像想留下每一片风景。

沙僧听到悟空的话后担心地看向唐僧，又依依不舍地重新望向流沙河。徒弟的心思唐僧看在眼里，他双手合十：“路途劳累，今天我们就在这儿赏赏景色，休息一下吧！”一旁的八戒没看见沙僧的表情，撇了撇嘴，嘀咕道：“这流沙河水流湍急，此处地势凶险，一路上也景色荒凉，有什么可欣赏的呀！”但还是听从师父的话放慢了脚步，准备找地方休息。

沙僧听罢喘着气放下手中的担子，粗犷的面庞已经涨得通红：“师父，俺……俺……”他在裤子上使劲搓了搓手心里的汗，冲唐僧郑重地拱手：“多谢师父！”唐僧摆摆手，冲他微微颔首，两人心照不宣地交换了一个眼神。这流沙河虽然环境恶劣，没有可供欣赏之处，但沙僧对这里有特殊的感情，他曾在这里生活过，这里算是他的家乡，这种感情是割舍不掉的。

师徒四人把行李收拾好，找了一处干净的地方生火烧饭。四人席地而坐，就着流沙河的水浪和天边的晚霞，吃得心满意足。

正吃着饭，悟空突然把筷子一扔，蹿起来手搭凉棚看天，眉峰紧锁一番后龇牙“啧”了一声道：“你们看，今天的天气是不是和我们刚见沙师弟那天一样，有点儿阴沉？就是流沙河没有那么‘闹腾’了！”八戒倒没觉得有什么稀奇的，他头也不抬地边扒饭边说：“是啊，当时水浪能喷出两米高，给我吓了一跳。这沙子也真是奇特，竟然浮在水上，没有沉在底下，也是很奇怪了！”悟空一拍大腿，凑到八戒跟前贼兮兮地逗他：“八戒！你不说我还忘了，当时你在这里和沙师弟比试了一下，你们真的是‘不打不相识’呀！”沙僧点点头接话：“二师兄武功了得，几招就让我心服口服！他当时一定要我去取经才肯放过我！”

八戒本来想和悟空置气，但听了沙僧的话，大耳朵耷拉了下来，鼻子拱了拱，不好意思地脸红了，又煞有介事地说："如果再来一次，就算你是我师弟，我也会公事公办的！"悟空笑得在地上打滚儿，他说："那八戒真的是**刚正不阿**呀！"

八戒眨了眨眼睛，耳朵又动了动："师兄，什么叫刚正不阿啊？"这可难倒了悟空，这个成语也是他之前在天庭任职，偷听仙君们议论玉皇大帝时用到的，现在好不容易现学现卖了一把，却被发现了漏洞！他也不打滚儿了，躲避着八戒好奇的眼神，用口哨唤来筋斗云，边嘴上说着"呃，这个嘛……"边往筋斗云上蹭，随时准备溜之大吉。

唐僧把一切看在眼里，他不慌不忙地扯了扯悟空的虎皮裙，示意他下来："悟空别怕，你这个成语用得很好。"悟空长叹了一口气，急得抓耳挠腮。他问唐僧："师父，'刚正不阿'除了可以形容玉帝，还可以形容八戒吗？"八戒一听气得脸红脖子粗，"呼哧呼哧"喘着气："为什么不可以形容我！"沙僧听了连忙上来打圆场，他左手拉一个，右手拉一个，扭头对八戒说："大师兄的意思是，他觉得'刚正不阿'有特殊语境，只能用在像玉帝执法办公那样特殊的场景中。"

唐僧也跟着起身整了整衣裳："这里面有一个典故。**宋代有个判官叫包拯，他铁面无私，判案永远秉持正义，即使是皇亲国戚犯了罪，他也敢犯颜直谏。他不畏权贵，为民除害，是百姓心中刚正不阿的清官。**"

唐僧接着对八戒和悟空说道："所以，虽然刚正不阿确实需要在特殊语境中使用，但是不管是玉帝，还是普通的判官，只要心中托得住正义的天平，**为了正义不屈服、不偏私**，就是刚正不阿的人！八戒，你刚刚那句话说得非常好，降妖除魔是我们的责任，我们也算是秉公执法，即使是你的师弟入了魔，你也要不枉私情地说服他，甚至打败他，这是非常正确的事情。同时，如果你身处恶劣的环境中，周围的人都阿谀奉承，而你刚强正直不奉承他人，这也是刚正不阿的表现，这就叫有气节！”

悟空恍然大悟：“阿谀奉承和刚正不阿，好一对反义词，妙也！”八戒听罢，双手握拳，认真地点了点头，还把筷子放在饭碗上托起来：“我要托住正义的天平！”悟空跳起来拨了拨那双筷子：“八戒，你这个天平它动不了呀！”说罢，师徒四人笑作一团。

一转眼到了傍晚，轮到沙僧守夜，他坐在岸边望着这宽阔的流沙河，只见水中浮动着的薄薄的细沙，在月光下闪烁着光芒，波光粼粼，照在了他的眼底。偶尔有风拂过，沙随水动，水随沙流，闲云流转，皓月当空，真是一个好天气。

文曲星驾到

刚正不阿（gāng zhèng bù ē）

释义： 刚强正直，不逢迎、不偏私。

近义词： 铁面无私

成语造句： 无论受到怎样的威逼利诱，这位法官都刚正不阿，维持原判。

通关文牒

成语填空。

（　　）（　　）奉承

（　　）（　　）汹涌

满（　　）而归

（　　）妖（　　）魔

火（　　）三丈

（　　）云流（　　）

刚正不（　　）

答案：阿　谀

波　涛

载

斩　除

冒

行　水

阿

第四十八回

八戒贪玩折翠竹，悟空施技取纸鸢

百折不挠

天刚蒙蒙亮，熟睡的八戒正梦到在瓜地里大吃香甜的西瓜，流沙河畔的鸟儿就“叽叽喳喳”地叫了起来。一只鸟儿把八戒凸出的鼻子当成了玩具，猛地啄了下去，把八戒疼得“哎呀”一声坐了起来。

鸟儿扑闪着翅膀飞走了，八戒顿时睡意全无，对旁边守夜的沙僧说：“沙师弟，你眼睛都熬红了，正好这坏鸟弄得我睡不着了，我替你一会儿吧！”

沙僧点了点头，又叮嘱八戒：“二师兄你千万不要贪玩，切莫离开此处，好好守着大家。”八戒满口答应，于是沙僧找了个平坦的地方一躺，沉沉睡去了。

八戒一开始还竖着耳朵，时刻关注着周围的动静。过了半个时辰，八戒看着熟睡的三人一马，心想：“天还没大亮，料想也不会有贼人出没，不如俺四处溜达溜达，活动一下筋骨吧！”

八戒想着就站起来，四处张望，突然一眼看见几十步外的竹林里，一根竹子上高挂着一个燕子形状的风筝。风筝上有红红绿绿的花纹，被风吹得一动一动的，仿佛在向八戒打招呼：“来呀，跟我玩儿呀！”八戒心想：“不知是哪个小孩落在这里的，不如俺把这风筝摘下来，在河边玩耍解闷！”

到了那根挂着风筝的竹子下，八戒却犯了愁：那竹子远看不高，实际上却比八戒足足高出两个头！八戒使劲踮起脚来，伸手去够那风筝，可总是差那么一点儿。八戒又蹲下身去，接着用力跳起来，好几次手指尖都碰到风筝了，可就是抓不到。

八戒突然一拍脑袋，抓住那根竹子，铆足了劲儿往下拉，但是那竹子纹丝不动，看起来十分坚韧。八戒咬紧牙关，加重了手上的动作，竹子却只是微微弯下腰来。八戒干脆一把抱住竹子，身体努力往后仰，想借助自己的体重把竹子掰折。豆大的汗珠从他额头上滚落下来，那竹子还是丝毫没有要断的迹象，风筝也还是牢牢挂在竹枝上。八戒很不服气："我还就不信了，今天折不断你！"八戒后退一步，往手上哈了一口气，又继续折。要说八戒的韧劲还挺足的，一次，两次……足足试了几十次，可是，除了竹叶发出一阵阵的"沙沙"声，竹子还是没折断。八戒大怒，抽出九齿钉耙，对那竹子大喊一声："俺老猪今日倒要看看，是你这竹子硬还是俺的九齿钉耙硬！"

这时身后传来一个声音：“哈哈，你真是百折不挠啊！不过可不能随便砍伐竹子啊！”

八戒回头一看，原来是孙悟空。八戒放下九齿钉耙，不好意思地挠挠头，问：“猴哥，你什么时候来的？”

“你赶鸟的时候我就醒了，一路跟着你到了这里。你不好好守夜，却跑到这儿来摘风筝，一会儿我告诉师父，让你吃不了兜着走！”

八戒赶忙央告道：“好猴哥，帅猴哥，我再也不敢了！你可千万别告诉师父啊！”孙悟空笑道：“哈哈，看在你承认我帅的份上，这次就算了。”

八戒见悟空开心了，赶紧问道：“猴哥，什么叫百折不挠？是说我把竹子折了一百次吗？我可没折那么多次！”

孙悟空解释道：“百折不挠不是说这根竹子，而是说你。**‘折’不是折断的意思，而是指挫折。‘百折’就是指经受许多挫折。**”

八戒挠挠头，追问道：“哦，‘百折’我懂了，那‘不挠’是什么意思？是不是不能抓它痒痒？竹子也会感觉到痒吗？那我应该挠哪儿？是挠这里吗？”说着就伸出胖乎乎的手指上下乱摸那根竹子。

孙悟空一把将八戒乱动的手打下来，说道：“‘挠’这个字在这里可不是抓痒痒的意思，而是屈服的意思。**百折不挠就是指无论受到多少挫折都不退缩，用来比喻意志坚强。**它和咱们常说的不屈不挠、坚韧不拔等成语的意思相近。”

八戒恍然大悟道：“哦！我懂了！看来不能从字面意思来理解！”说完不甘心地看了一眼挂在竹子上的风筝，叹息道：“唉，这风筝怕是摘不到了。猴哥，咱们回去吧！”孙悟空打趣他道："刚才还夸你百折不挠，怎么这会儿又半途而废了？"

猪八戒耷拉下耳朵，难过地说："刚才你不是不让俺随便砍竹子嘛，俺又够不着，再说折腾了这么半天，也到了该回去生火做早饭的时候了。"

孙悟空看猪八戒如此舍不得那个风筝，眼珠一转，念了念鼓风术的口诀，鼓起腮帮子对着竹子上的风筝一吹，那风筝被风吹动离开了竹枝，慢慢地落到了地上。猪八戒高兴地跑去捡起来，说："猴哥真好！猴哥真帅！"说完就抱着风筝欢天喜地往回跑了。

孙悟空等三人坐在火堆旁边，看着八戒手里的风筝摇摇晃晃地在天上飞。唐僧感叹道："我还以为八戒碰到这种情况会知难而退呢，没想到他居然尝试了这么多次，希望他在接下来的取经路上能够不屈不挠，千万不要半途而废啊！"

文曲星驾到

百折不挠（bǎi zhé bù náo）

释义：无论受到多少挫折都不退缩，比喻意志坚强。

近义词：百折不回、不屈不挠、坚韧不拔

成语造句：爱迪生在多次试验失败的情况下，百折不挠，终于找到了合适的灯丝材料。

通关文牒

带"百""千""万"等数词的成语非常多，你能说出三个吗？

答案：百折不挠、千军万马、万里挑一

第四十九回

老翁集市授枪法，八戒客栈解心结

邯郸学步

师徒四人走了大概有一炷香的工夫，就看见了流沙镇的城门。

八戒高兴地大喊：“哎呀，可算到了，赶快进城歇歇脚！咦？城里怎么这般热闹？”

原来今日恰逢流沙镇的赶集日，街上除了有卖瓜果米面、日用品等的小摊，还兼有杂耍卖艺的摊位。街上的男女老少你挤我，我挤你，喧喧嚷嚷，很是热闹。

突然，一旁的人群中传来了叫好声，猪八戒正愁没有热闹看，就几步跑过去扎进了人群里。只见一位老者手中擎着一杆红缨长枪，口里说着：“在下姓马，蓟（jì）州人士，今日在此撂地卖艺，下面我为诸位扎他一趟六合枪！”

猪八戒心里生出几分好奇，于是在人群中大声问道：“马师傅，什么叫六合枪啊？”

老者回答八戒道：“内三合是精气神，外三合是腰手眼。这六合乃是眼与心合、气与力合、步与招合。”

说罢，老者舞动手中长枪使了个青龙献爪势，飞身跃起，持着长枪辗转腾挪。众人只看得枪头连带着红缨上下翻飞，煞是好看。老者一套枪法展示完毕，向众人一抱拳，竟然气不长出，面不改色。

观众大声叫好，纷纷从腰间掏出铜钱投到老者的钱盒中。老者一一谢过，又从行囊里掏出一堆小册子递到众人手里，说：“诸位也看到了我刚才的枪法，这六合枪经过我马家几辈人的钻研改造，更适合常人练习，上阵能杀敌，在家能健体。诸位若是有兴趣，可以购买我的枪法手册。今日特惠酬宾，一本只要五个铜钱！”

八戒接过一本来翻了几页，只见册子里印的都是枪法口诀和动作示范，当即从兜里掏出五个铜板递到老者手里，拿着册子跑回唐僧身边。

孙悟空伸过头去看了看那册子，问他：“你买这册子做什么？”

猪八戒答道：“平日里看你使那金箍棒，沙师弟使那降妖宝杖，又威风，又厉害，就俺的兵器是这个搂草的九齿钉耙，又笨重，又丑陋，俺早就嫌弃它了！刚才那老者的枪法太好看了！俺想换换兵器，学学这枪法！”

孙悟空听完翻了个大大的白眼，跟唐僧说道：“我看八戒这次八成又是**邯郸学步**！”

八戒挠挠头，疑惑地问："什么叫邯郸学步？我也不是邯郸人啊，我是福陵山人，再说了，应该叫八戒学枪才对！"

孙悟空敲了一下八戒的脑袋，说道："没人说你是邯郸人，这是个成语故事！"八戒摸摸脑袋，眉毛委屈地拧在一起，说："哦，这次你又要用哪个前人的故事来笑话我啊？"

孙悟空笑道："算你聪明，还知道是笑话你。这个故事是**说战国时期，燕国寿陵有个少年，他听说赵国邯郸人走路的姿势特别优美，于是不顾路途遥远，来到邯郸学习当地人走路的姿势。**"

八戒听到这儿，好奇地问孙悟空："那后来呢？他学会了吗？"

孙悟空摇了摇头，说："**他认为只有把自己原来的走法忘记，才能学到优美的走路姿势，结果不仅没有学会邯郸人走路的姿势，还因为忘记了原来的走法而不会走路了，最后只好爬着回去。**"

八戒一听大惊："啊？爬着回去，那多累啊！这太不可信了！你肯定是乱编的！"

唐僧笑着摇了摇头，说：“悟能，这可不是乱编的。**这个故事出自《庄子·秋水》。庄子用这个故事来比喻有些人一味地模仿别人，不仅没学到本事，反而把原来的本事也丢了。**”

八戒一撇嘴，说道：“我还是不信，怎么会有这么蠢的人呢？”

孙悟空答道：“像这样的蠢人可不止一个呢。有个叫东施的丑女，她盲目地模仿同村美女的病态，不仅不美，反而使得人人都厌恶她。后人就把这个典故叫作东施效颦，它的意思和邯郸学步差不多。”

猪八戒点点头：“哦，原来是这样。”然后他看了看手中的小册子，“哐哐”拍了两下胸脯，毅然地说道：“我肯定不会像那个燕国少年一样，我现在就开始背诵这枪法！”说着就翻开了册子，“一点眉攒二刺心……”猪八戒一边朗诵册子上的内容，一边在街上伸拳蹬腿，引得行人纷纷回头瞧他。孙悟空连忙把八戒拽走，不让他继续在街上出洋相。师徒几人在街上逛了一会儿，便找了家客栈住下了。

几日后的一个清晨，孙悟空看见猪八戒独自站在客栈院子里，右手拿着一杆枪，左手捧着那本小册子，眉头紧锁。看见孙悟空，八戒急切地说道：“猴哥，俺照着这枪法练了三日，怎么也找不到诀窍，是不是俺太过愚笨呀？”

孙悟空一听乐了，说：“傻八戒，你力大如牛，使这轻飘飘的枪怎么能顺手呢？你这几日一直耍弄这枪，小心把怎么用你那九齿钉耙都忘记了！那可就真的是邯郸学步啦！”

猪八戒一下子泄了气，“扑通”一声坐在地上，问：“那俺该怎么办呢？”

孙悟空说：“无论是学文还是习武，都讲究择善而从，选择适合自己的方式，才是有效的学习方法。你用了多年九齿钉耙，早已得心应手，这九齿钉耙的大小重量也正适合你，何必为了外观而抛弃它呢？”

八戒摸着下巴思索了一会儿，重重地点了点头，把枪扔开，抱起自己的九齿钉耙亲了一口，说道：“小钉耙，猴哥说得对，适合我的才是最好的，俺再也不嫌弃你丑了！”说完就抱着九齿钉耙去找唐僧他们一起吃早饭去了。

文曲星驾到

邯郸学步（hán dān xué bù）

释义：比喻一味地模仿别人，不仅没学到本事，反而把原来的本事也丢了。

近义词：东施效颦、鹦鹉学舌

成语造句：不管学什么，都不能邯郸学步、生搬硬套。

通关文牒

除了“邯郸学步”，出自《庄子》的成语还有很多，你能根据以下提示猜出对应的成语吗？

①不知是庄周做梦变成了蝴蝶，还是蝴蝶做梦变成了庄周呢？

②眼中没有完整的牛，只有牛的筋骨结构，比喻技术熟练到了得心应手的境地。

答案：①庄周梦蝶　②庖丁解牛

第五十回

赴茶馆师徒寻经，遇书生唐僧问卜

见微知著

吃早饭时，唐僧问徒弟们：“这流沙镇这么大，想要找到《成语真经》的线索犹如大海捞针，我们要从哪里开始寻起呢？”

孙悟空眼珠一转，对唐僧说：“一个城镇平日里最热闹的地方非茶馆莫属，那么消息流通最快的地方肯定也是茶馆，咱们不如去茶馆碰碰运气吧！”

猪八戒一听去茶馆，就想起了香甜美味的茶点，急忙在一旁附和道：“茶馆好啊！不用跑腿，还有点心吃，又省事，又不会饿肚子！”

唐僧笑着拍了一下八戒的头，说：“咱们是来取经的，不是来喝茶吃点心的，不过悟空说得有道理，咱们现在就动身去茶馆吧！”

师徒几人来到了流沙镇最大的茶馆——福来茶馆。茶馆里面有戏班子在搭台唱戏，在茶馆外面就能听到观众兴奋的叫好声，十分热闹。

几人一进门，就有小伙计迎上来问道：“您几位？坐大堂还是雅间？”唐僧答道：“小施主，我们一共四位，坐大堂就好。”

小伙计四处张望了一下，微笑着对唐僧说：“实在是不巧，没有空桌子了，我去问问窗边那位独身的客人能不能拼桌。”说着跑过去跟那位客人耳语了几句，然后转身向师徒四人招手，示意他们过去坐下。

唐僧带着徒弟们走过去对那位客人道谢：“谢谢施主愿意和我们拼桌。”那位客人是个书生，他爽朗地摆摆手说：“我一个人坐着也是无趣，几位随意坐吧。”

小伙计很快就端上了茶水和点心。唐僧坐定之后环顾四周，轻声对徒弟们说：“这流沙镇的百姓们生活得很幸福。”猪八戒也学着唐僧的样子四处看了看，什么都没看出来，只看见台上的武生连翻了十几个空心跟斗，引得台下响起一片叫好声。

猪八戒疑惑地问道：“师父，这个茶馆和咱们之前去过的那些茶馆并无不同，你从哪儿看出这里的百姓生活幸福呢？”

唐僧端起面前的茶抿了一口，说：“不只是从茶馆看出来的。穷苦的镇子里，街上老人居多，可刚才在路上，我发现街上

一大半都是年轻人。而且普通的镇子里，这种高级茶馆的客人多是中年人，而这茶馆中坐着的则大多是老人。”

猪八戒挠了挠头，满头雾水地说：“那又能说明什么？说明流沙镇的年轻人不爱喝茶吗？”

“傻徒弟，当然不是。街上年轻人多，说明这里的年轻人不用像穷苦镇子的年轻人一样，要背井离乡到别的地方去寻活计，在自己镇上就可以赚到足够的钱。”唐僧温柔地摸了摸八戒的头。

猪八戒追问道：“那茶馆里的老人多呢？”

唐僧还没开口，拼桌的那个书生接话道：“当然是因为老人们普遍相对节俭，只有有了足够的积蓄，才不用在年迈时还为生计奔波，可以悠然地坐在这茶馆里喝茶看戏啦！这样看来，流沙镇的老老少少都生活得十分富足，而且也说明镇子的管理者治理有方，所以百姓们可以一直幸福地生活下去。”他说完看向唐僧，问道：“长老，我说的对不对呀？”

唐僧笑着说：“是，这位施主甚是聪慧。”

书生向唐僧一拱手：“长老过誉了，您见微知著，实在是有大智慧之人！”

八戒疑惑地问：“什么蜘蛛？蜘蛛也有大智慧吗？难不成……是蜘蛛精？”八戒想起以前遇到过的蜘蛛精，吓得汗毛都竖了起来，探头探脑地往窗外看。

书生被八戒逗笑了，拿起茶壶给八戒添了杯茶，说：“你师父有过人的智慧，你这个徒弟却傻得可爱。别再往外看啦，这青天白日的，哪儿会有妖魔作祟呢？”

八戒这才放下心来，不好意思地接过茶水，对着唐僧小声嘟囔道："师父，我是不是又出丑了？见微知著是什么意思呀？"

唐僧耐心地给八戒解释："八戒，见微知著是一个成语，**指见到事情的苗头，就能知道它的实质和发展趋势，**也叫**以小见大**。"

书生接话道："街上有许多年轻人，茶馆里有许多老人，这是我们都能看见的事实，但是你师父却仔细观察、认真思考，通过与其他地方的对比，从中推测出流沙镇百姓的生活非常幸福快乐，这种**可以从微小的地方看出事物的本质和发展趋势的本领，就叫作见微知著。**"

八戒恍然大悟："原来如此！哎呀，我只是用眼睛看，师父却是用心观察、用脑思考，怪不得师父能成为高僧呢！"

孙悟空听了"扑哧"一笑："哈哈，八戒也能说出这样有智慧的话了。只要你肯动脑子，肯定也能像师父一样见微知著的。不过在观察的时候，切忌以偏概全，要纵观全局，不能局限于看见一点儿东西就盲目推断整体情况呀！"八戒连连点头。

唐僧见那书生十分和善，就主动问道："这位施主，我们在寻访《成语真经》的下落，请问你可曾听到有关的线索？"

书生抿了口茶，想了想，说："我不曾听说过这本经书，不过出了茶馆往右走两条街，路口有个卜卦的老头儿叫卜知道，我们镇子里的人有不明白的事情都会去找他算一卦。你们现在反正也没有线索，不如找他问问，兴许能有收获。"

文曲星驾到

见微知著（jiàn wēi zhī zhù）

释义：指见到事情的苗头，就能知道它的实质和发展趋势。出自《韩非子·说林上》：“圣人见微以知萌，见端以知末，故见象箸而怖，知天下不足也。”（圣人见到微小的现象就知道事物的苗头，见到事情的开端就知道最终结果，所以见到象牙筷后，箕子就恐惧了，知道普天下的东西都不能满足商纣王的贪欲。）

近义词：一叶知秋、以小见大

成语造句：我们在日常工作中要善于观察，见微知著，把问题解决在萌芽状态。

通关文牒

《韩非子》是战国时期思想家韩非的著作总集。除了“见微知著”以外，下列成语都出自《韩非子》，你能补全它们吗？

滥（　）充数　　买椟还（　）

守株待（　）　　郑人买（　）

答案：竽　珠　兔　履

第五十一回

师徒一心问前程，悟空猜谜知前路

如履薄冰

师徒四人出了茶馆，按照书生说的路线一直走，果然看见了一个小摊，旁边支着一面幌子，上面写着“卜问前程”四个大字。小摊旁一个精瘦的老者四仰八叉地躺在藤椅上午睡，脸上盖着一顶帽子，发出雷鸣般的鼾声。

猪八戒悄悄扯了一下唐僧的衣角，说：“师父，这就是那个书生说的卜知道吗？怎么看着这么不靠谱呢？别像他的名字一样什么都不知道吧！”孙悟空拍了一下猪八戒的手，说：“你懂什么，这是高人！”

老者被说话声吵醒了，一下子坐直了身体，帽子从脸上掉到了地上。他慌慌忙忙地弯腰捡起帽子，胡乱扣到头上，对着众人绽放出了一个大大的笑容，脸上的褶子都聚到了一块儿。“非也非也，我名叫卜知道，不是不知道，意思是通过占卜能帮你们知晓未来的道路。”老者说完清了清嗓子，从兜里摸出一枚龟甲掂在手里，“几位长老想算什么呀？”

唐僧在他对面坐下，说：“请问您听说过有关《成语真经》的线索吗？”

卜知道摸着下巴上几缕稀疏的胡须说：“我还真没听说过，不过我可以为你卜一卦。”说完就从桌下掏出一个铁盆，把点着的火折子连同那枚龟甲往盆里面一扔，对着火盆嘀嘀咕咕念起了咒语，一边念一边还闭着眼拿着拂尘四处乱挥，引得路人纷纷转头看他。

龟甲“噼噼啪啪”地裂开了细小的纹路。卜知道一边吸着凉气，一边把滚烫的龟甲从火里捡出来，盯着裂纹看了半天，又“砰”的一声拉开桌子的抽屉，找出一本破破烂烂的书翻得“哗哗”作响。

师徒几人在对面看得眼珠子都要瞪出来了。猪八戒张大了嘴巴，难以置信地说：“难道高人都是这个样子吗？那我以后不当高人了！”

卜知道猛地抬起头来，把身体坐直了些，盯着几人上下打量了一番，压低声音说：“几位莫不是天界……”

唐僧连忙打断了他：“果然是神算，请您莫要声张。”

卜知道把头点得像鸡啄米一样，说：“我知道，我知道，只是刚才从卦象上来看，你们这一路十分艰险，有许多磨难，还需施主庄重自持，才不会被那些妖魔侵扰了心智。”

唐僧双手合十，说：“阿弥陀佛，贫僧身负取经重任，一向都是如履薄冰，小心谨慎，从不敢肆意妄为。”

猪八戒听了连连点头，附和道：“嗯，我们冬天过河的时候要从冰上走过去，冰面薄得都能看见下面有大鱼游动，可得小心呢，不然就要掉下去喂鱼了！”

孙悟空连忙踩了八戒的脚一下，示意他闭嘴，没想到把八戒踩痛了，八戒像弹簧一样一下子蹦起来，指着孙悟空的鼻子大喊：“你踩我做什么？师父刚才说如履薄冰，我只是补充了一下嘛！”

孙悟空的白眼都要翻到天上去了，他说：“我是为了不让你

出丑，不过你怎么这么急着丢人呢？如履薄冰可不能简单按照字面意思来理解！”

八戒愤愤地回嘴：“那你也不该踩俺！”接着转身问唐僧：“师父，你评评理，俺哪里说得不对呀？”

唐僧笑着摇了摇头，说：“悟能，如履薄冰是个成语，你方才说得也不全错，可你只说出了它的字面意思，没有说出它的真正含义呀！”

八戒脸上飞过几丝红霞，低头小声说：“是我给师父丢人了。那它的真正含义是什么呀？”

唐僧答道：“如履薄冰这个成语**出自《诗经·小雅》，原文是‘战战兢兢，如临深渊，如履薄冰’。它是指像在冰面上行走一样小心，比喻存有戒心，行事小心谨慎，也被后人用来形容审慎的品格。**”

卜知道也摸着胡子补充说：“**《论语》中也有记载。曾子生**

了重病，在弥留之际把徒弟们召集到一起，说自己这一辈子做到了《诗经》中记载的‘战战兢兢，如临深渊，如履薄冰’。他用这句话来说明自己一生都在严谨地修身养性。可见从很早的时候开始，人们形容一个人非常谨慎时就会用如履薄冰这个成语了。”

八戒追问道：“那这句话中的如临深渊是什么意思呢？”

唐僧耐心地向他解释：“如临深渊的意思和如履薄冰相同，二者经常连用。除此之外，如履薄冰的近义词还有战战兢兢、谨言慎行等，这些都是形容人小心谨慎的。而和它看起来差不多的如履平地、履险如夷则是它的反义词，大意都是指人非常轻松自如地就能完成某项活动。”

八戒连连点头，示意自己明白了，然后转头对卜知道说：“原来如此，那师父这一路真的是如履薄冰，每天都规规矩矩的，从不做出格的事，这点你不用担心！”接着他话锋一转：“你既然能算出我们的身份，肯定也能算出《成语真经》在哪儿吧？你快告诉我们，我们好找到了回去交差！”

卜知道慌忙摆手道：“我可没那能耐，我只知道它大概的方位。再说了，天机不可泄露，要是就这么跟你们说了，你们轻易地拿到了经书，那岂不是失去了历练的意义？我只给你们一个提示——燕子空中上下飞，你们自己琢磨去吧！”

几人听了一头雾水，想再问他，卜知道却已经把帽子扣在脸上睡过去了。孙悟空默念了几遍“燕子空中上下飞”，一拍脑门，说：“我知道了！燕子的‘燕’字，空中，就是说中间是空的，也就是没有‘口’字；上下飞，就是说上面和下面的部首都没有，那不就剩左边和右边的笔画了吗？那拼起来就是一个……”

“北！”唐僧也想明白了，向蒙着头呼呼大睡的卜知道鞠了一躬，说：“多谢您指点！”然后就回客栈收拾好行李，带着徒弟们出了流沙镇，一路向北去了。

文曲星驾到

如履薄冰（rú lǚ bó bīng）

释义：像走在薄冰上一样，暗示有潜在的危险，比喻行事极为谨慎，存有戒心。

近义词：如临深渊、战战兢兢、谨言慎行

成语造句：自从接受这一重任，我如临深渊，如履薄冰，丝毫不敢大意。

通关文牒

《诗经》是中国最早的一部诗歌总集。除了“如履薄冰”之外，你还能说出三个出自《诗经》的成语吗？

答案：新婚燕尔、嗷嗷待哺、不稂不莠、出口成章、他山之石

大话成语学堂 4

跟着特级教师巧学成语

陈琴 主编 刘旭峰 郭婉玉 编

人民邮电出版社

北京

图书在版编目（CIP）数据

大话成语学堂 ： 跟着特级教师巧学成语. 4 / 陈琴主编 ; 刘旭峰, 郭婉玉编. -- 北京 : 人民邮电出版社, 2023.6
ISBN 978-7-115-61102-4

Ⅰ. ①大… Ⅱ. ①陈… ②刘… ③郭… Ⅲ. ①汉语—成语—小学—教学参考资料 Ⅳ. ①G624.203

中国国家版本馆CIP数据核字(2023)第023951号

内 容 提 要

取“成语真经”之路好不容易进行了一半，可把大家累得够呛。这不，唐僧师徒四人忙里偷闲，竟然在不知不觉中又学到了很多有趣的成语知识。

在这一册中，请你紧跟他们的脚步，一起来探寻“安之若素”“足智多谋”“瞒天过海”“今非昔比”“黄粱一梦”等成语背后的故事，完成一次难忘的西游之旅吧！

本书依托《西游记》中鲜活的人物形象，将历险故事与成语知识紧密结合，让孩子在快乐阅读中追溯成语本源、纠正成语误用、发现成语妙用。

◆ 主　　编　陈　琴
编　　　　刘旭峰　郭婉玉
责任编辑　朱伊哲
责任印制　周昇亮
◆ 人民邮电出版社出版发行　　北京市丰台区成寿寺路 11 号
邮编　100164　　电子邮件　315@ptpress.com.cn
网址　https://www.ptpress.com.cn
天津千鹤文化传播有限公司印刷
◆ 开本：880×1230　1/32
印张：16.625　　2023 年 6 月第 1 版
字数：372 千字　　2023 年 6 月天津第 1 次印刷

定价：158.00 元（全 6 册）

读者服务热线：(010)81055296　印装质量热线：(010)81055316
反盗版热线：(010)81055315
广告经营许可证：京东市监广登字 20170147 号

目录

第五十二回

借问渡口何处寻，师徒四人正迷津

指点迷津

众人一路有说有笑，继续前行。在森林茂密的群山脚下，忽然出现了一条水面宽阔的大河，横挡住了去路。放眼望去，也未见一条船或一座桥。

“沙师弟，你看这河流比你的流沙河怎么样？你也知道俺和八戒水性不如你，不如你背师父渡河，如何？”悟空询问道。

“大师兄，不是老沙我吹牛，这河面水流平缓，凶险不及我流沙河之万一。背师父过河，义不容辞。为了安全起见，容我先去探察一番。”沙僧说完便一个猛子扎进了河里。

只片刻工夫，沙僧回到了岸边，喘着粗气焦急地说道：“大师兄，这河表面平静，但水下却极其凶险。刚刚俺老沙在水下迷了路，幸好遇到了一只老龟仙为我**指点迷津**，这才成功返回。”

八戒纳闷地问道：“指点迷津？是喝了迷魂药指指点点吗？”

“二师兄，这指点迷津并不是此意，乃是指那老龟仙**为我指出正确的道路和方向，让我知道应该走的路径或方向。**”沙僧解释道。

“悟净，你快讲讲，那老龟仙有没有指点渡河的办法？”唐僧焦急地询问道。

“师父，他说沿着河边向西行走，寻到一块迷津石碑，便可找到渡口。我看咱们还是寻找渡口过河吧。”沙僧回道。

于是众人沿着河边向西寻找渡口，不久便看到一块石碑，上面刻着“迷津”两个大字。八戒凑上前去，发现石碑下方还有一行小字，兴冲冲叫喊道：“师父，师父！这石碑上还有一行字，是‘迷津迷津，渡口何寻？’，不过俺没有看到渡口。”

“石碑找到了，为何不见那渡口呢？徒儿们，你们再仔细找找。”唐僧焦急地说。

孙悟空挠着头说道：“师父您别急，俺老孙再去找找那老龟仙，请他为我们**解疑释惑**。”

“大师兄，那老龟仙为我指路后，说要去东海修炼，如今恐怕已经不在这里了。”沙僧说道。

“真是奇怪了，这迷津石碑立在这儿，为何不见那渡口呢？难道是这水里的龙王故弄玄虚，为难我们？”悟空疑惑地说道。

八戒附和道："对啊，俺老猪也是迷惑不解，明明已寻到这迷津石碑，怎么没看到渡口呢？"

众人沉默片刻，还是八戒打破了僵局："不如让大师兄到这河里的龙宫去询问一下，是不是故弄玄虚便能知晓了。咱们都耗在这里也不是长久之计。"猪八戒眨着眼，想出了这个方法。

"我看行，我水性好，正好可以协助大师兄，二师兄就在岸上护佑师父。"沙僧点头道。这八戒一看自己不用随行，省了一趟腿脚，连忙称是。唐僧最后也点头同意。

于是孙悟空便和沙僧一同前往龙宫。不一会儿，二人到了龙宫门口，只见虾兵蟹将均守在门口。"两位，烦请告知一下，这龙宫是哪位龙王在坐镇？还请通报一下，孙悟空求见。"孙悟空自报家门。

"此乃净水龙王敖昆所在，我等进去通报，还请二位稍等片刻。"说罢，虾兵便进龙宫通报。

不多时，孙悟空等便被净水龙王亲自迎接进去："大圣，沙长老，不知二位因何驾临？敖昆有失远迎，请二位见谅。"净水龙王战战兢兢，生怕这孙悟空是来讨要东西的。

"老龙王，此次叨扰，乃是我家师父到了这净水河畔，只见得一块石碑，却寻觅不到渡口，因而派我来询问一下，如何寻得渡口过河。"孙悟空开门见山地说明来意。

那龙王一看是来询问，并不是讨要东西，松了一口气，解释道："这渡口乃是一个奇处。当年孟老夫子曾在此游玩，甚是喜欢此处的风景，写下了'**桃源何处是，游子正迷津**'的诗句。"

"难道是唐代大诗人孟浩然在《南还舟中寄袁太祝》里的那

句诗吗？我记得孟老夫子在诗里询问世外桃源在何处，称在外流离的人正在迷茫地寻找呢。”沙僧忙问道。

“沙长老所言不错，那孟老夫子仙逝后，曾经下凡到此地，留下一个童子在此守着渡口。人们若想从这渡口过河，则须对着石碑道出‘桃源何处是，游子正迷津’。如此这渡口才会显现，那童子才会载人渡河。”

孙悟空听完向龙王道谢后，便由沙僧带着返回岸边。两人将在龙王那里得来的见闻告诉了唐僧。

“原来还有如此奇妙的传说！八戒，你赶紧去石碑前念一下孟老夫子的诗句，我们也好早点儿过河。”唐僧欣喜地说道。

猪八戒听后，跑到石碑前抑扬顿挫地念道：“桃源何处是，游子正迷津。开！”话音刚落，只听“轰隆”一声，那河水翻腾，向两边翻滚，中间裂出一道缝。只见一个木质渡口缓缓从那裂缝中浮出来。渡口处停靠着一叶扁舟，舟上立着一位风度翩翩的少年，想必是龙王所说的童子。

唐僧走上前去，向那童子行礼，恭敬地说道：“有劳大仙载我等渡河，不胜感激。”

“师父们不必客气，我只渡有缘人，既然你等知晓这渡河之法，便是有缘。还请上船。”

如此，众人在童子的帮助下顺利渡过了净水河。

文曲星驾到

指点迷津（zhǐ diǎn mí jīn）

释义：针对事物的困难处，提出解决的方向、办法或途径，让人知道应该走的路径或方向。津，渡口；迷津，迷失渡口所在。

近义词：解疑释惑、排忧解难

成语造句：这一道数学题我不会解，请帮我指点迷津。

通关文牒

（多选题）今天我们学习了“指点迷津”这个成语，你还记得它的含义吗？下面的成语中，和“指点迷津”的意思相近的是（　）。

A. 授业解惑　B. 发蒙解惑　C. 弄虚作假　D. 实事求是

答案：A B

第五十三回

众人路遇雷人天，降服碧苑解民难

安之若素

师徒几人渡过了净水河后，上岸行走了数十里，终于见到了一个弥漫着烟火气息的村子。

八戒看了村子的环境后，说道：“以俺老猪在高老庄耕种的经验，这村里肯定还种着不少西瓜，而且西瓜品质优良。”他摸了摸肚子，肯定地点了点头。

“哎，八戒你怎么就如此肯定？根据何在？”悟空问道。

八戒一听，便兴奋地讲解说：“猴哥，这你就有所不知了。有歌谣云：‘西瓜种，种西瓜，哪里好来，沙地好。沙瓤西瓜沙地种，小孩吃得笑哈哈。’”

“不多说了，我们赶紧进村寻个借住之地吧。”唐僧催促道。

唐僧师徒进村后寻得一户人家，说明了来意。这户李姓人家热情好客，为他们准备了一桌斋饭，除了一大盆杂粮饭，还有小炒油菜、辣炒白菜、醋熘土豆丝等，一桌素菜摆得满满当当的。

众人正开心地吃着斋饭，猪八戒心想：“这大热的天，要是有冰镇西瓜吃就好了。”他按捺不住，向李老汉询问：“老人家，你们这村里是不是种着西瓜呀？能不能拿点儿冰镇西瓜来解解渴！”没想到老汉笑呵呵地摇头答道：“我们这里可没法种西瓜哟。”

八戒大吃一惊，心想：“怎么会和俺分析的不一样呢！”正想再追问，怎料天空中突然传来一声惊雷，这雷声大得如同在耳边炸开一般，众人感觉耳膜都快被炸裂了。

众人还没缓过神来，没想到一波未平，一波又起，漫天的冰雹劈头盖脸地砸了下来。这冰雹大如鸡蛋，噼里啪啦地直落。砸在屋顶上的嗡嗡声、落在地面上的碎裂声，以及打在树叶上的哗啦声敲击着众人的耳膜。

唐僧有些受惊，担心这屋子承受不住冰雹的撞击，在屋里来回踱步。“徒儿们，再这样下去，冰雹就把屋顶砸坏啦！你们赶紧找些木料来加固一下屋顶。”

众人正要去找木料，却见那李老汉不慌不忙，平静地坐在椅子上。他跷起二郎腿，闭着眼睛，嘴里还哼着小曲，根本没把这冰雹当回事。

“老人家，这冰雹这么厉害，您怎么还能安之若素呢？”猪八戒吃惊地问道。

“啥？你说啥？素菜呀，这位长老还想要吃些素斋？没问题，管够！”李老汉在嘈杂声中有点儿耳背，以为猪八戒要加些素菜，便吩咐道，“老婆子，赶紧再为师父们添点儿饭菜。”

这李老汉答非所问，可急坏了沙僧。他走近李老汉，大声说道：“我师兄是问您怎么还能安之若素？”

“啥？安之若素？俺老汉不懂。”李老汉疑惑地说道。

“老人家，这安之若素是说……”沙僧刚想向李老汉解释，便被孙悟空打断：“沙师弟，都这时候了还费什么口舌？你没看到师父如此惊慌失措吗？赶紧帮忙找木料！”

然而，正当沙僧和悟空要出门找木料时，冰雹却神奇般地停了，雷声也慢慢消退。“真是奇哉怪也！这冰雹来也匆匆，去也匆匆。”八戒自言自语道。

眼见恢复如常，沙僧依旧不忘向李老汉解释：“老人家，这‘安之若素’一词，是说你**遇到不顺利或反常的情况时能泰然处之，像平常一样对待，不觉得有什么不合适。**”

“对呀，我等遇见这恐怖的冰雹，第一反应是心神不宁，您为何能泰然处之？”猪八戒挠头问道。

“哈哈，我还以为你要加素菜呢。不瞒各位长老，打我记事起，每年这个时节的晚间，我们这儿都会下起暴雨或者冰雹，这奇怪的天气见得多了也就随遇而安了。我们这儿把这种天气叫作‘雷人天’。”李老汉坐在椅子上娓娓道来。

“哈哈，明白了，怪不得这里没法种西瓜呢！冰雹最喜欢西瓜啦！鸡蛋大的冰雹砸下来，西瓜就会被砸得稀巴烂！”猪八戒抢着说。

“这位长老所言甚是。听先人们说，一开始我们这里是有人种西瓜的，而且西瓜的品质也很好。但自从‘雷人天’出现后，西瓜便基本无法种成，村民们渐渐就放弃了。”李老汉无奈地摇摇头。

“猴哥，事出有因，俺老猪之前说的话可没错！”八戒挑了挑眉，得意地对孙悟空说道。

孙悟空没理会猪八戒，而是对着唐僧汇报：“师父，俺老孙觉得应该是有妖怪在作祟，待俺前去察看一下！”孙悟空说罢，便起身向那云层中飞去。

少顷，众人听得雷声大作，便纷纷走出门外。只见那云层中闪烁着五彩光， 孙悟空和一个影子纠缠在一起，若隐若现。沙僧眼尖，便说：“那一条长黑影不知为何物。”

唐僧看到那黑影，有些惊慌失措，忙说：“你们俩赶紧前去助悟空一臂之力。”话音刚落，却见孙悟空驾着筋斗云回来了，身后还跟着一条青龙。

沙僧赶忙迎过去，突然看到那青龙，便大喊一声：“妈呀，大师兄，你身后怎么有条大长虫啊？”众人听后，齐刷刷地看向孙悟空的背后。

“啥大长虫呀，这是一条青龙。刚刚俺老孙就是和他在云中斗法，不过很快就把他制服了。”悟空得意地说道，“一会儿我去趟东海，把他交给东海龙王，让龙王严加看管，别再让他折腾百姓了。”

“‘雷人天’就是这条青龙搞的鬼吧？”唐僧询问道。

“这青龙名曰碧苑，一百年前到了此地，见此地没有神祇庇护，于是开始兴风作浪。受他的影响，此地每逢这个时节便会有奇怪的雷雨与冰雹。”孙悟空补充道。

“悟空此次算结了善缘，值得称道！”唐僧欣慰地说道。他又转向李老汉，“老人家，此后你们不会被这奇怪的天气困扰了。”

“这下可以重新种西瓜了，哈哈哈！”八戒依旧念念不忘种西瓜的事。

文曲星驾到

安之若素（ān zhī ruò sù）

释义：（遇到不顺利或反常的情况等）泰然处之，像平常一样对待，不觉得有什么不合适。出自《官场现形记·第三八回》：“后来彼此熟了，见瞿太太常常如此，也就安之若素了。”

近义词：泰然处之、随遇而安

成语造句：这位老科学家虽然身处逆境，却安之若素，坦然面对。

通关文牒

今天我们新学的成语“安之若素”中的“素”是什么意思呢？你能用带有“素”字的词语来解释它吗？如果可以，请你再写出几个含有这个意思的“素”字的成语，看谁写得又快又好。

答案：“素”是平素的意思。相关的成语有素未谋面、我行我素、素不相识、素不相能、素昧平生、甘之若素、训练有素。

第五十四回

师徒再会五庄观，单刀直入食参果

单刀直入

这天，师徒四人走到了万寿山镇元大仙的地界。刚刚踏进万寿山，八戒望见漫山遍野的桃树和梨树，感慨道：“这漫山遍野的果子，绿色无污染，要是拉到城里去卖，绝对受欢迎。”正说着，这八戒又经不住果子的诱惑，伸出双手想摘些果子解解馋，却被孙悟空呵斥了回去：“还不长记性，你忘了上次我们偷摘了镇元大仙的人参果，被人家绑了起来，耽误了取经？想当年，俺老孙大闹天宫，偷吃王母娘娘的蟠桃都没有被人绑过，却在这万寿山跌了跟头。”

八戒听后不高兴了，嘟囔着说：“还不是怪你，镇元大仙不绑你绑谁？我和师父都被你这猴头给连累了。”孙悟空还想再呵斥一下八戒，唐僧此时开了口：“徒弟们，上次我们得罪了镇元大仙，如今有缘再路过人家门口，进去赔个不是吧。”说着便骑上了白龙马向前走去。

于是师徒四人继续前行，走了没多会儿，就看到两位童子伫立在山门前。此时其中一位童子看到四人便上前迎接，作了揖，说道：“我家师父命我二人前来迎接诸位，师父已经在观里准备好了饭食，恭请四位。”八戒一听有吃的，立马笑呵呵地说：“多谢镇元大仙！”童子领着师徒四人进了五庄观，众人老远便看到镇元大仙正在书桌前画画，画的是万寿山本地产的桃子和梨。只见镇元大仙一手拿着一个鲜红透亮的桃子，正仔细观察它的外观。看到师徒四人之后，镇元大仙立马放下画笔过来迎接，说道："唐长老辛苦了，诸位再次路经本观，本仙特意备了一些斋食，请几位长老用膳。"

八戒抢先答道："大仙费心了，俺老猪向来直爽，不拐弯抹角，我就**单刀直入**了。敢问大仙，咱们何时能开席？不瞒大仙，老猪我的肚子早就饿扁了。"八戒边说边摸着肚子，那样子真是滑稽至极。悟空听后，一把抓住八戒的耳朵："八戒，别以为我不知道，你进入道观前偷偷吃了好几个果子，现在还说肚子饿扁了。"八戒求饶道："猴哥，你轻点儿，痛啊，没想到这都被你发现了，火眼金睛果然名不虚传。"沙僧听后说道："二师兄，咱们就是吃顿斋饭而已，你怎么还动刀动枪呢？而且你的武器是九齿钉耙，什么时候改用单刀了呢？"悟空听完沙僧这一番话后抓耳挠腮，附和道："对呀，吃一顿饭怎么还动起了刀呢？"八戒听后大笑："你们俩真没文化，老猪我用的是成语，意思……，唉，被你搞得我也忘了是什么了。"八戒便蹭到唐僧的身旁，说道："求师父赐教。"

唐僧摇了摇头，无奈地说道："平时让你们多读些书，你们总是不听，今日当着镇元大仙的面，你们还闹出了这般笑话。以后要听为师的话，多读些书，万不可不学无术。"

镇元大仙笑吟吟地说道："唐长老，您不要责怪他们了，'单刀直入'这个成语平时不常见，还请唐长老为我们解释一下，也让本仙增长一下见识。"

唐僧笑道："大仙说笑了，那贫僧就献丑了。'单刀直入'

出自我佛门的一部史书，是宋代一个叫释道原的人写的，这本书的名字叫《景德传灯录》。书里面有一句话是这么说的：‘若是作家战将，便须单刀直入，莫更如何若何。’意思是**如果是一个精通武术的行家或战将，那就应该在认定目标后单刀直入，勇往直前地冲杀。单刀直入原来比喻认定目标后勇猛前进，后来便用来表示直截了当、开门见山。**”

“那刚刚二师兄说的拐弯抹角岂不是单刀直入的反义词？看来二师兄蒙对了意思，运气真不差。”沙僧摇着头说道。

“你懂什么，我那是举一反三。”八戒不满地说道，“我还会成语接龙呢，单刀直入、入木三分、分道扬镳。”

“八戒这一次的表现可圈可点，他能够举一反三，还能够现学现用。我要对八戒提出表扬，下次要继续努力呀。”唐僧微笑着对八戒点了点头。

镇元大仙笑着接话：“老夫今日有幸能向诸位长老学习，真是受益匪浅啊！好了，说了这么久，想必大家都饿了，里面请，斋食就在后堂。”众人来到后堂，只见后堂中央摆着一张四方木桌，桌上摆放着各色鲜果，有一盘仙桃、两盘鲜梨、一盘葡萄，还有各色斋饭，满满地摆了一桌。八戒看着这一桌好吃的，立马控制不住自己，说道：“俺老猪看准目标就单刀直入啦。”说话间便一屁股凑到了桌旁，端起一盘仙桃吃了起来。

“八戒这一次使用的是单刀直入的本义，和第一次使用的意思又有区别，看来八戒真的是理解了这个成语呀，为师深感欣慰。悟空与悟净要多多向八戒学习，学以致用。”唐僧欣慰地说道。

“原来一个成语竟然有如此多的含义和用法，我今天才知道，真是托诸位长老的福。为了表达感谢，我请诸位长老品尝人参果。”于是镇元大仙吩咐两位童子去采摘人参果。

“没想到老猪我说出了一个成语，竟能换来人参果，真是太值了！太值了！”八戒说罢哈哈大笑起来。

文曲星驾到

单刀直入（dān dāo zhí rù）

释义：原意是认定目标后勇猛前进，现在则比喻说话直截了当，锋芒甚锐。

近义词：直截了当、开门见山

成语造句：你有意见就请单刀直入地提，何必吞吞吐吐？

通关文牒

今天我们学习了“单刀直入”这个成语，你还能写出两个以“单”字开头并且带有兵器的成语吗？

答案：单枪匹马、单刀赴会

第五十五回

人参果园变化大，应接不暇见真章

应接不暇

师徒四人用过斋饭，镇元大仙吩咐童子端上四盘人参果。八戒从未见过如此多的人参果，不免有些惊讶，道：“大仙，上次来你道观，你只给两个人参果。如今一次端四盘，真令老猪**应接不暇**啊。大仙如此大方，我就不客气啦！”话音未落，八戒一闪身来到木桌旁，抓起人参果便吃。孙悟空眼疾手快，揪住了八戒的耳朵。八戒叫唤起来：“痛！痛！痛！猴哥，亲爱的哥哥，我不吃果子还不行吗？”说罢不情不愿地放下人参果。

孙悟空一边骂一边松了手。八戒耷拉着微红的耳朵，忍不住凑近端详人参果。“哎，不对啊，这人参果的颜色怎么和之前不一样呢？镇元大仙，这该不会是假人参果吧？”八戒嚷嚷道。

“八戒，休得妄言！没弄清楚情况之前不得无礼！”唐僧一边训斥八戒，一边向镇元大仙赔礼道歉。

“唐长老，这确是人参果无疑，不过是改良后的新品种。几位品尝后不妨随我到观内的人参果园去看看。”镇元大仙抚着胡须道。

八戒抢先道：“原来如此，没想到镇元大仙还会培育人参果，真的是受教了。”他搓了搓手，口水都快流下来了：“师父，咱们就接受大仙的好意，快些品尝吧，待会儿还要去观赏大仙的人参果园呢！”

“为让唐长老放心食用，我特意吩咐童子采摘的普通人参果。唐长老切莫推辞。”镇元大仙说完，随即手捧木盘走到唐僧面前。

唐僧不再推辞，接下果盘后轻取一个果子，将其捧到嘴边，轻咬一口，瞬间人参果的汁水便充盈在嘴里，味蕾上充满了香甜。可谓食用时沁人心脾，食用后回味无穷，令人欲罢不能。

不一会儿，四盘人参果便被师徒四人享用殆尽。镇元大仙见状微笑道：“四位长老现在不妨随本仙到观内的人参果园去游览一下，我的两个徒儿已经在那里恭候多时了。”

师徒四人在镇元大仙的引领下向人参果园走去。还未进到园内，远远望去，便看到这人参果园被一团仙气环绕，时不时还闪烁着五色流光，令人忍不住想要往前一探究竟。众人走进人参果园，果不其然被这园内的奇观所震撼。

只见那人参果园中间矗立着一棵参天的人参果树，枝叶繁茂，闪烁着绿光。树枝上挂满了人参果，一个个饱满多汁，如同一群圆滚滚的活泼好动的娃娃在树上嬉戏耍闹。这树的周边还生长着稍矮一些的果树，上面结着各色果子，琳琅满目，周围还有其他叫不上名号的奇花异草。

唐僧看后感慨道："大仙，您这人参果园景色秀丽，花草众多，我师徒四人一时间有些应接不暇。今日当真是收获颇丰，看到这么多的奇特美景。大仙的五庄观当真是人杰地灵的宝地！"

"咦，师父，我记得文曲星老师曾经讲过，在来人或事情太多，自己应付不过来时使用'应接不暇'来形容这种状态。咱们现在在观赏美景，您用在此处不恰当啊。"孙悟空疑惑地说道，"刚刚八戒在看到人参果时说到'应接不暇'，他的用法倒还勉强说得过去。"

沙僧听后解释道："大师兄，文曲星老师的课我看你是只听了一半就睡着了吧。'应接不暇'一词出自南朝宋刘义庆的《世说新语·言语》：'从山阴道上行，山川自相应发，使人应接不暇。'这句话的意思是从山阴道上走过来时，一路上山光水色交相辉映，使人眼花缭乱，看不过来。这个成语原形容景物繁多，来不及观赏，后多形容来人或事情太多，应付不过来。大师兄记住的是'应接不暇'的第二种用法。所以师父用在此处也是极为恰当的。"

唐僧听后欣慰地说道："悟净所言极是。'应接不暇'确实可用于以上这两种情况。八戒刚刚使用'应接不暇'，有些不太妥当。不过在此，为师也要告诫悟空，下次要认真听讲，切不可三心二意。"

孙悟空赶忙解释道："师父所言极是，俺老孙记下了。俺老孙虽然没有记住'应接不暇'的第一种用法，不过俺老孙知道'应接不暇'的其他知识，比如其近义词有'目不暇接'，反义词有'应付自如'。俺老孙对这个成语也是了解甚多的。"

"没承想和各位长老相处一日，便习得两个成语，当真是受益匪浅啊！原想和各位长老继续畅谈一番，然近日到我五庄观求取人参果之仙友络绎不绝，再加上观里其他一些琐事，实在是让我应接不暇啊。本仙现去处理些许事务，容我先行告退。不过我特安排观内两名童子带领诸位长老继续游赏人参果园，各位若有其他需要，烦请告知我这两位童子。"镇元大仙说罢便作揖告退。

八戒抓了抓耳朵，说道："这镇元大仙当真是活学活用，刚刚学会便立马用到，真是活到老，学到老啊！俺老猪以后定要向镇元大仙学习，勤学活用。”

镇元大仙告退后，师徒四人在两位童子的带领下继续参观这变化巨大的人参果园，流连忘返。不知不觉间夜已深了，师徒四人便告别童子，辗转回到五庄观内休息。

文曲星驾到

应接不暇（yìng jiē bù xiá）

释义：原形容景物繁多，来不及观赏，后多形容来人或事情太多，应付不过来。

近义词：目不暇接、眼花缭乱

成语造句：我们驱车前往九寨沟，这里景色秀丽，景点众多，令人应接不暇。

通关文牒

你能用“应接不暇”再造三个句子吗？

答案：合理即可。

第五十六回

五庄观众人论道，自取其辱解释多

自取其辱

师徒四人一早醒来，昨天人参果园中的壮丽景色又浮现在脑海中，久久挥之不去。待到用早膳之时，只见一童子慢步走进客房，对师徒四人深深作揖，毕恭毕敬地说道：“家师仰慕唐长老的佛学造诣，今日午间特邀请诸位长老移步书房共品香茗，坐而论道，探讨佛法道法，望长老们能赏光驾临。”

“听闻镇元大仙道法超然，我等也想讨教。请童子转告尊师，我等定赴邀约，如期参加。”唐僧双手合十，也向童子行礼。

童子走后，悟空抢先道：“师父，这镇元大仙乃地仙之祖，在俺老孙还未出世之时就已得道，且在此地清修数千年，对于道法定会有诸多见解。看来我们这次一定要认真准备，否则论道失败，我等岂不是**自取其辱**？”

唐僧面色凝重地说：“悟空所言甚是，我也多次听闻镇元大仙道法不俗，因此咱们师徒定要认真准备，切不可大意。不过今日既是镇元大仙主动邀约，只是正常的讨论，并没有输赢可言。只要没有出言不逊，何来自取其辱？悟空此处所用甚是不当。”

沙僧听后道：“师父所言极是。文曲星老师曾言，若是对

‘自取其辱’一词了解得不透彻，极易混用。我记得此成语出自**《文明小史·第五一回》：‘这是他自取其辱，好好的在戏馆里看戏，怎么会和人打起架来呢？’意思为自己做了过分的事情而招来侮辱**。我们和镇元大仙坐而论道，是正常的交流，只要大师兄不动武，又怎会自取其辱呢？”

“沙师弟学习果然认真，没想到将这个成语的用法掌握得如此熟练，不过沙师弟知不知道‘自取其辱’还有其他的出处？”八戒穷追不舍地问道。

沙僧谦虚地说道：“这我倒不知，还望二师兄赐教。”

八戒摇晃着头脑道：“《论语》记载子贡问友。子曰：‘忠告而善道之，不可则止，毋**自辱**焉。’此处的‘自辱’便有‘自取其辱’之意。”

“八戒最近学习甚是用功，能习得‘自取其辱’的不同出处，可见是下了苦功夫。我和沙师弟以后还得向你学习才是。”悟空说道。

“悟空如此虚心，八戒用心刻苦，为师甚是欣慰，看来取经路上你等也有不少长进。不过这次和镇元大仙论道，为师要好好准备一番，今日上午要闭门清修，你等可以先行退下了。”

悟空三人听罢，便依次告退。

不知不觉已到午间，两名红衣童子前来客房恭请师徒四人到书房去。众人在童子的引领下绕过后堂和人参果园，又经过一个拐角，远远望见身着八卦道服的镇元大仙，他手持拂尘立在书房门旁，恭候师徒四人。

见四人到来，镇元大仙面带微笑：“欢迎诸位长老，里面请。本仙已准备了好茶，咱们品茗论道，深入探讨。”

八戒嘿嘿笑道："大仙备了好茶，可否也准备一些人参果，好让我老猪再过过嘴瘾？您这人参果的味道啊，当真让人回味无穷。"

"感谢猪长老的厚爱，完全没有问题。徒儿，再去摘些人参果来，请几位长老再品尝品尝。"镇元大仙吩咐童子道。

"我这徒弟实在是贪嘴，昨日刚享用完您这观内的人参果，今日又嘴馋来索要，丝毫没有出家人的样子，是我管教不严，让大仙见笑了。"唐僧满脸通红，连忙道歉。

"猪长老心直口快，我倒是很欣赏他。人参果本来就是用来享用的，所以采摘来吃也是天经地义的，唐长老也不要推辞。咱们先进书房，坐下细聊。"镇元大仙笑道。

待一行人进到屋内坐定，唐僧说道："大仙今日请我们前来，不知要论些什么？贫僧洗耳恭听。"

"听闻唐长老才学双绝，诸位来到本观后，一天内本仙就学到了两个成语，收获颇丰。此次请诸位前来，正是想再学习一些新的成语，也好充实自己的学识，还望诸位长老不吝赐教。"镇元大仙恭敬地说道。

"就在今日早间，我还和三位徒弟讨论了'自取其辱'的用法，如果大仙有兴趣的话，我让悟空向大仙讲解一下。"于是孙悟空便滔滔不绝地向镇元大仙详细讲解了'自取其辱'的意思和用法，以及它的两个出处。

最后，孙悟空还总结道："这'自取其辱'的用法容易混淆，在使用时一定要记住，它是说自己做了过分的事情而招来了侮辱，责任在己，不在他人。另外，《论语》里子贡问友这一段，早间八戒讲了'毋自辱'就是不要自取其辱，但我有个疑问，孔子的意思是说交友之道在于忠心地劝告朋友并好好地开导他，如果他不听也就罢了，不要自取侮辱。这里并没有提到做过分的事情，为何是‘自取其辱’？还请师父赐教。”

“悟空能看到这一点，说明之后又细细思考了。孔子的意思实是说既要以忠言直告又要恰当地引导，不宜强加于人。即使是忠言善语，若不被朋友接受，也不要去强加于人。如果朋友不接受，而你还不停止劝解，次数多了，你的这种做法在朋友眼里就是过分的事情，令人厌烦，这就变成了**自讨没趣**。”唐僧耐心地解释道。

“唐长老所言有理，您所言的‘自讨没趣’和‘自取其辱’应该是近义词吧！您的这番话语解了我多年的疑惑，请受本仙一拜。”镇元大仙作揖感谢道。

“大仙言重了。贫僧路过贵观，蒙您款待，已是感激不尽，怎能受您如此大礼？我们师徒有任务在身，在贵观已叨扰许久，不宜再久留，贫僧在此拜别。”唐僧回礼道。

文曲星驾到

自取其辱（zì qǔ qí rǔ）

释义：自己做了过分的事情而招来侮辱。

近义词：自作自受、自讨没趣

成语造句：小明明明理亏，还要去挑衅，简直是自取其辱。

通关文牒

请仔细观察下面的图片，展开想象，讲一则关于“自取其辱”的小故事。

答案：略。（解析：从人类应该爱护自然、善待动物，不能做不文明的事情，不然最终受惩罚的还是人类自己的角度讲述即可。）

第五十七回

再遇灵台方寸山，孙悟空感念恩师

崭露头角

师徒四人继续往前走。孙悟空边走边挠头，他觉得周边的一切甚是熟悉，有种说不出来的感觉。正走着，远处的山色渐渐明晰，悟空一拍头，原来前方不远处便是自己的授业恩师菩提祖师的修炼之地——灵台方寸山。一时间，往事如烟，瞬间涌入孙悟空的脑中。

孙悟空抑制不住思念，动情地对唐僧说道："师父，前方不远处就是俺的授业恩师菩提祖师的道观。今日我们不如在此借宿，正好也解了俺的思念之苦。"

唐僧发现孙悟空的眼眶充盈着热泪，瞬间为他的热忱之心所感动，声音颤抖地说道："悟空的尊师之情我已看在眼里，俗语说'一日为师，终身为父'，那我们今晚就在那灵台山中借住。悟空，你去前面引路。"

孙悟空一听唐僧欣然答应自己的请求，万分欣喜："好的，谢谢师父！师父，今天这路俺老孙肯定带得好好的，不让你们多走一点儿弯路。"

孙悟空欢喜的神态感染了众人，八戒好奇地问道："猴哥，听说这菩提祖师神通广大、神力高超。他是你的授业恩师，那你当时在这里拜师学艺学得怎么样呢？"

孙悟空一听更加神气了，他自信地回道："俺老孙刚来没多久就掌握了七十二变之术，超越了大部分师兄弟，祖师说我孺子可教也。所以，八戒你说说我学得怎么样呀？"说罢，哈哈大笑起来。

猪八戒点了点头，若有所思地回道："看样子，大师兄拜师没多久，就已经崭露头角了。俺老猪打心眼里佩服，佩服！"说着，八戒还不忘双手抱拳鞠躬。

孙悟空听了猪八戒的话却满脸的不高兴，嘟囔着："去去去，别在这里阴阳怪气的。什么露头漏脚的，俺老孙当年穿得整整齐齐的，可没那么不堪，你又在调侃俺老孙。"

沙僧听了孙悟空所言，捧着肚子大笑起来，过了好一会儿才忍住笑意对孙悟空说："大师兄，你误会二师兄了，二师兄是在夸奖你呢！"

"哦？此话何意？沙师弟你快细细讲来。俺倒要看看他是在调侃俺，还是在夸俺！"孙悟空半信半疑地说道。

沙僧忍住笑意娓娓道来："大师兄，'崭露头角'一词的字面意思是头上的角已经明显地突出来了。它多用来比喻初显露优异的才能。'崭'是突出的意思，'露'是显露。这个成语可不是指你穿着寒酸啊。"

孙悟空还是不相信，转头去询问唐僧："师父，这'崭露头角'的意思是否真如沙师弟所说？还望师父赐教。"

唐僧听了他们刚刚的对话也是忍俊不禁，如今见孙悟空来向自己确认，便清清嗓子，正襟危坐道："不错，'崭露头角'的意思正如悟净所言。它出自唐代有名的大诗人，唐宋八大家之一韩愈所作的《柳子厚墓志铭》，原文为：'虽少年，已自成人，能取进士第，崭然见头角焉。’这句话的意思是，他虽然很年轻，但已经成才，能够考取进士，突出地显露出才华。八戒所用‘崭露头角’，确实是在夸奖你呢。”

得到了唐僧肯定的回答，孙悟空这才确定猪八戒不是在调侃自己，是自己多心了，便强忍着尴尬，咳嗽了几声，小声地说道：“这么看确实是俺老孙误会八戒了，八戒你可不要介意呀。”

猪八戒这一次倒也大方，没有像往常那般继续挖苦。他走到孙悟空身旁，将胳膊搭在孙悟空的肩上，说道：“猴哥不是池中之物，无论在哪里，要不了多久都会锋芒毕露的，不像俺老猪，一直默默无闻。”

孙悟空听了八戒的话，知道他在恭维自己，内心甚是欣喜，不过没有显现出来，反而宽慰起他来：“八戒，你这话俺老孙就有些承受不起啦。想当年你身为天蓬元帅，统领天河十万天兵天将对你来说都是牛刀小试。现如今你更是学富五车，能将很多成语信手拈来，俺老孙在这方面与你比起来，可是甘拜下风啊。”

这不，猪八戒与孙悟空两人又相互恭维起来，两人你来我往，让一旁的沙僧受不了了，他赶紧说道：“两位师兄，你们就不要在这里互相吹捧了。大师兄，你再不带我们往前赶路，天就黑了，我们可要露宿荒野啦。”

孙悟空与猪八戒相视一下，然后哈哈大笑。

唐僧也催促孙悟空赶紧带路，猪八戒趁机对着孙悟空的耳朵小声说道：“猴哥，等到了灵台山菩提祖师那儿，你可得让俺老猪吃饱肚子呀！”

孙悟空也小声回道：“八戒放心，我就知道你的肚子是第一要紧的，斋饭肯定少不了你的。另外俺老孙还知道一处桃园，届时带你去饱餐一顿。”

“太棒了，还是猴哥心疼我。”猪八戒说完便上前牵住白龙马，跟着孙悟空向前走，嘴里还哼着小调。

沙僧看了一脸迷惑，便小声问道：“二师兄，你又和大师兄在密谋些什么？要是有什么好事，可千万不能忘记我呀！”

“沙师弟，看你说的，我和猴哥只是在商量走哪条路，怎么成密谋了呢？你可不要妄言呀！”猪八戒敷衍地说道。

这时前方的孙悟空大声呼道：“师父，前方再行不过数里，便是灵台山的地界啦，我们今晚就在此间借宿。”言语里充满了喜悦。

“看来悟空返回这里感慨良多呀，好久没见他这么开心了，看样子今晚我们能有个地方好好休息啦！悟净，我们也抓紧跟上去，切莫迷失了方向。”唐僧叮嘱沙僧道。

“师父，放心吧！”说罢，沙僧挑起行李跟了上去。师徒四人步伐坚定，向着前方走去。

文曲星驾到

崭露头角（zhǎn lù tóu jiǎo）

释义：头上的角已明显地突出来了，比喻初显露优异的才能。崭，突出；露，显露。

近义词：牛刀小试、锋芒毕露

成语造句：小明在这次比赛中超常发挥，取得好成绩，开始崭露头角。

通关文牒

你有没有见过这样的成语？它包含着人体的某一部分，正如我们刚刚所学的“崭露头角”，你能写出一些来吗？

答案：笨手笨脚、刻骨铭心、火烧眉毛、迫在眉睫

第五十八回

猪八戒桃园品桃，孙悟空答疑解惑

满载而归

唐僧师徒在孙悟空的带领下，终于赶在太阳下山前来到了斜月三星洞。只见这洞府周围弥漫着袅袅仙气，有两尊巨大的石狮子站立在洞门两侧，威严肃穆，令人不寒而栗。

孙悟空看着眼前熟悉的环境，以前辛苦学艺的画面在他的脑海中不断浮现，他不禁热泪盈眶，嘴里喃喃道："没想到一晃眼就过了这么久，这里风景依旧，而俺老孙已非以前的小猴子了。菩提祖师，俺来看望您了！"

猪八戒可不管孙悟空的深情感慨，他已经饥渴难耐，便赶紧上前去敲门，边敲边喊："菩提祖师，佛门唐三藏携众弟子前来拜会！"

话音刚落，那山门便缓缓打开，飘出一股股仙气。待仙气散去，走出来两个扎着发髻的红衣童子，他们红扑扑的脸蛋吹弹可破。两位童子径直走向唐僧，鞠躬作揖后说道："圣僧，我家菩提祖师恭请各位入洞府，请随我来。"说罢，转身带领众人向洞府内走去。

猪八戒快步走到孙悟空身旁，小声嘀咕道："猴哥，咱们什么时候去你所说的桃园大快朵颐呢？俺老猪可是迫不及待啦！"

孙悟空看着八戒猴急的样子，气不打一处来，狠狠地瞪了他

一眼，压低声音说：“你这八戒着什么急！心急吃不了热豆腐，一会儿见机行事，听从我的指令，别坏了好事！”

猪八戒自知理亏，也不再说什么。

两位童子将众人领到一处厅堂，说道：“我家祖师知道诸位远道而来，特意备了斋饭，请各位先行用膳。之后祖师会亲自前来拜谒诸位，我等先行告退。”说罢便转身退去。

吃了一会儿，孙悟空给了八戒一个眼神，俩人便借故上厕所走出了厅堂。猪八戒一路小碎步随着孙悟空躲躲藏藏，终于溜进了心心念念的桃园。

一进桃园，猪八戒便被这茂密的桃树林所震撼，更令他震撼的是这树上的桃子鲜红欲滴，令人垂涎三尺。他忍不住摘下一个，胡乱地用袖子擦了一下便放到嘴里咬了一口，汁水瞬间从嘴角溢出。

猪八戒边摘边吃，吃不完还想“兜”着走，把衣兜塞得满满的。他走着走着，发现一个池塘横在桃园中间，里面长满了荷叶，荷花散发着清香。正欣赏着，忽然水面泛起小小涟漪，原来是两只小乌龟从荷塘里游了出来。猪八戒甚是欢喜，顺手拿起一根树枝挑逗起乌龟来。

“八戒，你在哪儿？咱们快回去吧！”猪八戒听到孙悟空的呼叫，兴致勃勃地揣起满兜的桃子，还不忘抓上两只小乌龟，奔跑过去：“猴哥、猴哥，你看看我多厉害，摘了这么多，够我们吃了！”

孙悟空远远一看，哈哈大笑：“八戒，你这一次不虚此行呀，真是**满载而归**了。”

猪八戒听了之后挠挠头，疑惑地说道：“猴哥，我就是逗弄一下这两只乌龟，可没想把它们带走啊，你可别冤枉我！”

孙悟空听后哈哈大笑：“你是故意逗我笑的吗？我说的是‘满载而归’，此‘归’非彼‘龟’，谁说你要把乌龟带走了？”

“哦，‘满载而归’这个成语是不是文曲星老师讲过的？我有点儿印象。”猪八戒挠着头说道。

孙悟空看着八戒挠头的样子，自信地说：“这个成语是文曲星老师讲过的，我还专门做了批注。”孙悟空顿了顿，继续说道：“**这‘满载而归’的‘载’是装载的意思，‘归’是回来的意思。它意为装得满满的回来，形容收获很大或外出办事圆满成功，成果显著**。你这一趟又吃了桃子，又和乌龟玩耍，可不是‘满载而归’嘛！”

讲到这里，孙悟空停了一下，咬了一口手中的桃子，接着说：“师父当时也给我们补充了一下，说这‘满载而归’出自**明**

代有名的思想家李贽所著的《焚书·又与焦弱侯》，书中写道：‘然林汝宁向者三任，彼无一任不往，往必满载而归。’怎么样，八戒，听明白了吗？”

“哦，原来如此，我明白了。话说回来，猴哥从来都没有让俺老猪空手而归过！”猪八戒笑着说道。

孙悟空听后点点头，说道：“这倒是实话，跟着我，向来都是满载而回的，从不会让你吃亏。”说罢，嘿嘿一笑。

“八戒，咱们这次偷跑出来，留下沙师弟和师父在厅堂里吃斋饭，我们却在这儿吃可口的桃子，这样不太好吧？”孙悟空愧疚地说道。

猪八戒歪着脑袋想了一下，说道：“猴哥，经你这么一说，我们做的还真是有些不厚道。老沙平时对我们不错，曾经还替猴哥你解过好几次围。要不我们带一些桃子回去，也让他们尝尝鲜？”

孙悟空听后也觉得这是个好办法。“但是咱们不能平白无故地拿一些桃子回去，得有个说辞呀！”孙悟空突然想到这个问题。

猪八戒一拍脑袋：“有了，这好办！我们就说出去上厕所回来，正好遇到童子们奉菩提祖师之命来送水果，我们顺路就带过来了。这样说如何？”

“嘿，你脑子还挺活泛的，这套说辞甚好。咱们就这么定了，到时候你可别说漏了嘴。”

两人商量好后，便带着摘好的桃子回到了厅堂，此时唐僧和沙僧两人还在用膳。孙悟空见状便推了猪八戒一把，示意他把桃子拿过去。

猪八戒没想到孙悟空居然先让自己上前，便只好硬着头皮，按照事先想好的说辞将桃子递了过去。

唐僧听说是菩提祖师送来的桃子，立马回道："阿弥陀佛，悟空，你的恩师考虑得真是周到！为师正好有些口渴，这桃子可以解渴。"说罢便拿起一个桃子咬了一口。"嗯，好甜，汁水又多，悟净你来尝尝。"唐僧递给沙僧一个，沙僧尝过后也是赞不绝口。

孙悟空见两人没有怀疑，长舒了一口气。

唐僧师徒用完膳后，便开始等候菩提祖师驾到。

文曲星驾到

满载而归（mǎn zài ér guī）

释义：装得满满的回来，形容收获很大或外出办事圆满成功，成果显著。载，装载；归，回来。

近义词：满载而回

成语造句：老王是一个经验丰富的渔民，每次出海捕鱼都满载而归。

通关文牒

（多选题）渔民夫妇捕鱼归来，收获了整整一船的鱼，他们高兴不已，享受着丰收的喜悦。如果让你用成语来形容渔民丰收的场景，选用以下哪个合适？（　）

A. 满载而归　B. 空手而归　C. 铩羽而归　D. 硕果累累

答案：A　D

第五十九回

菩提祖师现真身，足智多谋惹争论

足智多谋

猪八戒用完膳食又吃了很多桃子，很是满足。他摸着肚子斜倚在椅子上，舒服地打着嗝，好不惬意。唐僧看着八戒，失望地摇摇头，叹了口气："八戒，你既已成佛，便不能这般没有规矩。赶紧端正姿态，等候菩提祖师前来！"

猪八戒一听师父语气强硬，自知理亏，立马坐直了身子。他整了整衣服，不忘嘟囔着："这菩提祖师架子也太大了，我等都在此等了许久了。"

八戒声音虽小，但逃不过孙悟空灵敏的耳朵。孙悟空立马跳了起来，呵斥道："八戒，我家祖师还为你准备了膳食，提供了借住的地方，你不感恩这份帮助就算了，居然还埋怨起来。我看你是皮痒痒了，找打！"说罢，挥起拳头走向八戒。

猪八戒一看情势不妙，赶紧躲到唐僧身后，想寻求唐僧的帮助。不料唐僧正色道："八戒，此事确实是你出言不敬，还不赶紧向悟空赔礼。"

一看唐僧如此说，八戒便也赶紧服软。他垂着耳朵挪步出来，正要道歉，远处却传来一声洪亮有劲的声音："悟空，切勿动手！让各位长老久等，是贫道不敬。"

孙悟空听到这熟悉的声音，下意识地回应道："是菩提祖师！”

众人向声音传来的方向望去，只见一位身着素衣道袍的老者站立在门口，手拿拂尘，须发皆皓白如雪，鹤发童颜，仙风道骨，给人一种温暖的感觉。

唐僧心想：“如此修为，定是菩提祖师无疑了。”他赶紧上前鞠躬行礼，并说道：“贫僧等人路过宝地，多谢菩提祖师慷慨接纳我等，又准备了膳食，多有叨扰。”

菩提祖师微微一笑：“唐长老，诸位远道而来，正所谓‘有朋自远方来，不亦说乎’，而且悟空又是我的徒儿，咱们都是一家人，不要客气。”菩提祖师顿了顿，走到孙悟空面前，慈祥地摸了摸他的头，又问道：“不知我这徒儿在取经路上的表现如何？”

唐僧赶紧回道：“悟空**足智多谋**，一路上多亏了他降妖除魔，我等才得以顺利完成取经大业。”

孙悟空听了，哽咽道：“祖师，这一路上正如师父所讲，颇费腿脚。俺老孙走了很多路，脚都快磨穿了，鞋子都不知换了多少双。”

菩提祖师一脸迷惑，问道：“悟空，唐长老在夸你聪明呢，你怎么会想到腿脚和鞋子呢？”

孙悟空认真地回道：“师父刚刚不是说俺老孙足什么多嘛，这不就是说俺费腿脚，很辛苦嘛。”

菩提祖师听罢哈哈大笑，那须发随着笑声有节奏地震颤起来。

沙僧在一旁看不下去了，便提醒道：“大师兄，师父并不是说你费腿脚。取经路上确实很辛苦，不过师父并不是那个意思。”

“那你快说师父是什么意思！”孙悟空一脸迷惑，急切地想知道答案。

“猴哥，师父是在夸奖你富有智慧，善于谋划。这‘足’是充足的意思，‘智’是聪明、有智慧的意思。师父是形容你善于料事和用计，对付妖怪很有经验。”猪八戒抢着答道。

沙僧又补充道：“没错，这‘足智多谋’出自元代人所著的《连环计》第一折：‘此人足智多谋，可与共事。’明代著名的小说家罗贯中在其《三国演义》第四十三回中也有用到此词：‘足智多谋之士，能征惯战之将，何止一二千人。’大师兄可要记住呀。”

“俺老孙都知道，刚刚是为了活跃气氛才故意这么说的。师父不就是在夸俺智谋过人嘛！”孙悟空故作镇定地说道。菩提祖师敲打了一下孙悟空的头，训诫道：“你这泼猴，虽然天生聪明伶俐，但是常常不知天高地厚，为师多次告诫过你，要多读书，看来你都没有听进去啊。”

孙悟空一看菩提祖师生气了，便赶紧抓着他的衣袖说道：“祖师，徒儿虽然狂妄，但是一直将祖师的教诲铭记于心，也明白要多读书，因而取经路上也在加紧学习。但是学无止境，难免有些成语没有记住，不信您可以问问我的这两位师弟。”

沙僧一听孙悟空求助于自己，便赶紧回道：“菩提祖师，大师兄这一路上不仅降妖除魔，还跟着师父学习经文和诗词。这一次取经出发前，还特意跟着文曲星老师学习了呢！”沙僧说完便向猪八戒使了个眼色。

猪八戒也赶紧附和，将孙悟空重重夸奖了一番。

唐僧也赶紧打圆场，说道：“悟空在取经路上刻苦学习，前段时间还曾经向他的师弟解释过相关成语的出处呢！”

菩提祖师一看众人都在为悟空说情，便不打算再计较了，和蔼地说道：“你这泼猴人缘倒是不错，以后还是要加强学习，多多读书。”

孙悟空乖巧地靠在菩提祖师身上，诚恳地回道：“祖师在上，您的教诲俺一定铭记在心上。”

猪八戒拍了拍一旁的沙僧，在他耳边悄悄说：“老沙，你啥时候看到过猴哥这副乖巧的模样，真的是奇哉怪也。”

“哈哈，看样子大师兄对这位授业恩师真的是敬重有加啊！”

菩提祖师招呼众人到正厅品茶讲道，于是众人便跟着他走了出去……

文曲星驾到

足智多谋（zú zhì duō móu）

释义：富有智慧，善于谋划，形容人善于料事和用计。足，充足；智，聪明、有智慧；谋，计谋。

近义词：大智若愚

成语造句：小明的外号是“小诸葛”，他足智多谋，遇到麻烦的问题总是能够想到解决办法。

通关文牒

仔细观察下面这幅图片，你知道这幅图片描绘的是哪个故事吗？你认为用哪些成语来形容这个故事里的人物比较恰当？

答案：图片描绘的是《三国演义》里诸葛亮草船借箭的故事。诸葛亮足智多谋、智谋过人。

第六十回

师徒众品茶讲道，孙悟空挽回颜面

开天辟地

菩提祖师领着众人来到正厅。唐僧环顾四周，发现这正厅与自己以往所见的厅室有很大的不同，它是由一个山洞改建而成的。厅内的家具也都是石制的，与这厅室相得益彰。众人入厅室时便觉得有一股凉风拂面，让人倍感清爽。

唐僧心想："这菩提祖师果然是个高人，不仅修为极高，居住的地方也是这般不俗，实在是令人肃然起敬。"

孙悟空又回到了熟悉的地方，顿时思绪万千，有一肚子的话想说，便不自觉地向身旁的猪八戒滔滔不绝地说道："八戒你看，这地方就是当年俺老孙晚上偷偷跟菩提祖师学艺的地方。当时要不是俺老孙聪明，领会了祖师敲我脑袋三下的含义，俺也学不会这一身的本领。"

猪八戒听后赶紧奉承道："猴哥就是厉害，俺老猪这一路上也是领教了你的聪慧。"说完还不忘竖起大拇指。

沙僧认真观察着厅室的构造，觉得这个厅室的建筑年代一定很久远，他歪着脑袋努力思索，也无法确定具体的时间。看到孙悟空和猪八戒聊得热火朝天，沙僧便向孙悟空求证："大师兄，我觉着这厅室不一般，你知道它的建造时间吗？"没想到这么随口一问，倒把孙悟空给问住了，他刚刚眉飞色舞的兴奋劲儿瞬间消失得无影无踪。

孙悟空抓耳挠腮，可就是答不上来，但是又怕丢了颜面，一时间不知如何是好，急得眉头拧成了一团。菩提祖师看到孙悟空答不上来，便有意给他解围：“这厅室自从**开天辟地**后，便存在于天地之间。当年曾有数位神祇在此修炼，也有凡人在此修炼成仙。贫道见此处位置极佳，便在此修建道观，广收门徒。”

孙悟空听了之后舒了口气，感叹道：“难怪俺不知道这个正厅的来历，原来它比我的年龄还要大呀！”

“大师兄，何止比你的年龄还要大，在座的诸位都没有它的年纪大呢！”沙僧插空说了一句。

“沙师弟，话可不要说得太满啦，俺老猪在取经之前就已经是天蓬元帅了，难不成这厅室比俺成仙的时间还要长？”猪八戒傲娇地挺起大肚子。

“二师兄，菩提祖师刚才已经言明这厅室自开天辟地以来便存在了。**这‘开天辟地’乃是指古代神话传说中盘古氏开辟天地，从此开始有人类历史，后来用‘开天辟地’指有史以来**。这盘古大神可是创世神，我等虽在成佛前已是神仙，但还远远比不上他呀！”沙僧感慨地说道。

唐僧赞许地点点头，又问道：“悟净所言‘开天辟地’的意思不错，你们还知道它的另一层意思吗？”

说罢，唐僧转向猪八戒。猪八戒赶紧摇了摇头。唐僧又转向孙悟空，只见孙悟空自信地点点头，答道：“师父，这有何难？当时您讲解这个成语时，俺老孙可是认真听讲了的，不像某人还在打瞌睡。”

猪八戒一听孙悟空揭自己的短，便没好气地说：“猴哥，你

知道就行，为何总要扯上俺老猪呢！”

孙悟空也不再卖关子，说道：“除了刚刚沙师弟所讲的有史以来的意思外，这‘开天辟地’还**常用来比喻开创某种自古以来没有过的事业**。俺说得没错吧，师父？”说罢，走到猪八戒身旁，挑动眉头并冲他挤了挤眼，咧着嘴笑着。

唐僧满意地点点头，赞许道：“悟空和悟净的学习态度很端正，他们平时肯定也是手不释卷，尤其是悟空，进步很快，看来确实是认真听讲了。”

猪八戒这时坐不住了，心想：“哼，气死俺了，每次都被这猴子抢了风头，还被他嘲笑。不蒸馒头争口气，这次我一定要表现一下！”于是他绞尽脑汁，突然想到了这个成语的出处，便打算从这方面为自己扳回点儿颜面。于是他咳了几声，吸引了众人的注意。

大家的目光都转向猪八戒，只见他慢慢说道："猴哥和沙师弟说的都没错，可是你们知道它的出处吗？"

这一问确实把孙悟空和沙僧给问倒了。猪八戒忍不住窃喜，心想："终于轮到俺老猪大显身手了。"他本来就不大的眼睛，这一笑都眯成了一条缝。只见他得意地说道："俺老猪可记得清清楚楚，这**'开天辟地'出自三国时期吴国的徐整所著的《三五历纪》，书中曰：'天地混沌如鸡子，盘古生其中，万八千岁，天地开辟，阳清为天，阴浊为地。'后来呀，清代有名的文学家曹雪芹在其代表作《红楼梦》中也使用过这个成语。**"

唐僧听后赞许地向猪八戒点点头。猪八戒则得意地晃着脑袋，两只大耳朵也不自觉地摇晃起来。

"哼，师父当时讲解这个成语的出处时，八戒碰巧睡醒了。这一次他答对了，可真是**史无前例**的壮举啊！"孙悟空阴阳怪气地说道。

猪八戒听了孙悟空的话，以为是在夸奖自己，便得意地回道："这算什么，在俺老猪眼里这都是稀松平常的小事。"

唐僧怕猪八戒回过神来再与孙悟空吵起来，便赶紧过来打圆场，说道："八戒这一次进步极大，把出处说得非常正确，以后这种状态还要继续保持下去。"

久久默不作声的菩提祖师开口道："悟空西天取经成长颇多，都是唐长老调教有方，以后在悟空的学习上还要请您多费心，督促他向学。我看天色也不早了，各位今晚就在此歇息。此处冬暖夏凉，是个绝佳的地方。等歇息妥当，诸位再上路取经也不迟。"

唐僧师徒谢过菩提祖师，在三星洞休息了一晚，第二天就启程上路了。

文曲星驾到

开天辟地（kāi tiān pì dì）

释义：指古代神话传说中盘古氏开辟天地，从此开始有人类历史，后用来指有史以来，现在常用来比喻开创某种事业。

近义词：史无前例、空前绝后

成语造句：詹天佑是我国铁路工程领域开天辟地的人物。

通关文牒

今天我们学习了“开天辟地”这个成语，你还能写出带有“天”“地”两字的成语吗？

答案：天经地义、天长地久、顶天立地、铺天盖地

第六十一回

师徒重游白虎岭，玄奘誓不再错怪

坚贞不屈

师徒几人辞别了菩提祖师之后，来到了白虎岭。连着走了好几天的山路，八戒实在受不了了，正准备哀叹“山路十八弯”时，唐僧的肚子突然“咕咕”作响。唐僧故作镇定地说道：“悟空，你刚刚又是帮为师开路，又是赶走那些猛兽，是不是累了、饿了呀？”说着看向还在那儿使劲藏笑的八戒，道：“不如让八戒去化缘，看看有没有村民做好了午饭，我们正好就地休息一下。”

话音刚落，猪八戒立马不服气起来："凭什么让俺老猪去，不对，凭什么让我堂堂净坛使者去'要饭'？大师兄的筋斗云这么厉害，他直接飞到天上去看看有没有哪里冒着炊烟不就可以了吗？我不去，我要罢工！"

孙悟空听了气得直跳脚，正欲发作，沙僧马上凑过来，拉住孙悟空准备揪八戒耳朵的手，和事佬一样说道："大师兄莫气。二师兄你也是，难道你忘了这是哪里了吗？"

猪八戒听沙僧这么一说，努力回想这是以前走过的什么地方，有什么妖怪。可是就算他想得五官都皱在一起了，也还是没有从记忆里找到任何有关片段。沙僧一看八戒那样，连连叹气道："果然不能指望二师兄，这里是白虎岭啊，你忘了吗？白骨精！"

"哦哦哦，我想起来了！不就是师父错怪大师兄，大师兄**坚贞不屈**，但师父也毫不退让，直逼得大师兄愤然离去……"八戒的话匣子一打开仿佛就关不上似的。

"说书呢，八戒？真是'猪嘴里吐不出象牙'！"悟空拿着金箍棒就要给八戒当头一棒。

唐僧立马阻拦，说道："且慢！悟空休得无礼！当初是为师不好，为师发誓，以后再也不会错怪悟空好徒儿。"

悟空挠挠比自己的屁股还红的耳朵，说："师父，我就知道你心善，我好感动！"

"你可别拍师父马屁了，白龙马都要抗议了。"八戒插嘴道。

"哼，要你管！你不去化缘我去，我不跟你这小懒猪一般见识。"于是悟空一下跳上筋斗云飞走了。

这时，沙僧突然开口道："咦，二师兄，刚刚听到你说了一个成语，但是我感觉按文曲星老师讲的意思，把它用在你说的话里不太对啊！”

八戒瞥了沙僧一眼，不乐意地问：“你这话题转移得也太快了吧！哪一个成语？我可也是认真听文曲星老师讲课的好学生，你别平白无故污蔑我。”说着两手抱在一起，扭动着胖胖的大肚子，转身拿傲娇的背影对着沙僧。

沙僧一看八戒好似要生气的样子，连忙解释道：“不是啊，二师兄，我不是要故意找碴的。就是你说师父冤枉大师兄，‘大师兄坚贞不屈’这句，坚贞不屈恐怕不能这么用吧？”

“怎么不能这么用？坚贞不屈难道不是意志坚定、绝不屈服的意思吗？就算师父教训了大师兄，甚至还念了紧箍咒，最后还把大师兄赶走，大师兄不也没有屈服吗？”

猪八戒忍不住越说越大声，专心念经的唐僧也被打断，还听见八戒在背后说自己的坏话，不，已经是在明面上说自己的坏话了，于是开始对八戒念起“经”来：“咳咳，八戒，出家人不打诳语！虽然你对坚贞不屈的理解没错，但是你的用法却不对，这个成语**一般是指意志坚定，绝不向邪恶势力低头。**其实历史上有很多人都能用这个成语去形容，就好比**明代末年，清豫亲王多铎南下攻打扬州，派朝中著名降将（劝降的人）李遇春去扬州劝降当时守城的史可法，却被史可法痛骂而回。后来豫亲王又多次用书信劝降，也被史可法回书痛骂一顿。但最终清兵还是攻陷了扬州，史可法自杀未遂，被清兵俘虏，但他坚贞不屈，最后慷慨就义。对于史可法来说，清兵是他的敌人，他为了保家卫国坚决不投降，这才是‘坚贞不屈’的正确用法。**而为师并不是悟空的敌人，也并非邪恶之人，八戒你怎能诋毁为师呢？”

这一顿说教直听得八戒面红耳赤，他“狗腿”一样挨着唐僧连声道歉：“哎呀，师父，我知道我们是队友不是对手，你大人不记小人过，就当我是‘猪’队友吧！你可不要跟大师兄说这件事啊，他听了指定笑话我。”

但是八戒并没有如意，他的话刚说完，孙悟空就驾着筋斗云回来了。孙悟空安全着陆后马上放声大笑起来：“你这猪脑袋不仅记性不好，还不装知识！”

八戒本来正羞愧着，这下直接恼羞成怒，他大声质问悟空：“哼！大师兄你说得就像你很有学问似的，你知道坚贞不屈是什么意思、出自哪里、有什么典故吗？哼！”

这下悟空也被噎住了，求助般看向唐僧。唐僧看到两个徒儿幼稚的言行，摇摇头转了转手中的佛珠，缓缓说道：“**坚贞不屈出自《荀子·法行》：‘坚强而不屈，义也。’**你们若想知道具体释义，就给文曲星老师发信号，让他来教你们吧！悟空你找了什么吃的？让为师瞧瞧……”悟空、八戒和沙僧三人互相看看对方，不约而同地笑了出来，齐声说道：“收到！我们一定好好听文曲星老师的讲解！”

文曲星驾到

坚贞不屈（jiān zhēn bù qū）

释义：意志坚定，绝不向邪恶势力屈服。坚，坚定；贞，有节操；屈，屈服、低头。

近义词：威武不屈、坚强不屈、不屈不挠

成语造句：战士们虽然被敌人打得体无完肤，但仍坚贞不屈。

通关文牒

你能用五个以内的成语进行成语接龙，使最后一个成语为“坚贞不屈”吗？

答案：文不加点 → 点石成金 → 金石之坚 → 坚贞不屈

第六十二回

猪八戒垂头丧气，唐三藏劝慰激励

垂头丧气

师徒四人已经在白虎岭兜兜转转好几天了，只是这山路复杂又崎岖，活像一个大迷宫，愣是没有人找得到出口在哪儿。

“啊，我受不了了！”八戒大喊一声，一屁股坐在地上，耷拉着头发起了牢骚，“你们看天上那太阳，像个火球似的，再看看俺老猪这满头大汗的样子，像头‘落汤猪’一样，你们还忍心让俺继续赶路吗？俺不走了！”

“哼！师父都没有喊苦喊累，沙师弟还挑着那么重的行李，你怎么好意思这般大呼小叫？”孙悟空上前揪住八戒的耳朵，骂道，“赶紧给我起来找路！别在这儿**垂头丧气**的！”

“哎哟喂，猴哥轻点，轻点！不是你的耳朵你不心疼啊！”八戒痛得嗷嗷大叫，依旧瘫在地上不肯起来，抱怨道，“什么丧不丧气的，你说我垂头还可以，说我丧气，这不是咒我吗？我不就是懒点儿、馋点儿，至于这样说我吗？”

沙僧见状赶忙说道：“二师兄，你误会大师兄了。**丧气是神情沮丧的意思**，不是咒你。”

“就是，你看看你这副模样，情绪低落、**萎靡不振**的，丝毫没有精气神。不知道的，还以为你遭了多大的罪呢！”孙悟空一边说一边对八戒翻了个白眼，“这猪脑袋再往下埋，你就要变成驼背了！你现在这一副病恹恹、懒懒散散的样子，还怎么保护师父到西天取经啊？”

八戒一听自己会变成驼背，立马抬头挺胸，站起来气鼓鼓地说：“我没有驼背，也没有生病！我就是想发发牢骚，又没说不去取经，猴哥你这是在质疑俺老猪的能力，哼！”他撇撇嘴，往唐僧身边靠去，装作可怜巴巴的样子告状道：“师父，猴哥他欺负我，你快替我说说他。”

“八戒，休要胡闹，”唐僧缓缓说道，“为师看你不知垂头丧气为何意，是不是文曲星老师上课时你开小差了？”

八戒见师父又要开启“念经模式”，马上小声抗议道：“冤枉啊，师父，不是我开小差，是我的眼睛非要闭着，但是我的大脑是很清醒的……”八戒越说越心虚，抹了抹自己头上的汗珠。

“哎，你可真敢说！既然你的大脑清醒，那你就说说垂头丧气出自哪里吧。”

八戒一下子被悟空戳到痛处，羞愧地承认：“好吧，对不起，是俺老猪偷懒睡觉，没有认真听讲。”

“善哉！八戒你肯认错就好。**‘垂头丧气’一词出自唐代大诗人韩愈的《送穷文》，文中讲了他要送走五个纠缠他一生的‘穷鬼’的故事。**”唐僧满意地点点头，慈爱地看着八戒。

八戒见师父没有怪罪自己，心思又活络起来：“那这和‘垂头丧气’有什么关系呢？师父可不要欺负俺老猪没有文化啊。”

“二师兄，师父怎么可能欺负你呢？自然是韩愈送不走‘穷鬼’才垂头丧气啊！”沙僧在一旁解释道。

“正如悟净所言，”唐僧悠悠开口，“《送穷文》中写道：‘主人于是垂头丧气，上手称谢，烧车与船，延之上座。’这句话的意思是主人于是垂头丧气，拱手称谢，把那柳条编的车、草扎的船烧掉，请穷鬼在贵客的座位上坐下。这篇《送穷文》说的其实就是韩愈抱怨‘智穷、学穷、文穷、命穷、交穷’五个穷鬼跟着他，使他难以实现自己的抱负，于是想将它们送走，但不承想五个穷鬼却用诙谐幽默的回答让韩愈无可反驳，最后……”

这时地面突然动了一动，唐僧不禁停顿了一下。

“保护师父！”悟空当机立断，挡到唐僧面前。八戒、沙僧也迅速站到唐僧身旁，警惕地看向周围。

“怎么回事？发生地震了吗？”八戒头上又流下几滴汗水，一副害怕的表情，再不复之前的沮丧神色。

“哈哈哈，圣僧莫怕，老儿我是这个山头的土地爷。”只见随着声音从地面冒出一个白胡子老头，“我此行是受文曲星老师之托来给你们指路的。”土地爷和蔼可亲地笑着，又看向八戒说道：“文曲星老师知道净坛使者你近期一改垂头丧气之势，活力满满，颇有当初天蓬元帅的风范，让老儿我转告一句，以后也要有如此精神才好。”

八戒小声哼哼道：“土地老头，你指路就指路，为何还要损俺老猪一句？还打断师父给我们讲故事。”又转过头对唐僧说：“所以最后到底怎么了？”

“八戒休得胡言！”唐僧对土地爷行了一礼，继续说道，“最后，韩愈发现自己错怪五个穷鬼了，只好垂头丧气地把它们留下，并且将它们奉为上宾。”

“然后韩愈就实现抱负了？”八戒张着嘴巴，一副不可思议的表情。

“阿弥陀佛，善哉善哉。韩愈就此成为一名大学士并名扬千

古。悟能莫要灰心，垂头丧气一时也无妨，只需重新打起精神，不向挫折低头。”唐僧劝慰道。

猪八戒听后备受鼓舞，又是挠挠脑袋擦擦汗，又是摸摸肚皮：“俺老猪知道啦，谢谢师父的鼓励！俺老猪好好学习，也能像大诗人韩愈一样有文化！”说着还把鼻子翘起来，一副洋洋自得的模样。

一行人听了八戒的话，再看看他哪里还有之前垂头丧气的样子，都感到开心和欣慰，于是谢过了土地爷，按照他指的方向向前走去。

文曲星驾到

垂头丧气（chuí tóu sàng qì）

释义：形容因失败或不顺利而情绪低落、萎靡不振的样子。垂头，耷拉着脑袋；丧气，神情沮丧。

近义词：萎靡不振、无精打采

成语造句：篮球比赛输了，同学们都垂头丧气的。

通关文牒

你能画一只垂头丧气的兔子吗？

答案：合理即可。

第六十三回

白虎岭遇白骨精，尽释前嫌妖现形

尽释前嫌

师徒四人又马不停蹄地在白虎岭里走了大半天，猪八戒实在扛不住了，嚷嚷道："师父我要休息、吃饭、睡觉！要不然没到西天俺就要饿死了！"

"八戒你脑袋里就只装着一个'吃'字！看看你那大腹便便的样子，该减减肥了。"孙悟空捏了捏猪八戒的肚皮，调侃道。

"俺老猪这叫富贵相，懂吗？倒是猴哥你啊，该好好补一补啦。"猪八戒大声反击道。

"嘿，越发会顶嘴了。那行，既然俺老孙不顶用，那你去替我们找个借宿之地，俺老孙正好歇息一下，养养身体。"说罢，孙悟空躺靠在树荫下，悠闲地跷起二郎腿。

"别呀，猴哥，俺老猪可没那意思。是俺嘴巴臭，该打该打！"猪八戒作势轻拍了自己的双颊，"降妖除魔属猴哥最能，要不然佛祖也不会独封你为'斗战胜佛'，而封俺老猪为'净坛使者'，这肯定是因为你功劳最大啊！"八戒面带微笑，走到孙悟空面前，顺势给他按摩了几下。

"每次化缘借宿，二师兄的这副面孔都会把人吓走，很少能成功，所以确实还是需要大师兄出马才能解决呀。"沙僧也在一旁附和道。

“不过想到之前的白骨精，俺老孙心里还是有点儿阴影，”孙悟空若有所思，“想当年，师父中了白骨精的奸计，直接把俺老孙撵走了。这一次又来到这白虎岭中，我担心还有白骨精再作祟。”

“大师兄，白骨精不是被你打死了吗？你瞎担心啥呀！”猪八戒不屑地说道。

孙悟空走向八戒，奸笑道：“这么多年过去了，万一还有白骨精的徒子徒孙存活，说不定他们会来找你报仇呀。”

“俺可没招惹白骨精，报仇也找不到俺身上。”猪八戒心里惊慌，却故作镇静道。

沙僧也插嘴道：“大师兄，你之前在宝象国救了师父，并且和师父尽释前嫌、和好如初了，相信这一次即使有白骨精后代作祟，师父也不会再上当的。”

“对呀，大师兄可不是那种斤斤计较的人，这点儿小事早应该忘记了。”猪八戒在一旁喋喋不休。

“两位师弟，我听文曲星老师讲过‘尽释前嫌’这个成语，它指的是把以前的怨恨完全丢开。我和师父当时只是闹了些误会，倒还没发展为仇恨，所以你们将它用在此处断不合适。”

“大师兄，你是只知其一，不知其二。它的另一个意思是重归于好。后来你和师父消除了误会，不就是重归于好嘛。”

“如此说来，倒也解释得通，不知师父怎么看呢？”孙悟空转向唐僧，诚恳地问道。

“为师认为悟净的解释是比较贴切的，它可以用在此处。你刚刚也说了，我们之前有些误会，但当年你能够顾全大局，不锱铢必较，在宝象国助我脱困，为师现在想来很是欣慰。”唐僧微笑着说道。

“哎呀，师父言重了，护卫您本就是俺老孙分内的事。”唐僧的一席话使孙悟空心里一阵欢喜，但他脸上仍是一副无奈的表情，“也罢，俺老孙就先去前方探察一番，看看有没有人家在此。八戒和沙师弟在此照顾好师父。”说罢，孙悟空“嗖”的一声，腾空飞走了。

“沙师弟，你也趁此机会去找些水来，我看师父也口渴了。”八戒向沙僧吩咐道。“我看是你口渴了吧。”沙僧愤愤地说道。正当两人还要再争论，却听到唐僧指着前面的一棵树说道：“徒儿们，你们看前面树下是不是有个人呀？”八戒和沙僧顺着唐僧手指的方向看去，果然树荫下像是趴着一个人。

三人赶紧过去查看，这猪八戒赶在了前头，先探明了情况。“原来是一只小鹿呀。咦？它的后腿好像受伤了，还流着鲜血呢。”八戒转身对唐僧说道。

唐僧听后，赶忙就要上前救助小鹿。说时迟那时快，孙悟空赶了回来，他大声喊道：“师父且慢，切莫靠近那只鹿！”

“悟空，为何不让为师救助它呢？”唐僧疑惑地问道。

“师父，刚刚俺用火眼金睛察看，这小鹿乃是妖怪变化的，俺老孙觉得它是想趁机将您掳走。”孙悟空忙回道。

“就凭你的一句话，俺老猪很难信服。”猪八戒在一旁表示反对。

“为师怎么看也看不出这可爱的小鹿是妖怪啊，悟空切莫再纠缠，万一浪费了时间，就会痛失一条生命。”唐僧在一旁焦急地说道。

沙僧也插嘴道：“大师兄，切莫重蹈覆辙。你之前在宝象国已经和师父捐弃前嫌，这一次切莫在没有证据的情况下就随意指认妖怪，以免再生嫌隙啊。”

“好，那俺老孙就证明给你们看，让你们看看这妖孽的原形！”孙悟空说罢便从怀中掏出一面照妖镜，照向那只小鹿。照妖境瞬间光芒四射。只见那只小鹿在光亮中现出原形，果真是一只白骨精。

没想到那白骨精甚是精明，他趁着孙悟空晃神的工夫，便从嘴里吐出烟雾迷乱众人视线，而后迅速遁入地下逃走了。

“原来真的是妖怪，幸亏悟空及时出现，要不然为师又要被捉走了。哎，差点儿又误会悟空了，真是罪过罪过。”唐僧抹着满头的汗水，心有余悸。

“师父，此地不宜久留，咱们还是快走吧。”悟空对着唐僧说道。

唐僧听罢便吩咐徒弟们带好行李，骑上白龙马向前方走去。

文曲星驾到

尽释前嫌（jìn shì qián xián）

释义：把以前的怨恨完全丢开，一般指重归于好。尽释，完全放下。

近义词：捐弃前嫌、冰释前嫌

成语造句：两个人经过真诚的沟通，彼此尽释前嫌，言归于好。

通关文牒

小明同学向老师解释成语“尽释前嫌”的“嫌”字，说它是“嫌弃”的意思，你觉得对吗？除了这个成语，你还能列出包含“嫌”字，且与该成语中“嫌”字意思相同的词语或成语吗？

答案：不对，“尽释前嫌”的“嫌”指的是怨恨、仇恨。相关词语或成语有嫌隙、嫌怨、捐弃前嫌、冰释前嫌。

第六十四回

悟空八戒频斗嘴，成语故事共学习

淋漓尽致

师徒四人又走了几个时辰，终于来到了出口附近。

“哎哟，我的老天爷，终于要走出这破地方了，”八戒又开始叫唤起来，“俺老猪都要被渴死了！”

沙僧从行李里拿出装水的葫芦摇了摇，苦着脸道：“我们也快走了一天了，大部分水都被二师兄喝了。师父也太偏心了，吃的给二师兄最多，水也给他喝得最多。”沙僧有点儿不满。

“沙师弟，你这话就不对了！俺老猪块头大，耗水量自然大，师父这是按需分配，公平得很啊！”

“你多吃多占就是公平？哼！”沙僧愤愤地说道。

八戒很不服气，反驳道：“天气这么热，你们几个人都不打紧，俺老猪呢，浑身大汗，都快要被蒸熟了，还不该多喝点儿水吗？要不是这山里没信号，我早就点个豪华冰饮套餐外卖啦！”

孙悟空翻了一个白眼，嗤笑道：“哼，你整天就知道吃吃喝喝，真是把猪的本色表现得淋漓尽致！”

“猴哥，虽然我没有证据，但是我怀疑你在骂我！”八戒气得鼻孔里直冒烟，“什么淋漓尽致啊？谁要离开自己家的林子，到哪儿去，跟俺老猪有什么关系？”

“二师兄你错了，**淋漓尽致是一个成语。‘淋漓’乃树**

林的‘林’和离开的‘离’二字左边加上‘氵’这个偏旁，”沙僧马上纠正，一边说一边用手指在空中将“淋漓”二字写了一遍，接着解释，“淋漓呢，是形容湿淋淋地往下滴，比喻尽情、酣畅；而尽致呢，则是达到极点的意思。这个成语的意思是形容写文章或说话表达得非常充分、透彻，或非常痛快。”

“哦？听沙师弟你这么一说，猴哥是在夸俺老猪写文章和说话很厉害咯？想不到猴哥你还是有点眼力的！”八戒眉毛一挑、耳朵一竖，开始得意扬扬起来。

“八戒，”这时唐僧突然说道，“分析一句话要结合语境，才能理解其真正含义。”他又对着悟空说：“悟空，你也休要再欺负八戒了。”

“师父，你这可就错怪俺老孙了，俺只是给八戒说个成语罢了，哪有什么坏心思啊！”悟空这样说着，却笑得一脸不怀好意。

八戒眨了眨眼睛，终于反应过来：“好啊，猴哥！你就是在讽刺我吧！”说着便挺了挺大肚皮，和孙悟空打闹起来。

只见这厢，八戒伸出肥手想要抓住悟空的衣领，悟空灵活转身反而抓住了他的手，两人双手相抵，一时间难分难解。但是自从取经回来后，八戒就再也没怎么活动，他哪里斗得过齐天大圣呢？纵使他将吃奶的力气都用上了，还是没办法赢得这场战斗。最后他累得气喘吁吁，只能选择退步。

孙悟空看着八戒满头大汗的样子，嘲笑道：“瞧你这样子，说不过又打不过，还是多读读书和锻炼身体吧！不然真成一头懒猪了，哈哈哈！”

“你这弼马温给我等着，要不是俺老猪缺吃少喝没有力气，根本就没有你欺负我的份儿！”八戒放狠话道。

“悟空、八戒，勿要再闹。”唐僧看不下去了，开口道，“君子动口不动手，既然悟空你方才在讲成语，那就应该让八戒彻底理解这个成语，以免日后他再被别人嘲弄。”

“就是！猴哥也不教教我这个成语的来源和其他故事，未免也太不厚道了吧！”八戒趁机发难。

孙悟空一下被噎住了，支支吾吾半天，闹了个大红脸，过了许久才说道：“俺老孙一时之间忘记了。”

八戒“哼”一声，反过来嘲笑悟空：“还好意思笑话俺老猪只知道吃吃喝喝，我看大师兄你也只会打打闹闹吧！”

沙僧看孙悟空尴尬得直挠头，连忙上前解围：“二师兄，我来替大师兄说吧。**‘淋漓尽致’出自明代李清的《三垣笔记·崇祯补遗》。这本书里说，有一本名为《酌中志略》的书，把明代那个号称九千岁的大太监魏忠贤和客氏骄横跋扈的样子描绘得淋漓尽致**。”

“啊！那俺知道了！是不是可以这样说，”八戒插话道，“沙师弟把勤劳的精神发扬得淋漓尽致？”

唐僧满意地点点头：“善哉，八戒能够立马举一反三，为师甚感欣慰啊。”

“所以说，二师兄并不是只知道吃吃喝喝，他是非常聪明的！”沙僧听八戒间接地夸奖了自己，开心地笑着说道。

悟空一看师父和师弟们有说有笑，留他一人独自尴尬，一时间感到万分羞赧：“你们！哼，没想到最后小丑竟是我自己！”

沙僧却朝向唐僧调皮地问道：“师父，大师兄这算不算理屈词穷了？”

唐僧一下子被逗笑了。八戒听罢更是笑得捂着肚子直不起腰，连连说道：“没想到沙师弟你也这么会损人，哈哈哈哈……”

突然，只顾着嘲笑悟空而没有注意脚下的八戒被一块石头绊倒，“圆润”地滚了几圈后撞上了一个东西。

“哎哟喂！哪个遭天谴的在大马路中间放一块儿石头，我真是倒了大霉！”只听他骂骂咧咧道。

八戒定睛一看，发现自己身旁竟是一口被草丛掩盖的古井！

突如其来的惊喜让他忘记了摔倒的疼痛，他立马起身大喊：“师父、大师兄、沙师弟！快来啊！这里有一口井，我们有水喝了！”

围过来的三人看到水井都不禁喜笑颜开，八戒更是喝了个**酣畅淋漓**。

四人彻底解了渴后，便朝着不远处的出口走去。走在前面的唐僧感叹道：“这真是踏破铁鞋无觅处，得来全不费工夫啊！”

“师父，等等我——”落在后面的八戒还在不停地往自己的葫芦里装水，一边舍不得清凉的井水一边喊。待到八戒追上三人的步伐，四人一马便又继续向着远方出发了。

文曲星驾到

淋漓尽致（lín lí jìn zhì）

释义：形容写文章或说话表达得非常充分、透彻，或非常痛快。淋漓，形容湿淋淋地往下滴，比喻尽情、酣畅；尽致，达到极点。

近义词：酣畅淋漓、痛快淋漓

成语造句：她把故事中的人物性格表现得淋漓尽致。

通关文牒

你能写出两个字及以上是同一个偏旁部首的成语吗？看看谁写得又多又快。

答案：淋漓尽致、洋洋洒洒、波涛汹涌、惺惺相惜

第六十五回 秀丽风景迷人眼，师徒情深忆往事

寸草春晖

师徒众人离开白虎岭，来到了一片平原。平原上生机盎然，蝴蝶在群花中飞舞，小虫在绿草中蹦跳。阳光灿烂，绿树成荫，行走在其中让人的心情也变得平静。

前方再行数百里便是宝象国的地界，看着这美丽的景象，猪八戒触景生情，不禁回忆起往事："想当年猴哥被师父逐走，回了花果山，就剩下俺和老沙。当时我们的取经队伍人心浮动，俺老猪差点就躲回高老庄去了。"

唐僧听后感慨道："唉，当时为师也是受了白骨精的蒙骗才错怪了悟空。如果那个时候悟空能在身边，我也不会被黄袍怪那般羞辱。唉，为师真是羞愧不已啊！"

"师父可不要这么说，想当年还是你把我从五指山下救出来，使我得以解脱，而后又带我西行取经，俺老孙也因此修成正果，成为这斗战胜佛。师父对我的恩情，就像那个什么小草一样……报答什么阳光。"孙悟空急得抓耳挠腮，一时竟忘了该如何表达。

"大师兄，你是不是想说师父对你的恩情如寸草春晖般深厚？"沙僧在一旁问道。

"对对对！沙师弟你这次可真是我肚子里的蛔虫，说到我心

坎上了。就是这个意思！”孙悟空忍不住拍了一下沙僧的肩膀，激动地说。

“这一寸的小草，如何能说深厚呢？前后不通顺啊，倒不如说是亿丈草！”猪八戒嚷嚷道。

“八戒，你成心找碴是吧？”孙悟空一只手揪住八戒的耳朵，“小心俺老孙拿你的猪耳下饭。”

“二师兄说笑了吧。大师兄所说的，是为了表达自己如**小草般微薄的心意报答不了春日阳光的恩情，**和草的长短无关。再说了，这世间哪里有长成亿丈高的草呀！”沙僧说得头头是道。

“老沙你是不是吃了火药？像机关枪一样开火，就只针对俺呀。”猪八戒撇了撇嘴，不满地说。

这时唐僧站了出来，打断了这场“唇枪舌战”。“徒儿们，你们听过‘谁言寸草心，报得三春晖’这句诗吗？”唐僧微笑道。

沙僧连忙抢先回答：“师父，这是**唐代大诗人孟郊的《游子**

吟》中的诗句。”

“是的，俺老猪记得孟郊的这首诗是赞颂母爱的。猴哥所用的‘寸草春晖’就是出自这里。”猪八戒瞄了悟空一眼，还不忘哼唧一声。

“而且‘寸草春晖’这个成语通常用来比喻父母的恩情，子女难报万一。”沙僧在一旁补充道。

“既然是用来比喻父母的恩情，而猴哥是从石头缝里蹦出来的，无父无母，因此俺老猪认为此处使用‘寸草春晖’是非常不恰当的！”猪八戒信心满满地拍了拍胸脯。

“你懂什么！所谓‘一日为师，终身为父’，师父如同我的再生父母。‘寸草春晖’如何使不得？”孙悟空大声反驳道。

八戒一听，整个人瞬间像一个泄了气的皮球，马上瘪了下去。“要是这么说的话，俺老猪便没有什么可说的了。”他小声嘀咕道。

“好了，徒儿们，莫再起无端的争吵。悟空的心意为师懂了。上一次我把你逐走，还说出那般伤人的话语，确实有些无情无义，事后我也追悔莫及。好在你能摒弃前嫌，回来助我脱困，以后我再也不会轻易冤枉你，随意动怒赶走你了。”唐僧动情地说道，留下了两行热泪。

孙悟空一时间也被唐僧的话所感动，便拍着胸脯说道：“师父，乌鸦尚有反哺之私，你就像俺的再生父母。你放心，取经的路上俺老孙定会尽心尽力，护佑你的周全。”

师徒众人都沉浸在回忆之中，边走边谈论了许多往事。这时八戒说道：“师父，咱们说了这么久，俺的肚子早就饿得咕咕叫了。这处风景如此秀丽，不如今天就在此找处人家借宿，早点儿吃饭吧！”

“八戒你成天光想着吃啦，看你这大腹便便的样子，该减减肥了。”孙悟空调侃道。

“不过也确实到了饭点了，是该找个歇脚的地方了。俺老沙也确实有些饿了。”沙僧微笑着替八戒解围。

“这里风景优美，不如八戒去寻个落脚处，化些斋饭，我们好休息一个晚上。”唐僧提议道。

“师父的提议甚好。不过就八戒这肥头大耳的模样，我担心斋饭没有化来，反而被这宝象国的民众当成妖怪抓起来了。”孙悟空一脸坏笑道。

“大师兄，此言差矣。俺老猪虽然相貌丑陋了些，但是心地善良，且能言善辩。就凭俺这三寸不烂之舌，定能给你化来一桌子的饭菜，你信是不信？”猪八戒自信满满地说道。

“好，今天你可是夸下海口了，俺老孙就信你一回！如果化不来，俺老孙可就要把你当成饭菜了。”孙悟空嘿嘿一笑，双眼直勾勾地盯着八戒说。

猪八戒被他盯得有些慌乱，赶紧转身走开，边走边喊：“师父，你就瞧好吧，俺老猪定会给你化来好吃的。沙师弟，你可要看护好师父，莫要大意。”

八戒刚走，沙僧便说：“大师兄，二师兄这次靠谱吗？他还没去化缘，便夸下了海口，如果最后化不来斋饭，咱们岂不是都要饿肚子？”

“悟净，咱们要对八戒有信心，难得他这次这么主动地去做事。即使八戒最后化不来斋饭，我这里还有昨日剩余的米饭，也能凑合一顿。咱们师徒坐下来用膳，有美景相伴，足矣。”唐僧望着这生机盎然的平原，神色平静，面带笑容。

没想到还不到一炷香的工夫，那猪八戒便一蹦一跳地回来了，兴高采烈地边跑边喊：“师父，师父！俺找到了！就在前面不远有一处村庄，炊烟袅袅的！”他跑到唐僧面前，喘着气说：“俺老猪运气好呀，没想到那么快就能找到借宿的村庄呢！”

沙僧对他竖起大拇指，唐僧也满意地点了点头，只有悟空在一旁嘀咕：“什么运气好？就是走了狗屎运罢了。”

文曲星驾到

寸草春晖（cùn cǎo chūn huī）

释义：小草微薄的心意报答不了春日阳光的恩情，比喻父母的恩情，子女难报万一。寸草，小草；春晖，春天的阳光。

近义词：反哺之私、春晖寸草

成语造句：对于我们的祖国，我们总是怀有寸草春晖之情。

通关文牒

请你来判断对错：以下成语与诗词的搭配是否正确？

①寸草春晖——谁言寸草心，报得三春晖——孟郊《游子吟》（　）

②柳暗花明——山重水复疑无路，柳暗花明又一村——辛弃疾《游山西村》（　）

答案：①√ ②×

第六十六回

猪八戒瞒天过海，热心帮厨有所图

瞒天过海

师徒四人终于赶在天黑前找到了借宿的村庄，唐僧敲开了村口一户人家的柴门，说明来意。这张老汉一听说唐僧一行人的来意，便热情相邀。“众位师父，老汉家里也没有什么山珍海味，稍后备一桌斋饭，还望一起享用。”张老汉毕恭毕敬地向众人行礼。

待唐僧众人进到屋内，这张老汉便招呼家人准备斋饭。猪八戒赶紧问道：“老人家，还要多久才能吃上斋饭呀？”张老汉一听笑道：“师父们，大概一炷香的工夫就好了，少安毋躁。”

猪八戒眼珠子骨碌一转，心想：“这斋饭一时半会儿好不了，在这里干等真是无趣，只能听到俺老猪的肚子咕噜直叫。咦，不如去厨房帮厨，说不定还能趁机找点东西吃。哈哈，俺老猪可真聪明。走着，说干就干。”

“师父、大师兄，你们平时总说俺好吃懒做，今日俺老猪便表现一下，去厨房帮厨，有机会的话也秀一下厨艺。”猪八戒嘚瑟地挑了挑眉。

“哟，今天这太阳打西边出来了？八戒居然要主动帮忙，真是奇哉怪也。”孙悟空总喜欢调侃猪八戒。

猪八戒也不理会孙悟空的讥讽话语，得到唐僧许可后，便径直跟着张老汉去了厨房。

踏进厨房，只见桌子上摆着一大碗水嫩嫩的豆腐，还有白萝卜、白菜、水晶柿子，特别是那圆滚滚的大西瓜，正是八戒心心念念的美味啊！猪八戒看得口水直流，心中狂喜。他见众人都忙着做饭，便眼疾手快地挖下一块豆腐，狼吞虎咽地吞入肚中。

可惜这寡淡无味的豆腐并不能让八戒过嘴瘾，他两眼直勾勾地盯着那和自己的肚子一般大的西瓜，心里打着小算盘。“老人家，我帮您把这西瓜切了吧。”猪八戒“热心”地张罗着。张老汉那边正忙着炒菜，便回了一句：“猪长老，你看看有什么活能干的，搭把手就行。”听罢，八戒笑呵呵地应了一声“好嘞”，便拿起菜刀，快速地切下了一大块西瓜，自己躲在一边大快朵颐，吃了个痛快。不一会儿，厨房里能吃的东西都被八戒偷摸着尝了个遍，他心满意足地打个饱嗝。与此同时，斋饭也都准备妥当了。

张老汉和他媳妇在屋子里的圆木桌上摆满了饭菜，有小葱拌豆腐、盐焗白萝卜、辣炒白菜、水晶柿子等，还有一大盆手擀面，而这些正是八戒刚刚在厨房偷吃过的。张罗完毕，张老汉招呼众人落座就餐。

唐僧等人看着这一桌子热气腾腾的饭菜，心怀感恩，手掌合十道谢。众人纷纷落座，津津有味地品尝饭菜。然而，唯有一人心不在焉，毫无食欲可言，这人正是在厨房偷吃吃饱了的猪八戒。

“二师兄，你刚刚还喊着饿得不行了，怎么这会儿看着好像又没有胃口呢？”沙僧看到八戒皱着眉头，疑惑不解地问道。

“嗝——”八戒正想回答，但禁不住打了一个饱嗝，牙缝里

还残留着柿子渣。

“你是不是在帮厨的时候偷吃了许多呀？俺就知道，你当时主动要求帮厨就没安啥好心。”孙悟空一语道破猪八戒的心思。

“哦哦，二师兄真是高明啊，好一招**瞒天过海**呀！”沙僧在一旁嘲讽道。

“什么天呀海的，俺老猪可是一直在帮厨，哪里也没去。”猪八戒还在狡辩。

“你又在装傻是吧？沙师弟是说你**欺骗的手段很高明**。你这家伙平时一副憨厚老实的样子，没想到这次**你掩人耳目，用欺骗的手段暗中进行活动**，自己倒是提前吃得津津有味呀。”孙悟空抓住猪八戒的袖子大声斥责道。

猪八戒眼看自己的小九九被拆穿，但死不承认错误，依旧还想狡辩：“什么瞒天过海，什么欺骗，俺老猪向来光明磊落，不懂你们说的是什么。”

“你还在装傻。沙师弟，你来给他讲讲什么是‘瞒天过海’。”孙悟空怒气冲冲地说。

“二师兄，这‘瞒天过海’的意思是**瞒住上天，偷渡大海，它比喻用谎言和伪装向别人隐瞒自己的真实意图，在背地里偷偷地行动**。你口口声声说自己去厨房帮厨，但是真实的意图就是偷吃，你这行为就是瞒天过海的欺诈行为。”沙僧愤愤不平地说道。

猪八戒面露尴尬之色，小声说道：“俺老猪实在是饿得不行了，你们就饶过我吧。再说了，我也没有做出什么过激行为，那煮饭的火还是俺老猪帮忙烧的呢。”

“老人家，你不能轻易原谅八戒。他肯定在你们忙着做饭时偷偷摸摸地吃了很多好吃的。”孙悟空喋喋不休，不肯放过八戒。

张老汉见状，开口帮八戒解围，哈哈大笑道：“孙长老息怒，刚刚猪长老确实是帮我们劈了柴、担了水，又帮忙烧了火的。其间也是出了很多力气，做了不少的事情呢。”

“既然八戒确实帮了不少忙，悟空、悟净你们就不要再埋怨他了，先吃完这顿斋饭再说。”唐僧也在一旁解围道，“八戒，你明日再去帮施主担些水、劈些柴，也算是弥补今日的过错。”

猪八戒看到张老汉和唐僧都在帮自己解围，赶紧说道：“师父，您不用担心。也不用等到明天，俺老猪现在就去干活，正好能消化消化。”说罢，便卷起袖口，抄起扁担，提着水桶到院门外去担水了。

“哈哈，唐长老，我倒觉得猪长老是个性情中人，还有些可爱呢。诸位，赶紧用斋饭吧，要不然凉了就不好吃了。”张老汉在一旁说道。

孙悟空一看猪八戒主动去干活，便在一旁拍手鼓掌，心想：“真拿他没办法，今日他认错的态度倒是诚恳，真是孺子可教也。”

众人津津有味地吃着斋饭，而猪八戒也在门外干得热火朝天……

文曲星驾到

瞒天过海（mán tiān guò hǎi）

释义：瞒住上天，偷渡大海，比喻用谎言和伪装向别人隐瞒自己的真实意图，在背地里偷偷地行动。

近义词：掩人耳目、瞒天昧地

成语造句：他瞒天过海骗得许多财物，但终究难逃法律的制裁。

通关文牒

请你用“瞒天过海”来造一个句子。

答案：他行骗的手段很高明，竟然让他瞒天过海，逃过了警察的追查。

第六十七回

再次路经黑松林，今非昔比认不得

今非昔比

唐僧师徒在张老汉家吃了一顿饱饱的斋饭，又睡了一个好觉，第二天都精神焕发，收拾妥当便早早上路了。

唐僧骑在马上，高声呼喊道：“徒儿们，时间紧迫，咱们吃饱喝好了就要抓紧赶路。”猪八戒虽然极不情愿，但也是敢怒不敢言，只能拖着九齿钉耙硬着头皮跟着众人走了。他嘴里还是忍不住小声嘟囔道：“苍天啊，救救俺老猪吧，再赶路俺老猪就要累瘦了！”

孙悟空由于事先向张老汉询问了路线，便走在前头带路。众人穿过一个山谷后，眼前豁然开朗。只见在山谷口处分出一个十字路口，旁边立着路牌。孙悟空上前察看后，告诉大家那路牌指明在东北方十里处便是黑松林。

猪八戒一听到“黑松林”三个字，身上的毫毛即刻立起来：“啥，黑松林？师父，我们赶紧绕路吧，可千万别去那里了。”

沙僧在一旁笑道：“二师兄，你是怕那黑松林的黄袍怪吗？哈哈，别怕，他早已经被大师兄降服了。”

经沙僧一提醒，猪八戒拍着脑门“哦”了一声，道：“你看看俺老猪这记性，把这茬儿给忘了。不过咱们不可掉以轻心，虽说那黄袍怪不在了，但是此地穷山恶水，不知又会生出什么妖怪。依俺看，为了保险起见，咱还是绕行吧！”说完提着九齿钉耙转身就走。

孙悟空看到猪八戒这副怂样，嘲笑道：“你什么时候胆子变得这么小了呀？更何况**今非昔比**，我们都已成佛，更不用担心了。”

“猴哥，按照你的意思，我们现在还比不上过去，那我们应该更加小心啊！”猪八戒扭头质疑孙悟空。

孙悟空说道：“你是不是故意和我唱反调，俺老孙啥时候说过现在比不上过去了，你可不要曲解俺的意思啊！”

“你刚刚不是说什么‘今非昔比’吗？不就是想表达现在比不上过去吗？”猪八戒继续辩解道。

孙悟空听后无奈地摇摇头，说道：“八戒，我看你真的要好好补一补成语知识了，以后别再闹出笑话来了。俺老孙所说的**‘今非昔比’中的‘昔’是过去的意思，‘非’有不是的意思，说的是如今的形势不是过去的形势比得了的，也就是现在的情形要好于过去，多指形势、自然面貌等发生了巨大的变化。**”

“哎，俺以为是现在比不上过去呢，原来是俺理解错了。我怎么不记得师父讲过这个成语呢？”猪八戒面露尴尬之色，为自己的无知辩解着。

沙僧在一旁看不下去了，拉着猪八戒小声道：“二师兄，是你自己没用功学习，怎么能埋怨师父没教呢？当时师父还强调过，这**‘今非昔比’出自宋代著名词人李曾伯的《贺新郎·自和前韵》，词曰：‘问讯南州守。怅吾生，今非昔比，后犹今**

否？’怎么样，二师兄，有印象了吗？”

猪八戒顿了顿，摸着头想了一下，说道：“哦，俺老猪想起来了，师父确实讲过，是俺给忘记了。”猪八戒想为自己刚刚胆小的表现挽回点儿颜面，于是慷慨激昂地说道：“确实，如今我们都已成佛，实力大增，那黄袍怪也早已被猴哥降服，我们没有理由害怕！不绕路了，咱们直接过去。”

“既然八戒也同意了，那你就在前面打头阵，俺老孙殿后。八戒你可不要被吓破胆，变成‘胆小猪’哦！”孙悟空调侃道。

猪八戒一向好面子，听到孙悟空调侃，立马拍拍胸脯：“俺当年也是统领数十万天兵的天蓬元帅，妖怪要是敢来，来一个俺打一个，来两个打一双。”话音刚落，突然从树丛里窜出一只野鹿。八戒猝不及防，大喊道：“哎哟，我的妈呀！”吓得一下子蹿到树上去了。

这一幕被大家尽收眼底。沙僧看着八戒的搞笑动作，大笑道：“师父、大师兄，你们看看二师兄这般模样，是不是就是传说中的‘飞猪上树’呀？”

众人看向八戒，都哈哈大笑起来。

猪八戒赶紧跳下来，强装镇定地整理了一下衣服，继续向前走。

众人又走了十里路，到了黑松林，没想到眼前已经不是之前穷山恶水、凄惨瘆人的黑松林了。只见这里绿树成荫，成片的良田里长满了绿油油的庄稼，远处还有一个挂满水果的果园，一派祥和安宁的景象。

猪八戒见了眼前这景象，自言自语道：“真是奇了怪了，这还是俺老猪印象中的黑松林吗？这不就是世外桃源嘛！真是**日新月异**，让俺老猪大开眼界呀！”

沙僧、唐僧也和猪八戒一样惊讶，不敢相信这就是当年的黑松林。唐僧于是吩咐孙悟空：“悟空，此间的景象与当年相差甚远，你赶紧去寻个人家问明情况，为师担心我们走错了方向。”

话说孙悟空当年被唐僧赶回了花果山，并没有到过黑松林，所以并不知晓当年的景象。他见众人的反应异常，也警惕起来：“师父，您暂且在此等候俺老孙。二位师弟保护好师父，在俺回来前，千万不要离开师父半步！”

说罢，孙悟空便腾空而起，去寻找人家问明情况去了。

文曲星驾到

今非昔比（jīn fēi xī bǐ）

释义：现在不是过去能比得上的，多指形势、自然面貌等发生了巨大的变化。昔，过去。

近义词：日新月异

成语造句：经过数十年的艰苦奋斗，中国早已今非昔比。

通关文牒

有个人叫明明，他小时候住的村子的后面有一座小山包。后来，明明外出求学工作多年，最近回家探亲，发现村后面的小山包已经不见了，取而代之的是一座炼油厂。你觉得这种情况用哪一个成语来形容比较合适呢？请说明你的观点和理由。

答案：今非昔比、日新月异。

“今非昔比”常用来形容形势、实力、自然面貌等发生巨大变化。村后面的小山包变成了炼油厂，自然面貌发生了变化，用今非昔比来形容是恰当的。

“日新月异”的意思是每天都在更新，每月都有变化，它指发展或进步迅速，不断出现新事物、新气象，用在此处也是恰当的。

第六十八回

猪八戒偷睡懒觉，美梦到头皆是空

黄粱一梦

孙悟空前去察看情况，留下沙僧和猪八戒在原地守护唐僧。过了一炷香的时间，猪八戒便觉得度日如年、焦躁难耐，又开始嘟嘟囔囔了："这猴子打听个事情也太慢了，让俺老猪在这里干等着，他要是再不回来，俺就被晒成猪肉干了。"

猪八戒在那里来回踱步。看着唐僧和沙僧坐在树荫下打坐，他忽然转念一想："趁着那猴子不在，俺老猪正好去找个地方补补觉。"

没想到，这八戒刚想实施自己的计划，孙悟空就恰巧回来了，说是在前面找到了一户人家，可以借宿。八戒悲喜交加，悲的是没法睡懒觉要继续赶路，喜的是很快就可以借宿吃饭了。众人在孙悟空的带领下很快就来到了农户家。这农家老汉很是热情，招呼众人赶紧进门，又喊着自己的老婆子张罗饭菜。

八戒饥渴难耐，忙问老汉："施主，你这是要给我们准备什么好吃的呀？"那老汉拉着八戒来到厨房，回道："这位长老，你看看，这黄米金灿灿的，多诱人呀！今晚老朽给各位蒸这黄米饭吃，这也是我们当地的特色。"

八戒心想："今晚可有口福了，俺可要吃他个三大碗。"他边想边往外走，瞧见唐僧正在打坐，而沙僧和孙悟空也在饮茶聊天。“哎，终于可以歇一会儿了。”他松松肩膀，一阵酸痛感突袭而来。猪八戒转念一想：“趁着现在没人关注俺，赶紧找个地方补补觉。”

说干就干，猪八戒偷偷出门，在门外的树荫下躺下，头枕着九齿钉耙，四仰八叉的，不一会儿便呼噜呼噜地进入了梦乡。

一晃眼，猪八戒身着金光闪闪的战衣，踏入金碧辉煌的天庭大殿。玉皇大帝见其取经成功，修成正果，下令封他为大元帅，让他统帅天庭所有兵马。八戒的身边瞬间鼓声不断，响彻云霄，他感觉自己风光无限。他风头正盛，各位神仙纷纷祝贺，而他的仙宫一时间也是迎来送往，好不热闹。这大元帅也正是蟠桃大会的主角，座位居于正中间，前来敬酒的神仙也是络绎不绝。梦中的场景极其热闹，惹得猪八戒呓语，嘴里念叨着：“吃啊，喝呀，都别客气，今天是蟠桃大会，大家敞开肚子吃！”说完还举起手挥舞着。

不料想，八戒这美梦做得正酣，突然一群麻雀飞过，一只落在了他的鼻子上，在上面蹦蹦跳跳。麻雀突然对着他的鼻子狠狠地啄了一下，只听“哎哟”一声，猪八戒痛得猛然惊醒，双手捂着鼻子，而那麻雀也被八戒的喊叫声吓飞了。

“真晦气，打扰俺这难得一见的美梦。”猪八戒悻悻而归。他一进门就往厨房跑去，结果发现黄米饭还没熟，无奈只能返回屋内。好巧不巧，他进门就和沙僧撞个满怀。“今天这是怎么了，怎么倒霉的事情都发生在我身上！”八戒揉了揉额头，满肚子牢骚，“沙师弟，俺刚刚梦见自己当了大元帅，天天吃山珍海味，结果被一只麻雀吵醒了。本想着醒来就有饭吃，结果发现黄米饭还没熟，真是郁闷呀！”

沙僧听后哈哈大笑道：“二师兄，你这就是那卢生的**黄粱一梦**嘛！”

猪八戒不解，歪着头，咬着手指问道：“这黄粱怎么和一梦扯上关系了呢？”

沙僧看着八戒这呆呆的样子，解释道：“这**‘黄粱一梦’原指黄米饭尚未蒸熟，一场好梦已经做醒，用来比喻虚幻、不能实现的梦想，后比喻荣华富贵如梦一般，短促而虚幻。**这不正是二师兄你刚刚所经历的吗？”

猪八戒“啊”了一声，惊道：“你别说，这个成语不就是为俺老猪量身打造的嘛！难道是有人知道俺今天会有这般经历，特意创造出的这个成语。”

沙僧被这无知的言论逗笑，赶忙说道：“二师兄，你说的未免太离谱了。这‘黄粱一梦’出自**唐代沈既济所著的传奇小说《枕中记》，书中说：‘卢生欠伸而寤，见方偃于邸中，顾吕翁在旁，主人蒸黄粱尚未熟，触类如故，蹶然而兴曰：“岂其梦寐耶？”’**怎么可能是为你创造的？”

猪八戒叹气道：“俺还以为有哪位仙人知道俺老猪的处境呢，看样子这卢生也是和俺老猪同病相怜呀！”

沙僧见八戒情绪低落，便安慰他道：“二师兄，这梦中的场景本就是虚幻的，就像那**南柯一梦**虚无缥缈，何必留恋呢？不如珍惜当下，好好完成我们的取经任务。”

两人正说话间，老汉的声音传来：“开饭了，热气腾腾的黄米饭新鲜出炉啦！”

猪八戒听到老汉的叫声，“嗷”的一声拔腿便跑，高兴地说："俺老猪今天终于要如愿以偿吃到饭了。沙师弟赶紧过去呀，去晚了可就没饭吃啦！"

望着飞奔的猪八戒，沙僧留在原地独自叹息："我的话还没说完呢，二师兄倒好，就只想着吃，果然是个乐天派，见到吃的啥烦恼都没有了。"他摇摇头，也跟了上去。

文曲星驾到

黄粱一梦（huáng liáng yī mèng）

释义：黄米饭尚未蒸熟，一场好梦已经做醒，原比喻虚幻、不能实现的梦想，后比喻荣华富贵如梦一般，短促而虚幻。黄粱，小米。

近义词：南柯一梦

成语造句：他猛然醒来，刚才的景象原来是黄粱一梦，他不禁暗笑自己。

通关文牒

吕翁在邯郸旅行，于客舍中见少年卢生因功名不遂而失意长叹，就给了他一个瓷枕。这时，客舍主人正在蒸黄粱。卢生就枕，恍惚中进入枕内，与大族崔氏成婚，并中进士，此后历任显官，屡建功业，位崇望重，贵宠无比。其间因遭人忌害，他也曾两度贬往岭南，后年逾八十，因病去世。卢生伸个懒腰醒来时，见客舍主人蒸饭未熟，方知五十余年的荣悴悲欢不过是一梦而已。

以上这个故事，你知道它的名字是什么吗？它出自哪里？你还知道与它相关的几个故事吗？

答案：故事名为"黄粱一梦"，出自唐代沈既济的《枕中记》，与此相关的还有南柯一梦、邯郸一梦。

大话成语学堂 5

跟着特级教师巧学成语

陈琴 主编 郭婉玉 孟阳 编

人民邮电出版社
北京

图书在版编目（CIP）数据

大话成语学堂 ： 跟着特级教师巧学成语. 5 / 陈琴主编 ； 郭婉玉，孟阳编. -- 北京 ： 人民邮电出版社，2023.6
ISBN 978-7-115-61102-4

Ⅰ. ①大… Ⅱ. ①陈… ②郭… ③孟… Ⅲ. ①汉语－成语－小学－教学参考资料 Ⅳ. ①G624.203

中国国家版本馆CIP数据核字(2023)第023954号

内 容 提 要

唐僧师徒四人又遇到了白骨精，但这个白骨精好像和之前的不太一样……他们能顺利脱险吗？一路上，他们还遇到了很多“老朋友”，又会发生什么新鲜事儿呢？

在这一册中，请你紧跟他们的脚步，一起来探寻“布衣之交”“四面楚歌”“亡羊补牢”“柳暗花明”“流芳百世”等成语背后的故事，完成一次难忘的西游之旅吧！

本书依托《西游记》中鲜活的人物形象，将历险故事与成语知识紧密结合，让孩子在快乐阅读中追溯成语本源、纠正成语误用、发现成语妙用。

◆ 主　　编　陈　琴
编　　　　郭婉玉　孟　阳
责任编辑　朱伊哲
责任印制　周昇亮

◆ 人民邮电出版社出版发行　　北京市丰台区成寿寺路 11 号
邮编　100164　　电子邮件　315@ptpress.com.cn
网址　https://www.ptpress.com.cn
天津千鹤文化传播有限公司印刷

◆ 开本：880×1230　1/32
印张：16.625　　　　2023 年 6 月第 1 版
字数：372 千字　　　　2023 年 6 月天津第 1 次印刷

定价：158.00 元（全 6 册）

读者服务热线：(010)81055296　印装质量热线：(010)81055316
反盗版热线：(010)81055315
广告经营许可证：京东市监广登字 20170147 号

目录

第六十九回

再遇宝象国公主，白头偕老引争论

白头偕老

师徒四人在老汉家用过午饭后，便与他道别，继续向宝象国前进。据老汉所言，顺着大路向西走一百里地，便可进入宝象国的地界。八戒在路上闲得无趣，又拿当年宝象国的事情说道起来。“当年要不是猴哥回来降服那黄袍怪，只怕师父会一直被诬陷为妖怪不得翻身。那黄袍怪当真还是有些本领，俺老猪现在想想还有点儿后怕。”猪八戒摇着头说道。

“大师兄神通广大，不仅降服了黄袍怪，还救了宝象国的公主，这真是一件大功德呀！”沙僧也附和着。

孙悟空听罢面露愧色，掩面说道：“哎，说来惭愧，当年让师父蒙羞了，俺老孙也没脸见人。”

唐僧双手合十：“阿弥陀佛，善哉善哉！也是为师该当此劫，只是不知这宝象国的公主如今过得如何。”

“对，俺老孙也很想知道这公主现在如何！不如我们到宝象国后，去皇宫里拜访一下如何？”孙悟空提议道。

“俺老猪觉得可行，看在当年猴哥救过她的面子上，说不定她还会请我们吃顿御膳。哎呀，俺老猪可要有口福了！”猪八戒兴奋得摇晃耳朵。

“二师兄，我看你啥也别吃了，留着肚子等着吃御膳吧！”

沙僧调侃道。

“哈哈，沙师弟说的有道理，从现在开始我就不吃东西了，等到了晚上再大快朵颐。”

唐僧师徒一行人艰难跋涉了半天后，终于在城门关闭前到达了宝象国。这猪八戒一进城，便东瞧瞧西望望，很是欢喜。沙僧见状，说道：“二师兄，你走了半天，也没吃东西，居然没喊饿，真是奇怪。”

“好久没到城里，看到这热闹的场景，俺差点把御膳的事情给忘了。师父，咱们赶紧去皇宫吧，这正是大家用膳的时候。”猪八戒急急忙忙地牵着白龙马，向皇宫的方向走去。

宝象国公主一听唐僧师徒来了，甚是欢喜，一早就带着一大群侍女和侍卫在皇宫门口迎接。公主远远看见唐僧一行人便兴奋地挥手。唐僧仔细一看，发现是宝象国公主，赶紧还礼。

见到公主满脸红润，神采奕奕，唐僧满脸笑意：“一别数

年，如今见到故人仍旧容光焕发，贫僧甚是欣喜。”

“谢谢唐长老夸奖。当年幸逢唐长老相救，我才得以回到自己的国家与父亲相聚，才找到了能够**白头偕老**的真爱。这都是你的功德，我无以回报啊！”公主动情地说道，泪水不自觉地流了下来。

“公主言重了，当年我和我的大徒弟因为误会差点儿分道扬镳，幸亏来到宝象国，才得以消除误会，这么说来我也要谢谢你。”唐僧再次行礼道。

“师父，我刚刚听公主说到什么白头，俺老孙有点儿奇怪。您看公主的容颜变化不大，头发也是乌黑茂密的，哪里来的白头？”孙悟空听了两人的对话后，疑惑不解地问道。

“哈哈哈，孙长老还是那么幽默啊！”公主听后笑个不停。

“公主为何发笑？俺老孙哪里说得不对吗？俺老孙向来不会装糊涂，不懂就要问嘛。”孙悟空挠着头说道。

“猴哥，你是真不知道呢还是假不知道呢！公主说的是‘白头偕老’，意思是说她和她的丈夫很恩爱，明白了吗？”猪八戒走到孙悟空跟前，小声说道。

“是吗？俺可不信你说的话。”

“不信你问问师父。”八戒转头问唐僧，“师父，你看俺老猪说的对吗？俺向猴哥解释‘白头偕老’这个成语的意思是指**夫妻相亲相爱，一直到老，常用它称颂婚姻美满。**”

唐僧满意地点点头：“看来八戒的学识很扎实呀，为师很欣慰！”

沙僧一看猪八戒受到了表扬，也不甘示弱，赶紧补充道：“师父，我还知道这**‘白头偕老’最早出自我国第一部诗歌总集《诗经》，原文写道：‘及尔偕老，老使我怨。’**不过很可惜作者的名字早已经失传了。”

“嗯，悟净的表现也很好。”唐僧满脸笑意地说道。

“明代的陆采在他的小说《怀香记·奉诏班师》里将其化用为白头偕老一词：‘孩儿，我与你母亲白头偕老，富贵双全。’师父我没说错吧！”猪八戒看到自己的风头被沙僧抢走，便立刻补充了一句。

“今天八戒和悟净的表现都很棒，相比之下，悟空你要加把劲，好好学习成语了。”唐僧转向悟空说道。

“师父，今天俺老孙学到了很多知识，看来以后确实要加强学习了。看到公主如今那么幸福，俺老孙也祝你和你的爱人能够白头到老，百年好合。”孙悟空挠挠头，不好意思地说道。

“谢谢孙长老的祝福。孙长老，你也不要谦虚，你的本领高强，降妖除魔谁都比不过你。当初多亏了你，我才得以获得自由。”公主向孙悟空行了一礼。

“公主言重了，降妖除魔乃是俺的分内之事。”孙悟空被公主夸奖了一番，心里也很高兴。

“公主，咱们光在这儿说话了。俺老猪一路走来，一顿饭都没吃呢，不知你能否准备一顿斋饭呢！”猪八戒饿得肚子咕咕叫，忍不住说道。

“诸位长老，是我失礼了。我早已命人准备好了斋饭，还特意吩咐厨师按照东土大唐的做法准备了一些特色小吃。”说话间，公主便命人将唐僧等人带去用膳。

“你这好吃的本性还是改不了呀。嘿嘿，不过俺也确实饿了。”孙悟空小声对八戒说。

一行人告别公主，随着侍女离开了。

文曲星驾到

白头偕老（bái tóu xié lǎo）

释义： 夫妻相亲相爱，一直到老，常用以称颂婚姻美满。白头，头发白；偕，共同。

近义词： 白头到老、白头相守、百年好合

成语造句： 这对小夫妻平日非常恩爱，大家都说他们两人会白头偕老。

通关文牒

请你仔细观察图片，描述这张图片的内容。你能不能用一个成语将其概括出来？再试着写出几个意思相近的成语。

答案：图片里的两个老人相互搀扶，携手走过了一辈子，他们非常恩爱；可概括为成语白头偕老；意思相近的成语有百年好合、白头到老、相亲相爱等。

第七十回 悟空八戒起争端，睚眦必报心胸窄

睚眦必报

唐僧一行人跟着侍女来到一个金碧辉煌的房间。房屋中间放置有一张镶着金边的长条桌，桌上摆满了精致的斋饭。一踏进房门，食物的香味便扑鼻而来。这猪八戒实在是馋得不行了，三步并作两步，抢先众人一步来到桌边，一屁股坐了下去。

“师父，俺老猪实在是饿得没有力气了，就不客气了，先吃为敬。”说罢，猪八戒便端起一碗面条呼呼地吃了起来，嘴里还念念有词：“好吃，好吃！”

唐僧看到八戒这副模样，又看到一旁的侍女忍不住掩面而笑，不禁脸面一红，愧疚地说道：“让女施主见笑了，我这徒弟天性率真，任性而为。我等在此用膳，无须照顾，诸位女施主可以去忙其他事情。”

侍女们听后便行了一个礼，退出了房间。

待那群侍女退出后，孙悟空上前扯起猪八戒的耳朵。猪八戒只觉耳根一疼，手里的面条不自觉地撒落到地上。

“猴哥，你干什么呀？好好的一碗面就这么浪费了，你也太不珍惜粮食了。”猪八戒揉着耳朵，不满地说。

“一看到吃的就没了形象，你现在已经成了佛，断不能这般没有礼貌。还记得你上次就是因为急着吃东西，被妖怪下了迷药

抓走了，要不是俺尽力营救，你早就被妖怪给吃了。”孙悟空实在是气不过，训斥起八戒来。

“大师兄，那都是许久之前的事了。我看你也别放在心上了，要不然就显得有点儿**睚眦必报**了。”沙僧在一旁替猪八戒解围道。

“悟净，你这么说悟空，我觉得极为不妥当。悟空只是好心提醒八戒，也没有要报复八戒的意思，断不可用此成语来形容悟空呀。”唐僧在一旁纠正沙僧道。

“啥？啥？刚刚沙师弟说的成语是什么意思？哪里不妥了？”猪八戒不解地挠起头来。

“俺老孙倒是知道这睚眦是龙王的孩子，但不知‘睚眦必报’一词从何而来呢？”孙悟空也疑惑地问道。

“徒儿们，这个成语**形容心胸极其狭窄，就算是极小的仇恨也一定要报复。它最先见于著名的历史学家司马迁的《史记》，**

原文说的是‘一饭之德必偿，睚眦之怨必报’，是司马公评价范雎的。”唐僧认真地回答道。

“师父的学识果然了得。俺老猪认为这‘一饭之德必偿’是一种美德，但‘睚眦之怨必报’就未免显得太狭隘了，做人还是要大度包容一些为好。就像俺老猪一样，心胸要开阔。”猪八戒笑呵呵地拍拍胸脯，在一旁补充道。

“老沙，俺老孙只是好心提醒八戒，你用‘睚眦必报’来说俺老孙，可就伤了俺的心了。”孙悟空垂着头说道。

沙僧看到孙悟空如此伤心，再想想自己所言确实有些过分，立刻说道：“大师兄，你不要误会，我刚刚也是心急，口不择言了。确实是我使用成语不当，您大度包容一下，这次就别和我计较了。”沙僧满脸笑意地走到孙悟空身旁，拍着他的肩膀安慰着。

“哈哈，悟净知错能改，善莫大焉！悟空这次就原谅他吧。”唐僧也在一旁附和着。

“老沙，还不赶紧表示一下，敬猴哥一杯茶。”猪八戒提醒沙僧道。

“大师兄，我敬你一杯。下次我定会三思而行，不会那么莽撞地随意说话了。”说话间，沙僧亲自为孙悟空斟满一杯茶，端到他跟前。

孙悟空见沙僧的态度很诚恳，众人也都帮他说话，便也释然了，抓起茶杯一饮而尽，道：“你们都这么说了，我还不原谅沙师弟，就显得自己有些小肚鸡肠了。”

“大师兄果然大度，不愧是斗战胜佛。”沙僧说完，也举起茶杯一饮而尽。沙僧敬完茶后，猪八戒赶紧为孙悟空盛了一碗面，递到他的面前，说道："猴哥，想必你也饿了，来来来，吃了这碗面条。"

孙悟空连忙摆摆手说："八戒，你要折煞俺老孙了。这碗面俺老孙就借花献佛，让师父先吃。"说着，孙悟空将面递到了唐僧的面前。

"悟空宽容大度，悟净知错能改，为师很欣慰。好的，这碗面我就接下了，大家也都坐下开始吃饭吧。"唐僧欣慰地说道。

于是，众人落座，开心地吃起了斋饭。"这公主真是太贴心了，准备的斋饭都是俺老猪喜欢的。看看，居然还有这西天的水果，俺今天可要敞开肚皮吃了。"猪八戒嘴里还嚼着东西，说得含糊不清。

"八戒，食不言，好好吃饭。"唐僧嘱咐道。

就这样，众人美美地吃了一顿。唐僧带领众人向公主行过礼后便回到驿站休息，第二天就继续上路了。

睚眦必报（yá zì bì bào）

释义：像被人瞪了一眼那样极小的仇恨也一定要报复，形容心胸极其狭窄。睚眦，发怒时瞪眼，比喻极小的仇恨。

近义词：小肚鸡肠

成语造句：只是一点儿小事，他就以睚眦必报的态度来对待我。

通关文牒

今天我们新学的成语“睚眦必报”里的“睚眦”，还是我国古代神话传说中的一种神兽呢，你知道关于它的信息吗？此外，我们仔细观察这个成语，发现前两个字的部首一样，你能列举出部首相同的词语或成语吗？

答案：传说睚眦是龙之九子第二子，豺身龙首，为龙和豺所生。古代史书记载它嗜杀喜斗，刻镂于刀环、剑柄吞口。它性格刚烈、好勇擅斗、嗜血嗜杀，而且总是嘴衔宝剑，怒目而视。睚眦被视为克杀一切邪恶的化身。

部首相同的词语有江河、湖海、湖泊、海浪、潮汐、琥珀、琵琶、珍珠、珐琅等。

部首相同的成语有波涛汹涌、魑魅魍魉、源清流洁、宜室宜家、泾浊渭清等。

第七十一回

师徒去往平顶山，再遇布衣老樵夫

布衣之交

师徒四人离开宝象国，再一次来到了平顶山前。

唐僧仰头喝了口水，随后回神望了一眼前面的大山，只见那山林虽草木茂盛，却偶有尖石从一旁刺出，还尽是悬崖峭壁，看起来好不危险。唐僧觉得不好再耽搁下去，刚想起身，一旁的猪八戒却先忍不住开了口：“师父，我们多歇歇吧！好累啊，而且这山又高又陡，一定不好爬！”

猪八戒一下子躺倒在地上，愁容满面地望着那高耸的大山叫苦不迭。孙悟空冷哼一声，白了他一眼，

“早叫你多运动了！现在开始发愁了吧？你不会是想退缩吧？”

猪八戒一怔，像是被说中了心事，随后才连忙反驳道：“我才没有！”

“没有？！”孙悟空冷笑，“我看你就是不敢！”

“这有什么不敢的！”此话一出，猪八戒立马摇了摇头，赌气说道，“俺老猪才不会怕！不就是上山吗，要走一起走！”说完，竟直直地先走在了前面。

唐僧三人相视而笑，也跟了上去。

就这样，师徒四人小心翼翼地上了山。果不其然，路上陡峭异常，十分难行，走错一步都有可能坠入山崖，四人只好走走停

停，最后竟迷了路。

“唉，迷路了，怎么办？这要是天黑了，路更不好走！搞不好就掉下山崖了！”孙悟空抓耳挠腮，皱了皱眉头。

其他三人也无他法，只能干瞪眼，然而就在他们不知该如何是好时，前面却突然出现了一个樵夫。那樵夫拿着斧头，吓了四人一跳，以为他是什么妖怪，正掏武器之时，还是孙悟空眼尖，一下瞧出了什么，连忙引着唐僧细看。唐僧望去，觉得那人眼熟得很。

“师父，你还记不记得？上一次取经时，我们在平顶山上问路，就是这个樵夫的爷爷帮的我们。”孙悟空提醒道。唐僧这才想了起来。那樵夫也在这时看见了他们，便走了过来。

樵夫走上前，双手合十，行了一礼。

唐僧连忙回礼：“施主客气了。施主的爷爷以前帮过我们，我们也算是布衣之交了，不必如此多礼。只不过还是要麻烦施主，我们迷路了，还望施主为我们指一下路。”

樵夫听了了然，刚想开口，却听孙悟空问道：“咦？布衣之交？师父，这是什么意思？难道你们以前交换过身上的布衣？我怎么不记得了？”

“扑哧。”樵夫听闻忍不住笑出了声，惹得孙悟空立马红了脸，问道：“你笑什么？”

“没什么，但布衣之交不是这个意思。”樵夫摇了摇头，摆出一副“这都不知道”的样子，慢慢道，“哎呀，真是没想到，大名鼎鼎的齐天大圣也不过如此啊，连这个都不知道？”

“谁说我不知道？”孙悟空听了樵夫的话，立马瞪大了眼睛，“我只是一时没反应过来罢了！你等等，俺老孙可是记得文曲星老师教过我这个成语，待我想想便是！”

孙悟空说完便开始冥思苦想，可不知为何怎么也记不起来。一旁的唐僧不禁皱了皱眉，悟空瞧见了，顿时更急，正苦恼间，突然瞥见一旁放着一个酒壶，想起来文曲星老师还教过他另一个成语——酒肉朋友。这个成语他记得很熟，知道它是布衣之交的反义词。

“我知道了！”孙悟空得意一笑，“**布衣之交比喻可以共患难的朋友，表示平民之间的友谊，与酒肉朋友是反义词，**对不对？”

樵夫这才点点头，唐僧也满意地笑了笑：“对！没错！”

孙悟空骄傲地仰起头：“记得文曲星老师教我们成语时，俺老孙最讨厌‘酒肉朋友’这个成语！所以记得很熟！只能寻欢作乐，一遇到困难就立马撇清关系，逃得比兔子都快，这样的朋友算什么朋友！要是俺老孙遇到这样的人，先一金箍棒打过去！哼！”

樵夫听完赞同地顺了顺胡子：“嗯，有道理，这样的朋友我也不喜欢。”

这时，一旁的猪八戒也挠了挠耳朵凑过来，问道：“猴哥，你想交什么样的朋友？”

孙悟空挑了挑眉，毫不犹豫地说道：“自然是遇到困难可以一起面对的患难之交！”

“啊？”猪八戒一愣，有些疑惑，“为什么不是布衣之交？”

还不等孙悟空回答，一旁一直沉默的沙僧便忍不住开口道：“患难之交、布衣之交，这两个成语的意思相近，都可以指能够共患难的朋友，就像二师兄没有因为山路困难就放弃，而是跟着我们一同前进、一同面对一样，所以我们都是患难之交、布衣之交！”

猪八戒听完恍然大悟，“哦”了一声。

这时樵夫也笑着开口道：“对！沙长老说的没错。它们的意思都一样，只不过布衣之交在古时更多指的是贫寒老友，是个好词，因为这样的人不会以权势地位压人，而是会与人平等相处！而现在呢，这个成语也多用来**比喻可以共患难的朋友**！”

“原来是这样啊！我知道了！”猪八戒点了点头，“我们都是平民百姓，你又是我们的旧相识，你的爷爷还曾帮助我们渡过难关，所以你可以称为我们的布衣之交！”

“没错，可以这么说！”樵夫竖起了大拇指，欢喜地说道，“很棒很棒！你们很有悟性。玉帝果然没有看错人！那好吧，我该告诉你们实情了，其实这是玉帝给你们的一个考验，恭喜你们过关了！至于出山的路，你们只要按照箭头一直走，便能出山。祝你们成功，我的布衣之交们！”

樵夫说完，一个闪身便不见了踪影，但地上却多出了一个箭头指引他们前行。师徒四人不禁笑弯眉眼。此时阳光正好，他们不再耽搁，沿着箭头所指的方向继续出发了。

文曲星驾到

布衣之交（bù yī zhī jiāo）

释义：旧指贫寒老友，现指可以共患难的朋友。

近义词：贫贱之交、患难之交

成语造句：富人虽然有数不清的朋友，但结交的可能只是酒肉朋友；穷人也许只有几个朋友，但结交的却是布衣之交！

通关文牒

请你完成成语接龙。

布衣之交 → 交头接耳 → （　　　　　） → （　　　　　） → （　　　　　）

答案：耳听八方　方寸大乱　乱七八糟

第七十二回

平顶山路逢小猴，独木桥梁沉长老

大义灭亲

师徒几人在山上艰难地行走着，山上草木丛生，十分荒凉，只有一条蜿蜒崎岖的小路通往山顶。孙悟空回头对唐僧说道："师父，这上山的路又窄又险，恐有妖魔作祟，一定要小心啊！"

猪八戒不以为然道："猴哥，这盘踞在平顶山的金角大王和银角大王已经被送回老君殿了，那些山精水怪也一并被你杀了个片甲不留，有什么好怕的！"他一边说着，一边举起九齿钉耙挥了两下："再说了，今时不同往日，即使是有妖魔捣乱，也要先问问俺老猪的九齿钉耙同不同意……哎呀！我的帽子！"

猪八戒这么一喊，众人都往他的方向看去，只看见一个黑影从猪八戒的头顶掠过，他的帽子果然不见了。八戒捂着头气得直跳脚。众人四处寻找"凶手"时，只听头顶一个尖细声音嘲笑道："口气这样大，还以为有多厉害呢，原来不过如此！"

猪八戒不仅丢了帽子，还遭到这样一顿抢白，气得脸通红，举着九齿钉耙对着头顶的空气乱挥，口里大声喊道："躲躲藏藏算什么英雄，有本事出来跟俺老猪会上一会！"

只听"哗啦"一声，从众人头顶的树冠里蹿出一个身影。众人定睛一看，原来是一只小猴妖，他脸蛋儿红红，嘴巴尖尖，长得和孙悟空有几分相似，只是身量矮了些，此刻正站在山路中间冷冷地看着他们。

猪八戒指着小猴妖对孙悟空说道："猴哥，这不会又是你的毫毛变的吧？别开玩笑啦，把俺的帽子还给我吧，头上怪冷的。"

孙悟空对着猪八戒一龇牙，说："胡说什么，我变出来的小猴比他英俊多了，我不认识这只猴子！"接着上前对那小猴妖嬉皮笑脸道："小兄弟，我这师弟头脑愚钝，要是他哪里冲撞了你，你就把他留在这儿陪你玩儿，放我和我师父还有沙师弟过去吧，我们还急着赶路呢！"

猪八戒一听，指着孙悟空骂骂咧咧道："你这坏猴子，见着亲戚就忘了师弟了！"

那小猴妖却不和孙悟空玩笑，冷笑一声："想上山，过了我这关再说！"

孙悟空闻言，也收起笑脸来，一下子举起金箍棒说："那就别怪俺老孙大义灭亲了！”说完举起金箍棒冲上去对着小猴妖就劈。小猴也不知从哪里变出一根铁棒来，“砰”地一挡，接着两人你来我往，打成一团。

猪八戒看见孙悟空和小猴妖打起来了，就跟唐僧说：“师父，我也要大义灭亲，你在此不要走动。”说着拿起九齿钉耙就要上前助阵。唐僧闻言“扑哧”一声笑了出来，对八戒无奈地说道：“悟能，大义灭亲这个成语你用得可不合适呀！”

猪八戒听唐僧这样说，放下九齿钉耙，疑惑地问：“可我刚才听见猴哥就是这么说的呀，难道这成语猴哥用得，我用不得？”

唐僧笑着摸了摸八戒光溜溜的脑袋，说：“悟能，你还真用不得。你看大义灭亲这个成语里有个‘亲’字，这个字是亲属的意思，所以这个成语的**意思是为了维护正义，对犯罪的亲属不徇私情，使其受到应得的惩罚。**”

沙僧插嘴道：“就比如大师兄和那猴妖同是猴子，勉强算得上是亲属，而你是猪，猪怎么能和猴子攀亲戚呢？你应该用铁面无私、大公无私之类的成语，这些都是大义灭亲的近义词！”

猪八戒挠了挠头，小声说道：“哦，原来是这样，幸亏那猴妖没听到，不然肯定要讽刺我，那可就太丢脸了！”

且说孙悟空和小猴妖这边，孙悟空本无意和他缠斗，只是想试试小猴妖的本领，没想到这小猴妖还真有几分本事，不仅能扛住孙悟空十几招，而且在招数套路上和孙悟空还有几分相似，顿时勾起了孙悟空的好奇心，便想着捉住他好好审问，没想到一走神，露了破绽，那小猴妖把猪八戒的帽子往孙悟空脸上一扔，往后一翻，逃得无影无踪。

孙悟空跳上树去手搭凉棚往前察看，却被密密麻麻的树丛挡住了视线，寻不到小猴妖的踪影，就拿着帽子跳下树来，往八戒怀里一塞。

猪八戒一边把帽子戴好，一边笑话孙悟空道："猴哥神通广大，怎么被那小猴妖逃了去？猴哥莫不是连那小小猴妖都打不过吧，还是猴哥念在他是亲戚，就手下留情、徇私枉法了？"

孙悟空却不理他，转头对唐僧说道："师父，这小猴妖怕只是这山上的大妖怪派来探路的，咱们这一路要万分小心！"

四人休整了一下，沿着小路往山上走去，一边走一边观察周围的情况。

突然，前面出现了一条湍急的河流，河上只架着一座窄窄的独木桥。三个徒弟依次过了河，唐僧却站在河边徘徊犹豫。孙悟空在对岸再三劝说，唐僧才小心翼翼地踏上独木桥，就在他走到桥中间时，只听"咔咔"两声，独木桥突然断裂，唐僧"扑通"一声掉进了水里，吓得他大声呼喊："救命啊！救命啊！"

还没等孙悟空等人跳下水去，之前那只小猴妖突然从河里蹿出来把唐僧拦腰抱住，又飞身起来，一溜烟逃上山去，只留下一句："要想救人，就上山顶三才洞府来！"

文曲星驾到

大义灭亲（dà yì miè qīn）

释义：为了维护正义，对犯罪的亲属不徇私情，使其受到应得的惩罚。出自《左传·隐公四年》："大义灭亲，其是之谓乎？"（大义灭亲就是指这样的情况吧？）

近义词：铁面无私、大公无私

成语造句： 他身为执法人员，毅然大义灭亲，出面检举了弟弟的罪行。

通关文牒

下面是一串成语接龙，但是缺失了一部分，你能把它们补充完整吗?

大有作为 → 为（　）（　）大 → 大（　）（　）亲 → 亲（　）（　）间

答案：小　失　义　灭　密　无

第七十三回

三才洞唐僧遇险，平顶山众徒问樵

仗势欺人

那小猴妖几下便逃得无影无踪，孙悟空和猪八戒追了一段便折返回来，与沙僧凑在一起商议如何营救唐僧。

猪八戒首先说道："依我看，咱们还是快快回天庭禀告玉帝，让他速速派兵捉拿这妖精才是！"

沙僧也附和道："是啊，若是那三才洞府中还有大妖怪，那肯定非常厉害！"

孙悟空皱起眉头道："你们不要在此长他人志气，灭自己威风！那小猴妖的本事在俺老孙眼里只是雕虫小技罢了，而且他的招数套路我有几分熟悉，恐怕与我有些渊源，咱们不如就上山去，闯一闯那三才洞府！"

猪八戒一屁股坐到地上，抱怨道："难道你还要去上门认亲不成？"

孙悟空一把把他从地上揪起来，骂道："你满口胡说什么？现在师父被妖怪抓走了，等玉帝老儿把那天兵天将调过来，师父早就被蒸熟了！你一定是心中害怕，才畏畏缩缩地不敢上去！"

猪八戒被孙悟空这么一激，提起九齿钉耙就大步往山上走去，一边走一边嚷："谁不敢上山谁就是孬种！"

孙悟空一看自己的激将法奏效了，连忙招呼沙僧跟上。走到山腰处，孙悟空看见前面有个老樵夫在砍柴，便走上前去，想问问三才洞府究竟在山中何处。

没想到那老樵夫看见孙悟空靠近，突然举起斧子，颤巍巍地对着他喊道：“你这**仗势欺人**的猴子，离我远一点儿！你们三番两次来骚扰我们，要到什么时候才肯放过我们！”

孙悟空疑惑地后退了几步，尽量温和地对老樵夫说道：“老人家，不要怕，我们是过路的僧人，并不是什么仗势欺人的恶霸，您认错人了，我只是想向您询问这山上的情况。”

那老樵夫揉了揉眼睛，将信将疑地把孙悟空上上下下打量了一番，才放下了手中的斧头，说道：“你的打扮确实与他们不同，我年纪大了，老眼昏花看不清楚，刚才多有得罪。你们想问什么？”

孙悟空走上前去，问道：“您刚才说仗势欺人的猴子，是指这山上的妖怪吗？我师父被这山上的妖怪抓走了，说是住在什么三才洞府，我们想问一下这山上妖怪的底细。”

老樵夫摆摆手说：“不瞒你说，只因这几年总有一些小猴妖在山中蹦来蹦去，抢夺山民的食物和衣服，搅得平顶山不得安宁，你长得与他们十分相像，我便把你错认为那些仗势欺人的猴妖了。”

这时猪八戒也凑了上来，问孙悟空：“师兄，到底是怎么回事呀？我刚才远远地听到这老人家骂你什么仗势欺人，什么叫仗势欺人啊？”

孙悟空回过头跟他讲：“**仗势欺人就是仗着自己有靠山，倚仗着权势欺压别人的意思，**与我们常讲的**恃强凌弱、狐假虎威**的意思比较相近。”

猪八戒似懂非懂地点点头，问老樵夫：“那照你这么说，这些小猴妖在山里横行霸道，是因为三才洞府中有他们的靠山吗？”

老樵夫重重地点了点头，哭丧着脸说：“正是这样我才说他们仗势欺人。我们曾集结了村中所有的樵夫去他们老巢，也就是你说的那个三才洞府中讨要说法，没想到从那洞府中走出来一只通臂猿猴，他招来一阵妖风，把我们全都刮下山去了！自此那些小猴妖看我们软弱，仗着有那通臂猿猴做靠山，越发顽劣起来！”说着竟要落下泪来。

猪八戒连忙扶住老樵夫，一边用袖子给他擦眼泪，一边安慰道：“俺明白了，这些小猴妖仗着那通臂猿猴给他们撑腰，随意欺压山民，就是仗势欺人。老人家，你莫怕，你跟咱们指一下上山的路，咱们这就去荡平那三才洞府！”

沙僧也气愤地说道：“只不过是小小猴妖，竟也仗着有靠山就狐假虎威起来！”

那老樵夫抬起头来，为他们指了路，又扯着猪八戒的衣袖说道："那通臂猿猴本领高强，据说还使一八十斤的铁棍作武器，你们可千万小心啊！"

孙悟空刚才在旁边搔着下巴思考，一直没作声，此时一听老樵夫说那猿猴使一八十斤的铁棍，出声说道："老人家，您跟我细说说那猿猴是何样貌。"

老樵夫仔细回忆了一下，说："我年纪大了，老眼昏花，当时没看真切，只记得那猿猴约有八尺来高，手臂垂地……"

孙悟空急急追问道："眉心可有一个大红点？"

老樵夫连忙点头："是是是，确有一大红点，正是在两眉之间！"

孙悟空闻言拍手大笑："哈哈，我还当是谁呢！没想到居然是俺的老相识！老人家，您莫担心，我们此去一定还你们平顶山一个清净！"说完回头招呼八戒和沙僧道："师弟们，把心放回肚子里吧，咱们师父一定没事儿！"

沙僧和八戒大惑不解，但是孙悟空早已迈着大步往山上走去，二人与老樵夫作别之后连忙跟上。

三人一路到了山顶，一个洞口足有两丈高的大山洞出现在他们面前，洞口上方挂着一个大牌匾，上面写着四个大字：三才洞府。

洞口站着两个小猴妖，看见三人也不慌张，反而一弯腰，伸手把他们往洞里请，口里说着："我家大王在此恭候孙大圣多时啦！"孙悟空却不动声色，昂首挺胸地往里走。八戒和沙僧一头雾水，迷茫地跟着孙悟空往洞里走去。

文曲星驾到

仗势欺人（zhàng shì qī rén）

释义：依仗某种权势欺压人。

近义词：恃势凌人、狐假虎威、恃强凌弱

成语造句：这些地主的喽啰们也仗势欺人、强逼硬夺，把他家仅有的一点儿粮食也拿走了。

通关文牒

你能把下面缺失的成语补全吗？

仗	势	欺	人
		下	问
			愧

答案：

仗	势	欺	人
		上	
		瞒	
不	耻	下	问
			心
			无
			愧

第七十四回

平顶山勇闯魔洞，三才洞惊逢故友

呕心沥血

孙悟空领着八戒和沙僧一路往洞里走去，看见在洞中穿梭走动的尽是一些小猴妖，他们看见孙悟空都站住鞠躬作揖，一副毕恭毕敬的样子。

走了不多时，就到了洞的最深处，一个开阔的石室出现在众人眼前。石室内摆满了各种豪华的用具，一个大圆桌立在中间，桌上满满当当地摆着奇珍异果，唐僧坐在桌旁笑眯眯地向他们招手打招呼：“徒儿们，你们来啦！”旁边还坐着一个身材十分高

大的人。

还没等众人询问这是怎么回事，唐僧身边坐着的那个人看见了孙悟空，连忙起身，几步跑上前，“扑通”一声在孙悟空面前跪了下来，抱着孙悟空的大腿就号啕大哭，边哭边喊：“大圣！你让我等得好苦啊！”众人定睛一看，原来是一只通臂猿猴，他身长八尺，眉心有一红痣，果然与老樵夫说的相符。

猪八戒被他吓得后退了一大步，伸手扯了扯孙悟空的衣角，小声说：“师兄，他怎么跪下了？这莫不是你在花果山生的儿子？”孙悟空一推他：“去去去，俺老孙可不曾有这么没出息的儿子！”接着，他俯身一把把那痛哭流涕的猿猴拉起来，斥道：“你我久别重逢，是天大的喜事！哭哭啼啼像什么样子！”

这时沙僧在一旁疑惑地问孙悟空：“大师兄，你倒是跟我们说说，这位到底是谁啊？”

孙悟空答道：“他叫通臂猿猴，本是混世四猴之一，自我取经以来我们便不曾相见，不想今日在此相逢……”说罢皱起眉头，看着面前哭成一团的猿猴，喊道：“哎呀！我说你别哭了！说说这到底是怎么回事！”

那猿猴闻言抹了几把脸上的眼泪鼻涕，答道：“自从大圣随唐长老去西天取经后，我们在花果山安居乐业，族群逐渐扩大，花果山已经住不下了，我便带着一部分小猴出来另找地方居住，行至平顶山，见此地山清水秀，四季如春，便在此安了家，立了这三才洞府的名号。”

孙悟空问他道：“原来如此，你们近年来生活得怎么样？”

那猿猴拍了拍胸脯，答道：“大圣放心！我经营这平顶山，可谓**呕心沥血**……”

没等他说完，八戒就出言打断了他的话：“那你不找个郎中来看看？”

猿猴愣住了，问八戒：“此话怎讲？”

八戒说：“你都滴血了，还不去看郎中？连心都吐出来了，看来是病得十分重了！”

那猿猴更摸不着头脑了，问道：“我何时说过我生了如此重病？”

猪八戒急了，指着猿猴的脑袋说道：“看来你病得太重了，都开始健忘了，刚刚才说什么呕心沥血，怎么就不记得了？”

这时唐僧笑着对八戒说：“悟能，你又犯傻了。呕心沥血是个成语，是**形容做事费尽了心血和精力**，不是指真的滴血，若是把心呕出来，人要怎么活呢？”

八戒摸着下巴思索了一会儿，说道：“也是，不过为什么要用这么血淋淋的成语呢，又是滴血，又是呕心，实在是吓人！”

唐僧解释说：“这是有原因的，呕心沥血这个成语有两个出处，**其一是唐代诗人李商隐在《李长吉小传》中写的‘是儿要当呕出心乃已尔’，其二是唐代韩愈在《归彭城》中写的‘刳（kū）肝以为纸，沥血以书辞’。**这两处都是形容人做事费尽精力，后人把两词结合起来，就有了呕心沥血这个成语。”

八戒恍然大悟，说：“哦！原来如此，那它便与**煞费苦心、殚精竭虑**的意思差不多嘛！我还以为是这猿猴生了重病，才哭得如此凄惨，看来是我误会了。不过我还有一事想问，既然这猿猴是大师兄的旧相识，为何要派那小猴妖掳走师父呢？”

那猿猴捶胸顿足道：“此事是天大的误会，你们遇到的那小猴妖是我的儿子。他天生聪颖，跟着我学了些武艺，自恃有几分本领，便整日以孙小圣自居，谁也不放在眼里。这次我本来是派他去山脚迎接你们的，不想他竟然顽劣到这种地步，闹出这样大的误会，冲撞了唐长老，我刚才正在给唐长老赔礼道歉呢！”说罢转头向洞内喊道：“还不出来给孙大圣赔罪！”

一个小小的身影从一旁闪出，那小猴妖扭扭捏捏走上前来，扭着脸不情不愿地朝着孙悟空一拱手，小声说：“刚才多有得罪，请大圣见谅！”

孙悟空拍拍他的肩膀，笑着说：“无妨无妨，这才是年轻人该有的样子！我像他这般年纪时，打过灵山的猛虎，拔过东海的神针，就连玉帝的龙椅都要上去坐一坐呢！我与他交手时就觉得他小小年纪有一身好本领，长大必有出息！”

那小猴妖得了孙悟空的夸赞，面上也露出几分喜色。通臂猿猴忙招呼众人到石桌前围坐。孙悟空坐定，却把脸一板，对猿猴说：“我刚才上山时听山中的老樵夫说，这几年经常有小猴妖骚扰山民，他们可是受你指使？”

猿猴听了大吃一惊，道：“竟有此事！我一向教猴子们与山民们和睦相处，不要骚扰山民，但我久居洞中，不曾下山走动，想来是小猴子们疏于管教，私自惊扰了山民。”

说罢招来几只大猴子，让他们把最近在山中活动的小猴都召集到山顶上，亲自训斥了一番。小猴们自知理亏，低着头不敢作声，纷纷保证再也不擅自到山中去打扰山民。

孙悟空等人在平顶山休整了几日后，在一个晴朗的早上，背上了通臂猿猴为他们准备的一大包干粮和衣物，依依不舍地与众猴告了别，离开了平顶山，又踏上了取经的道路。

文曲星驾到

呕心沥血（ǒu xīn lì xuè）

释义：形容费尽心思和精力。

近义词：煞费苦心、殚精竭虑、搜索枯肠

成语造句：他大半辈子呕心沥血，创作了许多诗歌，对现代诗坛产生了深远的影响。

通关文牒

心是人体中最重要的器官之一，你能说出三个带“心”字的成语吗？

答案：呕心沥血、语重心长、有心无力

第七十五回

见义勇为好兄弟，里应外合除妖魔

里应外合

唐僧师徒赶了一上午的路，这会儿正在一棵大树下休息。悟空坐不住，在树荫下打了一套猴拳，忽然听见有人喊道：“前方可是齐天大圣？”

悟空抬头，只见一个老和尚一瘸一拐地跑过来，他答应道：“正是。你是何人？”

那老和尚“砰”的一声跪倒在悟空面前，哭道：“大圣救救我们。”

悟空扶他起身，道：“你有什么麻烦跟俺老孙说就是了，何必哭哭啼啼的。”

老和尚擦擦眼泪，抽泣着说：“小僧名叫慧远，本是宝林寺的和尚，多年前你们师徒取经路过的时候，曾经侍奉过各位圣僧。”

“难怪你认得俺老孙。”

慧远接着说：“后来小僧当上了住持，寺里一直风平浪静，直到三年前不知从哪里来了两个妖怪，自称是天公将军和地公将军。他们法力高强，把宝林寺给强占了。”

说到这儿，那老和尚一阵咳嗽，缓了一会儿又继续说：“妖怪逼着我们给他们当奴隶，拼命为他们干活。宝林寺下边的山都快被挖空了，他们修建了一座好大的洞府。他们还聚集了许多小妖，在那儿为非作歹，这些年已经害了不少人。”

悟空怒道：“该死的妖怪！放心，有咱们兄弟在，定会帮你除掉他们。”

慧远感激地说：“多谢大圣。寺里现在还有许多被抓来的人，还有我那些徒弟们，请大圣想个办法救救他们。”

悟空道：“这个你放心。我问你，那妖怪可有什么特别的地方吗？”

“特别的地方？”慧远想了一下，“这天公将军和地公将军都很喜欢骑马，每天上午都要出去赛马。”

“骑马……”悟空若有所思地点点头，转身看着白龙马，忽然双手一拍，说道，“有了，我们可以用个**里应外合**的法子，除掉这伙妖怪！”

八戒问道：“什么是里应外合？”

悟空不答，转头问慧远：“你敢不敢回去继续打探消息？”

慧远双手合十，说：“阿弥陀佛，这本就是分内之事，小僧责无旁贷。”

八戒又追问：“师兄，到底是什么主意啊？里应外合的意思你还没有告诉我呢。”

沙僧说道：“照我看，**这里应外合是不是说我们有人在外面，也有人打入妖怪内部，然后里外配合，一起打败妖怪？**”

八戒叫道：“嘿！这办法好！猴哥，事不宜迟，咱们这就动手吧！”

悟空却不说话，嘴带三分笑，斜眼瞅着八戒，直盯得他发毛。“你别急啊。这么着，你先变成白马让我瞧瞧！”

八戒好奇地说道：“你这猴子，白马不是有现成的吗？怎么还要我变？”

悟空说：“两个妖怪，自然需要两匹马啦！让你变成白马是要你和小白龙一起混入妖怪的洞府，我和沙僧在外面。到了晚上咱们四个里应外合，一举消灭妖怪。”

八戒把头摇得像拨浪鼓一样：“你这猴子是吃剩饭长大的——一肚子馊主意。我不去！你让沙师弟去，我在外头配合。”

悟空笑道：“你不会是害怕了吧？怎么样，去不去？”说着，又伸手揪住了八戒的大耳朵。

“哎哟……疼疼疼。我去，去还不行嘛！不就是变成马嘛。”

八戒弯下腰，喊一声“变”，果然一匹白马就出现在众人眼前，只是这马还挺着个大肚子。沙僧拍手笑道：“哈哈，大肚子，猪耳朵。二师兄这匹‘宝马’妖怪恐怕不敢骑吧。”

悟空上前吹了一口气，这下连唐僧也赞叹道：“果然是好

马，不输小白龙了。”

话说慧远把两匹宝马带回宝林寺，那天公将军说话的声音和打雷一样：“你这贼和尚跑哪儿去了？”地公将军在一旁冷笑：“我还以为你这老和尚要逃呢。”

慧远赔着笑：“将军误会了。贫僧外出捡柴看见两匹骏马，心想二位大王一定喜欢，便将它们驯服，给大王带了回来。”

“算你懂事。”

两个妖怪围着马看了两圈，又拍拍马头，说：“果然不错。牵回马房，明儿一早骑上试试。”

八戒心想：“你这妖怪，还想骑你猪爷爷……哼！都怪那死猴子，净给我安排苦差事。”

半夜，八戒正在打瞌睡，口水流得有两尺长，忽然听见洞府里乱起来，一帮小妖怪大呼小叫道：“出事啦……有人打进来啦。”

白龙马这会儿已经化作一个一身白衣的俊公子，他摇着八戒说：“二师兄别睡了，该我们动手了。”

八戒晃了晃脑袋，显出原形，说：“可把俺憋坏了。”

慧远这会儿也赶过来：“二位大仙，咱们快去救人吧。”

八戒说：“别急，俺老猪给他放把火。”于是找了只火把点了马房。“哈哈，臭妖怪，看你还想不想骑俺老猪……”

慧远带路，八戒和小白龙护航，剩下的小妖哪是他们的对手，一路上死的死、伤的伤，其他的都哭着逃命去了。八戒还嫌不够乱，四处放火，这下可比过年还热闹了。

洞府外面，悟空和沙僧正在对付妖怪。

那天公将军使一杆银枪，在悟空的金箍棒下东躲西藏。地公将军挥着一柄长刀和沙僧斗得不相上下。眼看洞府着火，手下都纷纷逃命，天公将军拼了命挡开悟空一棒，念了个口诀，顿时狂风四起。他大吼一声“兄弟快逃”后，转身便跑。

悟空冷笑道：“哪里跑！”说完，他鼓起腮帮用力一吹消了法术。两只妖怪吓傻了眼，悟空和沙僧趁机赶上，一人一下打死了他们。嘿，原来是两只老虎精。

这时，八戒也带着一大帮人跑出来，只见他灰头土脸地说：“你这弼马温，让俺干这差事，差点变成烤猪。”

唐僧这时夸赞悟空道：“你这里应外合的主意真不错。让八戒和小白龙充当卧底，你跟沙僧在外头叫阵，不但消灭了妖怪，还成功地救出那么多人。”

八戒却道：“还不是多亏俺老猪。要不是俺与小白龙吃里爬外，怎么能把人救出来。”

众人听了哈哈大笑。唐僧笑着说：“八戒，吃里爬外与里应外合可不是一回事。**里应外合一般作褒义词，是形容对敌人内部进行破坏。吃里爬外可是贬义词，是说正义的一方出现了勾结敌人的叛徒。**比如汉奸和卖国贼，他们才是吃里爬外。这两个成语可不能混用。”

八戒脸一红，嘟囔道：“里应外合、吃里爬外，这么多成语，俺哪里分得清啊……”

文曲星驾到

里应外合（lǐ yìng wài hé）

释义：从外面对敌人进行攻击时，内部有人接应配合。

近义词：外合里应

成语造句：我们先派遣一个卧底打入敌人内部，等时机成熟以后再里应外合，一举打垮敌人。

通关文牒

猜一猜，以下哪幅图表示里应外合？

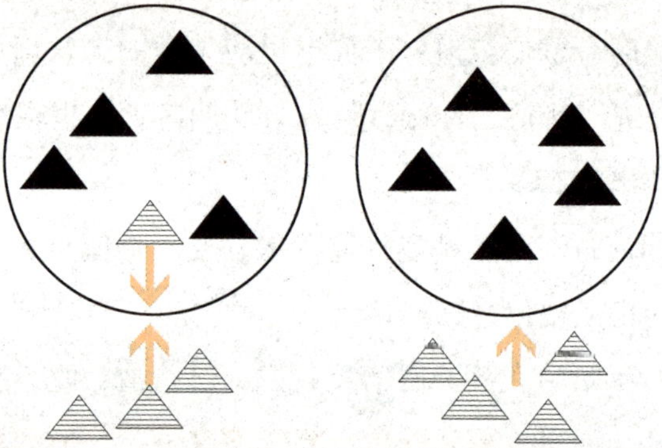

A　　　　B

答案：A

第七十六回

宝林寺师徒怀古，三藏说四面楚歌

四面楚歌

师徒四人救出了宝林寺的一干僧人，这时大火也已经熄灭了。于是众人又齐心协力，把寺庙简单收拾了一下。为了庆祝，大伙还热热闹闹地吃了一顿夜宵，一直闹腾到了后半夜。

可是由于吃得太撑了，师徒四人一时半会儿也睡不着，干脆就都到院子里赏月。虽然月亮好看，可大家也不能只是眼巴巴地看着呀，总得找个话题聊聊天，打发一下时间吧。这不，爱听故事的八戒就撺掇着悟空说："大师兄啊，上回你说到你跟玉帝他外甥二郎神正打得难解难分，后来怎么着了啊？"

"后来？唉，后来还有啥好说的。一个二郎神就不好对付，何况还有个太上老君，再加上那十万天兵天将抓住了俺花果山上的徒子徒孙。这四面楚歌的情况下，俺老孙就是有再大的本事，也没办法咯。"

八戒刚要开口说话，憨厚的沙僧却插嘴道："大师兄，你刚刚说四面什么歌？那是什么意思啊？"

八戒因为被打断了说话，所以有些不耐烦地说："沙师弟，你咋这么笨？是四面楚歌。"

沙僧又问道："二师兄，这楚歌是什么歌啊？俺只知道唱歌、八哥，可是没听说过楚歌，天上有神仙叫楚歌吗？"

八戒被问了个措手不及："这个……这个……楚歌呀，大概就是姓楚的人在唱歌。"

悟空哈哈笑道："你还好意思说别人笨，你自己不也是猪鼻子里插大葱——装象嘛。沙师弟，别听他胡说。楚歌就是楚国人唱的歌。"

沙僧这下更不懂了："楚国？楚国在哪里啊？咱们四个走过那么多地方，没听说有地方叫楚国啊。还有啊，大师兄你法力那么高强，连太上老君都不怕，为啥听见楚国人唱的歌，你就没有办法了呢？"

"这……"悟空知道沙僧的历史知识不足，一时半会儿竟不知道该怎么跟他解释。眼瞅着八戒捂着嘴，正在嘲笑自己，他便伸手扯住八戒的耳朵说："你笑什么！这里头牵扯的学问可大了。我是怕说了你们两个也听不懂，让俺老孙白费唾沫。"

唐僧一直在静静地听三个徒弟说话，这时才清清嗓子，开口说道："悟能、悟净，你们别怪悟空，这里确实牵扯了很多学问，不容易说明白。你们坐好，听为师给你们细细道来。"

一听师父发话，徒弟们立马乖乖地找地方坐好，开始用心听讲。

"这四面楚歌啊，出自一个古老的故事，**说的是楚霸王项羽和汉高祖刘邦争天下的事。楚霸王项羽和汉高祖刘邦都是楚国人。据说啊，这项羽有一身的本领，非常善于带兵打仗。**"

沙僧插嘴说："就跟大师兄一样。"

唐僧赞许地点了点头，"没错。这刘邦呢，虽然打不过项羽，但是很会收买人心。他很有本领，手底下有很多人才。"

八戒抢着说："这不跟玉帝一样吗？"

悟空赶紧"嘘"了一声，说道："玉帝小气得很，你小心被他听到。"

唐僧也压着嗓子，悄悄地说："其实八戒说的也没错。"师徒四人相视一笑，然后唐僧又接着说："这项羽啊和悟空一样，虽然个人表现很突出，前期也取得了很大的成果，但是后来呢，实在架不住刘邦手底下人才多。**刘邦的手下也有个'太上老君'，叫张良，还有个'二郎神'，叫韩信。在他们两个人的帮助下，刘邦终于把项羽和他的军队围困到了一个叫垓下的地方。因为项羽的部下都是楚国人，所以为了扰乱项羽军队的稳定，刘邦就令士兵唱起楚歌。当四面八方都响起了楚歌的时候，就连项羽自己也动摇了：'汉皆已得楚乎？是何楚人之多也！'那时候，他可真是一点儿办法也没有。**悟空，你那时被天兵天将围住，他们是不是也用了这个方法？"

“可不是嘛！那群天兵天将抓住了俺的徒子徒孙，逼着他们喊叫，还有很多神仙变化成小猴，在那儿嚷嚷，把俺老孙弄得心烦意乱，不知道怎么办才好。那会儿俺老孙也没个帮手，这才着了太上老君的道儿，被他们捉住。”

沙僧这时恍然大悟：“原来是这样啊，我明白了。师父、大师兄，**四面楚歌是不是与孤立无援的意思相近啊？它形容一个人被敌人或者困难团团围住，没有朋友帮忙，又无路可逃的情形。**项羽和大师兄一样，都被敌人从四面八方围住了，然后听到楚歌乱了心神，也没有人帮忙，最后就被敌人抓住了。”

“说得没错。”唐僧欣慰地看着沙僧说道，“只不过项羽后来逃了出去，虽然没跑多远就又被追上了。最终呢，项羽在一条名叫乌江的大河边上挥刀自刎了。”

“我的个老天爷呀！幸亏俺老孙本领高强，被扔到炼丹炉里也没事，不然真就和那项羽一样了。”悟空后怕地拍了拍胸脯。

八戒忽然笑了起来，说：“猴哥，其实你被天兵天将围住的情形，不应该叫四面楚歌。”

“那应该叫什么？”

“叫……四面猴歌。哈哈哈哈。”八戒说完就一溜烟跑了。

文曲星驾到

四面楚歌（sì miàn chǔ gē）

释义：形容一个人被敌人或者困难团团围住，没有朋友帮忙，又无路可逃的情形。

近义词：孤立无援

成语造句：在这四面楚歌的情况下，除了投降，我还能有什么办法呢？

通关文牒

猜猜看，以下哪一幅图描述了四面楚歌的处境？

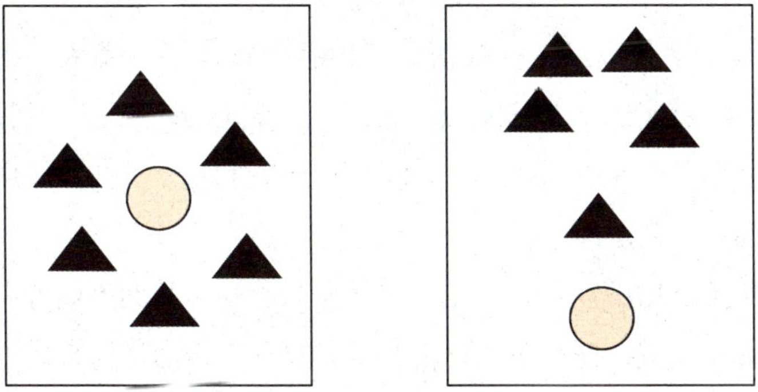

A　　　　B

答案：A

第七十七回

师徒再忆火云洞，奇怪呼声惹人疑

引蛇出洞

离开宝林寺后，师徒四人在山林中行走了一整天。唐僧骑在马上深感疲惫，有气无力地说道："徒儿们，我这一直骑马前行，屁股早已酸痛不止，不如我下马步行松松筋骨。"众人听言，均点头表示同意。

于是唐僧下马步行，走了好一会儿，忽然听到不远处有稚嫩的孩童在呼喊，仔细辨认竟是在呼喊救命。唐僧顿时担忧不已，催促众人赶紧前去察看。只见八戒嘴里念叨着："师父，你可别慈悲心泛滥，中了妖怪的圈套，让妖怪抓走可就不好了。"

唐僧一听，脸顿时红了："八戒，出家人以慈悲为怀。咱们平日连花花草草都不曾踩踏，怎能见死不救？"

猪八戒听后倒也不急，一板一眼地答道："师父，想当年咱们经过那火云洞，不正是被红孩儿幻化成的小孩子欺骗了，你才被他抓走的吗？"

八戒见唐僧不语，缓了一口气继续说："当时猴哥可是费了九牛二虎之力去救你，却被红孩儿的三昧真火烧伤，晕了过去。我和沙师弟找了好久才找到猴哥，幸亏俺为猴哥按摸揉擦，他这才转危为安。当时可把俺老猪吓坏了。"

听了八戒所言，唐僧耐心地劝解道："出家人以慈悲为怀，听到别人求救，断不可不管不顾。咱们还是前去察看一番为好。”

孙悟空见唐僧执意前往，眼珠子一转，心生一计，说道：“师父，不如这样，我将你变成八戒的模样，让八戒变作你的模样。八戒前去探察情况，我和沙师弟在此守护你。如果呼救声真是妖怪发出的，他看到师父前去察看，肯定会露出马脚。这样既能识破妖怪的诡计，又能确保师父的安全，你们以为如何？”

沙僧深深地点了点头，说道：“好一招**引蛇出洞**，此计甚妙。我赞同大师兄的这个办法。”

听了悟空和沙僧的话后，唐僧也觉得有理，便说：“这一次悟空的主意不错，那就靠八戒好好表现啦！”

猪八戒在一旁听得云里雾里的，挠着头说道：“你们一会儿说危险，不让去察看，一会儿又说什么蛇出洞，都把俺老猪弄糊涂了。”

沙僧一看八戒不明白，便赶紧解释道：“二师兄，这‘引蛇出洞’的意思是，**将蛇从洞里引诱出来，便于抓捕，它多用来比喻引诱坏人进行活动，使之暴露。**只要你照着大师兄说的做，如果有坏人，就能将他们引出来。”

“悟净所言不错。这‘引蛇出洞’最先见于**著名散文大师梁实秋的《聋》，文中写道：‘弄蛇者吹起笛子就能引蛇出洞，使之昂首而舞。’**而八戒你就相当于那‘弄蛇者’！”

猪八戒听了唐僧的解释后，点头道：“俺老猪明白了，猴哥所说的计谋不就是**欲擒故纵**嘛。这一次，为了师父的安危，俺老猪就听猴哥的安排。”

说罢，猪八戒施展法术，幻化成唐僧的模样，然后提着九齿钉耙就要往呼救声传来的方向走去。

“哎，八戒，你现在是师父的模样，提着九齿钉耙容易露馅儿，并且会打草惊蛇。我看你还是收起九齿钉耙吧！”孙悟空提醒道。

“猴哥提醒的是，是俺老猪鲁莽了。师父你放心，若有妖怪，俺老猪定会降服他，断不会再烦劳猴哥出手。”猪八戒收起九齿钉耙，拍着胸脯，自信满满地说道。

过了半炷香的时间，只见猪八戒已经恢复了本来模样，抱着一个小孩慢悠悠地走过来。这小孩扎着两个发髻，穿着一个红肚兜，光着小脚丫。他倒也不害怕八戒，与其相处融洽。

孙悟空眼尖，发现两人的后边跟着一条蛇，正快速地向他们爬去，便大声提醒道：“八戒，小心后面，有蛇在追你啊！”

猪八戒转头一看，果然有条蛇，他吓得脸色一变，赶紧抱起小孩飞快地向悟空他们跑去。孙悟空也赶紧上前，用金箍棒挑起青蛇并将它扔回了树林。

等悟空赶走了青蛇，八戒气喘吁吁地说：“没想到，俺老猪真的‘引蛇出洞’了。”

众人听了八戒的话，大笑起来，还是悟空先反应过来，问道：“八戒，没有遇到妖怪吧？还有这小孩是怎么回事？”

八戒赶紧答道：“猴哥，确实是我们多虑了。俺老猪在前边连妖怪的影子都没有见到，看来之前红孩儿的事情给我们留下了不小的阴影啊。”

“那这小孩是什么情况呀？他会不会是妖怪呀！”沙僧也上前询问道。

“老沙放心，俺老猪仔细盘问了一番，这小孩是山中猎户的孩子，自幼跟随父亲在山中打猎。他们今早也是照常打猎，不过在这附近的山林中走散了。”猪八戒简要道来。

唐僧一听没有妖怪，又十分担心小孩的情况，急忙大声问道：“那这小孩有没有受伤呀？”猪八戒赶紧回道：“师父放心，这小孩自幼跟着父亲进出山林，知道如何躲避猛兽，只不过刚刚在附近的树林中不小心被藤蔓缠住了，这才求救呼喊。”

听了八戒的话，孙悟空还是不放心。他用火眼金睛一看，果真那小孩毫无变化，便舒了一口气：“八戒说的没错，这小孩不是妖怪。”

听了孙悟空的话，众人皆放下心来。那小孩向众人鞠躬行礼，开口说道：“感谢众位师父搭救，我家就在前方山脚下。在此我还有一事相求，希望各位能与我同行，将我送回家。这样一来我们可以相互照应，以免迷困在树林里；二来众位师父要走出这山林，必定经过我家，我父亲可以招待各位师父，你们也可以在我家落脚。”

八戒一听有吃的，双眼直发光，兴奋地抢着说：“师父，救人救到底，送佛送到西，咱们就送这位小施主回家吧！”

“我看你是贪图那顿斋饭吧！”孙悟空一眼便看穿了八戒的那点儿小心思。

“我觉着八戒的提议甚好，小施主一个人回去，为师也不放心啊！”唐僧点头同意。

孙悟空见唐僧同意，也觉得大家身心疲惫，确实需要歇息了，就不再多说。唐僧招呼众人收拾行李，让小孩骑着白龙马，一起向山脚下走去。

文曲星驾到

引蛇出洞（yǐn shé chū dòng）

释义：将蛇从洞里引诱出来，便于抓捕，多用来比喻引诱坏人进行活动，使之暴露。

近义词：欲擒故纵

成语造句：这些骗子非常狡猾，一直躲在仓库里不出来，最后警察引蛇出洞，才将他们一网打尽。

通关文牒

为了将坏人一网打尽，警察叔叔使用了一个计谋将他们引诱出来，你知道这种做法可以用什么成语来表述吗？你还知道哪些相关计谋呢？

答案：引蛇出洞。相关的计谋有欲擒故纵、调虎离山、抛砖引玉等。

第七十八回

山脚借宿猎户家，百炼成钢知识多

百炼成钢

师徒四人跟着小孩来到山脚下，果真遇到了他的猎人父亲。猎人正为孩子不见了而发愁，一回头看见了山坡上骑着白龙马的孩子，欣喜不已，狂奔着冲向众人。

“看，有人冲过来了，速度如此之快，该不会是强盗吧！”猪八戒眼尖，一眼就看到了猎人，着急地提醒众人。

“诸位师父，那是我父亲来接我了。想必是他担心我，看到我特别兴奋。”小孩开心地拍拍双手，说道。

猪八戒眼前一亮，提醒道：“小施主，你可不要忘记俺老猪还没吃晚饭呢！” 孙悟空看着猪八戒句句不离吃的馋嘴样，白了他一眼。

待到猎人到了众人跟前，小孩开心地跳下马来，扑到自己父亲的怀中，并将事情的原委一五一十地向他讲述清楚。

猎人听完十分感激，赶紧道谢并施礼，极力邀请众人到家中用饭。唐僧赶紧还礼。猪八戒怕吃饭的事情泡汤，赶紧说道：“多谢施主，我们师徒就不客气了。不瞒你说，我的肚子早就在抗议了，一直咕咕叫个不停。”说罢，还不忘摸摸自己圆滚滚的肚子。

众人被其滑稽的动作逗得哈哈大笑。猎人一手牵着小孩，引着众人来到了家中的庭院。“各位师父，庭院凉快，大家先吃些山桃解解暑，我再去准备些素菜，一会儿便可以开饭了。”猎人悉心安排着。

猪八戒也不客气，连道谢的话都没说，便率先拿起一个山桃，寻了一把凉椅坐下，大口大口地啃了起来。唐僧看着八戒的样子，无奈地摇摇头，转身向猎人道：“施主，贫僧的徒弟平时有些不拘小节，您别见怪。”又看到猎人的孩子正帮忙端饭，不由得心生赞叹：“施主，你家孩子小小年纪便能在野兽出没的山林中行走，一点儿也不害怕，我瞧着长大后可是了不得的人才呢。”

猎人听到唐僧夸赞自己的孩子，欣喜地说道：“这位师父过誉了，我家孩子也是**百炼成钢**，自幼便跟随我进山，是摸爬滚打练出来的。”

孙悟空自顾自地在一旁吃山桃，当听到“百炼成钢”时，忍不住脱口而出：“施主，据俺所知，这‘百炼成钢’是形容铁块经反复锤炼变成坚硬的钢，你用来形容你家小孩，怕是不妥当啊！”

旁边的沙僧正喝着水呢，听到此话，也连忙咽下，赶紧点头表示赞同，说道：“我和大师兄的想法一样，二师兄你怎么看呢？”

八戒吃得正香，突然被问到，脑子还没转过弯呢，便含糊地说：“俺不知道，别打扰俺老猪吃东西。”

沙僧无奈，只能求助于唐僧：“还请师父为我等答疑。”

唐僧看着沙僧，不紧不慢地说道：“悟空和悟净只说对了一半。这‘百炼成钢’的第一层意思是**铁经过反复锤炼才成为坚韧的钢，**也就是悟空刚刚所说的。它的第二层意思是**比喻人经过长**

期艰苦的磨炼与考验，变得非常坚强，终能成为有用的人物。所以啊，悟空和悟净是只知其一，不知其二。施主用‘百炼成钢’形容自己的孩子也是正确的。”

“原来是这么回事，看来是我和大师兄囫囵吞枣了，没有记清楚它全部的用法，多谢师父。”沙僧道过谢，又继续问道，“师父，我记得‘百炼成钢’出自汉代陈琳的《武军赋》，不过记不清其中的具体内容了。”

“悟空还记得《武军赋》的具体内容吗？”唐僧转而询问孙悟空，意在考查他的所学。

孙悟空这时也吃完了桃子，歪着头想了一下，回答道：“这《武军赋》是东汉末年著名的文学家，‘建安七子’之一陈琳的代表作，文中说‘铠则东胡阙巩，百炼精刚’。”

“师父，俺没说错吧？”孙悟空询问道。

唐僧听了悟空的回答，总结道：“看来徒儿们近日没少下功夫，学得很扎实。特别是悟空，有了很大的进步，值得表扬！”孙悟空一听，立马挺胸抬头得意起来。

猪八戒见自己落了下风，也急着解释道：“俺老猪刚刚太饿了，所以只顾着吃东西了，这个成语俺也是跟着文曲星老师认真学过的。”

唐僧在一旁解围道：“我相信八戒也是知道这个成语的，八戒下次要好好表现呀！”

“没想到我这一句话里的一个成语里面还有那么多的知识呢，今天真是受教了。”猎人听到众人的讨论感慨道。

“不过说实话，这小施主一点儿都不娇生惯养，看到俺老猪也不害怕，还能和俺谈笑风生。”猪八戒坐在凉椅上夸赞道。

“看来也是施主您教导有方，才使他养成了这样好的品质。”唐僧补充说。

“师父们真是过奖了，我哪会教导呀，都是穷苦人家，小孩也要早当家啊。”猎人心里乐开了花，也不忘摆放碗筷，“各位师父，斋饭准备好了，还请各位就座用饭。”

猪八戒一听斋饭好了，赶紧起身，不过这一次他却走到唐僧面前，先将唐僧请到座位上。唐僧笑而不语，心里却很欣喜。

沙僧见此情景，调侃道：“以往二师兄都是抢先入座，今日却如此恭敬，难道是饭菜不合你的胃口？”

“老沙，休要胡说。俺老猪尊师重道，当然要先让师父就座。再者，师父刚刚表扬了小施主有**坚强不屈**的好品质，俺老猪自然也要好好学习。而培养好的品质呢，首先就要从礼让长辈做起。”猪八戒说得头头是道。

孙悟空听罢，说道：“既然要礼让长辈，我作为你的师兄，你是不是也要礼让我呀？”

“猴哥一路上降妖除魔非常辛苦，又是大师兄，我必须得礼让你。”猪八戒将唐僧请到座位上后，立马又走到孙悟空身边，做出一个请的姿势。孙悟空也不客气，便也坐了下来。

众人坐好，斋饭也上齐了，大家乐乐呵呵地吃了一顿美食，笑声满屋。

文曲星驾到

百炼成钢（bǎi liàn chéng gāng）

释义：指铁经过反复锤炼才成为坚韧的钢，比喻人经过长期艰苦的磨炼与考验，变得非常坚强。

近义词：千锤百炼、坚强不屈

成语造句：从小遭受的折磨使他百炼成钢，最终获得成功。

通关文牒

“百炼成钢”这个成语包含了哪几种金属？你能写出来吗？你还能写出其他含有金属的成语吗？

答案：一共包含了两种金属，铁和钢；其他含有金属的成语有一掷千金、铜墙铁壁、破铜烂铁、火树银花等。

第七十九回

师徒四人险迷路，八戒悟空起争执

亡羊补牢

师徒四人在猎人家借住一宿后重新上路，向着那枯松涧出发。八戒看着这茂密的丛林以及时隐时现的山路，心里不免有些犯怵，便对唐僧说："师父，我看这山高林密，正是那妖怪经常出没的地方。不如我们绕路而行，避开这火云洞如何？"

孙悟空瞧着八戒那胆小怕事的样子，忍不住嘲讽道："怎么成佛后，这胆量越发地小了呢？什么强盗，我看你是对那红孩儿的事情产生心理阴影了吧！"

八戒听到孙悟空的嘲讽，气不打一处来，便阴阳怪气地说："俺老猪哪有什么心理阴影，说起来，倒是猴哥你当时可被那三昧真火折磨得够呛吧！"

孙悟空被揭了短，顿时火冒三丈，三步并作两步跃到猪八戒面前，举起手就要揪猪八戒的耳朵。

"悟空，休要吵闹！不要再和八戒纠缠了。"唐僧趁两人还未起争端，急忙喝止。

沙僧见状也在一旁劝道："两位师兄，红孩儿已经被观音菩萨降服，此地应该再无妖怪，二师兄也别担心。想起来当时二位师兄可谓英勇无比，亏得你们拼死与那红孩儿斗法，我和师父才得以被营救。"

猪八戒和孙悟空看众人劝和，也不再纠缠。悟空“哼”了一声，八戒甩了甩衣袖，便各自散开了。

于是，孙悟空在前方引路，猪八戒牵着白龙马，一行人在这丛林中继续赶路。但随着时间流逝，他们渐入丛林，发现这茂密的树林将阳光完全遮蔽，树林里越发显得幽暗凄清。

唐僧看着这场景，焦急地问道：“悟空，咱们是不是迷路了？你快到前面去察看一番，赶紧寻出正确的道路，**亡羊补牢**，为时未晚。”

孙悟空却自信地说道：“师父放心，俺老孙带路可从来没出过错。不过这荒郊野外的，哪里来的羊啊？师父是不是眼花了？”

沙僧听到孙悟空所言，哭笑不得，说道：“师父，要不我们在此歇息一下？您也正好向大师兄讲解一下‘亡羊补牢’的含义。”

唐僧点头同意，缓缓从白龙马上下来，坐到一棵枯树的树干上开始娓娓道来：“悟空，这‘亡羊补牢’乃是一个成语，说的是**羊逃跑了再去修补羊圈，还不算晚，比喻出了问题以后想办法补救，可以防止继续遭受损失**。”

八戒听后对着悟空笑嘻嘻地说：“听到没？猴哥，师父是让你赶紧确认一下是否走错了路，别再一条道走到黑，死不悔改。”

孙悟空刚刚平息的火气“噌”地一下又上来了，他举起手作势要打：“你就是欠打！”

沙僧赶紧打圆场：“两位师兄，你们知道这‘亡羊补牢’出自哪里吗？”

孙悟空气呼呼地回道："俺才不稀罕知道呢！"

猪八戒倒是虚心地求教出处，说道："沙师弟，俺老猪愿闻其详。"

沙僧清了清嗓子，娓娓道来："这个成语广为流传，最早出自**先秦的《战国策·楚策》：'见兔而顾犬，未为晚也；亡羊而补牢，未为迟也。**'后来许多文人骚客也使用过此成语。"

"看来这个成语还挺有名的，俺老猪得赶紧记下来，以后肯定会派上用场的。"猪八戒听后感慨道。

沙僧转身看到孙悟空还在生闷气，便赶紧打圆场为孙悟空找回面子，说道："我相信大师兄的能力，他带路从来就没有出过错。大师兄，你也别生气了，二师兄也是担心大家的安危才口不择言的。"说罢，便向猪八戒使了个眼色。

猪八戒见状，领悟了沙僧的意思，也立马改变了口吻："俺老猪也相信猴哥的能力，俺今天就跟定你啦！”

孙悟空见众人都在为自己说话，便不再计较。他向着唐僧的方向走去，说道：“师父，今日俺也学到了‘亡羊补牢’这个成语，长了知识，也请师父相信俺老孙，再向前走一段路就能走出这树林，请师父不必担心。”

孙悟空紧握双拳，接着又说：“假使还有红孩儿那般妖怪再来捣乱，俺老孙定让他尝尝斗战胜佛的厉害。”

唐僧见孙悟空如此有信心，也放宽了心，欣慰地说道：“八戒**知错能改**，悟空大度宽容，悟净又博学，有你们三位在，我也放心了。好了，我们继续赶路吧。”

众人休息片刻后，在唐僧的号召下又继续前行。猪八戒也不再抱怨，紧跟在孙悟空身后。众人又前行了大约半日，终于走出了树林，感觉前方的道路骤然变得宽广起来。夕阳西下，彩霞映照天空，大家都被这美景吸引了。

猪八戒拍着孙悟空说道：“猴哥果然厉害，我们终于走出了这火云洞的地界，以后俺老猪再也不怀疑你的能力了。”孙悟空笑了笑，指着前方说道：“八戒，我看前方有一个村子，今日的晚餐算是有着落了。”

猪八戒哈哈大笑：“还是猴哥懂我呀！”

文曲星驾到

亡羊补牢（wáng yáng bǔ láo）

释义：羊逃跑了再去修补羊圈，还不算晚，比喻出了问题以后想办法补救，可以防止继续遭受损失。亡，丢失；牢，关牲口的圈。

近义词：贼去关门

成语造句：精心组织的大会虽然出现了失误，但亡羊补牢，为时不晚，我们还可以补救一下。

通关文牒

你还知道哪些包含动物名称的成语？请挑选其中的两个解释一下含义。

答案：狐假虎威、狗仗人势、狼狈为奸、鱼目混珠。

狐假虎威，狐狸假借老虎之威吓退百兽，比喻依仗别人的势力来恐吓人。

鱼目混珠，鱼眼睛掺杂在珍珠里面，比喻以假乱真。

第八十回

卖油翁展示绝活，熟能生巧本事大

熟能生巧

唐僧一行四人历经艰辛，穿过幽森的树林，终于翻过枯松涧。八戒伸了伸懒腰，感慨道："师父一路上担心的妖怪至今也未出现，咱们的运气可真好。"孙悟空听了，顿时就不高兴了："还不是我们警惕性高，让那些妖怪没有可乘之机。"

猪八戒这次学乖了，不再多争辩，反而恭维起孙悟空来："对对对，这都是猴哥的功劳！多亏你机警，护卫周全，这才让那妖怪没有可乘之机。"说罢，他又摸着自己的肚子，催促道："咱们赶紧到前方的村庄去投宿吧，俺老猪早就饿得不行啦！"

于是众人继续向前行走，然后借住在了一名姓王的老汉家里。这王老汉一听众人的来意，顿时肃然起敬，连忙为其准备斋饭。

不一会儿的工夫，斋饭就置备齐全了。王老汉毕恭毕敬地请唐僧师徒落座，自己则在一旁摆弄起油壶来。唐僧客气地请王老汉一同用餐，王老汉笑着答道："我早已吃过饭食，现在正好抽空准备一下明日要售卖的香油。"

"原来这老人家是个卖油翁呀！"八戒嘴里塞满了饭菜，嘟嘟囔囔道。

王老汉专心致志地在一旁摆弄起卖油的器具，只见他拿起一个葫芦放在地上，用勺子从木桶里盛出香油，慢慢地将油注入地上的葫芦里，竟然一滴都未洒落。

沙僧心细，把这过程看得一清二楚，不禁惊叹道："老人家，你这手艺也太绝了吧！"王老汉见沙僧惊讶不已，憨笑道："雕虫小技罢了，如果众位师父有兴趣，老汉再表演个拿手绝活，权当献丑啦！"

说罢，王老汉将一枚铜钱盖在葫芦口上，慢慢地用勺子倒油，香油通过铜钱的方孔注入葫芦里，却没有沾湿铜钱。

众人被王老汉这绝技惊呆了，忙问他有什么诀窍。

王老汉摸摸头，不好意思地说："这也没有什么其他奥妙，只不过是手法熟练，**熟能生巧**罢了！"

猪八戒听到后疑惑不解，挠着头说道："什么东西熟了？咋说着诀窍，又扯到煮东西上了！"

众人听后哈哈大笑。沙僧强忍着笑意解释道："二师兄，没有人要煮东西，我看你是饿昏头了吧。老人家说的熟能生巧指的是熟练了自然就能领悟窍门。这里的‘熟’是熟练的意思，可不是东西熟透的意思呀！”

“俺老猪知道‘熟能生巧’的意思，只是故意装作不知道来考验沙师弟是否了解这个成语。”猪八戒笑着解释道。

孙悟空一眼就看出猪八戒在逞强，想让他出糗，便故意问道：“既然八戒知道‘熟能生巧’一词，那必然知道它出自哪里啦？”

猪八戒突然间被问到，有些心虚，弱弱地回答：“俺当然知道了，它出自……出自……”他装作喉咙不舒服，咳嗽几声，缓缓道：“这太简单了，我把这个表现的机会让给沙师弟。来，沙师弟，你来说说它出自哪里。”

沙僧一看自己被猪八戒拉出来当挡箭牌，不仅没有生气，更是主动帮他解围：“这‘熟能生巧’乃是出自清代有名的大文人李汝珍之手，他写的《镜花缘》第三十一回用到了这个成语。是吧，师父？”

“不错，这原文是：‘俗语说的：“熟能生巧。”舅兄昨日读了一夜，不但他已嚼出此中意味，并且连寄女也都听会，所以随问随答，毫不费事。’”唐僧顺着沙僧的话茬儿接着说道。

猪八戒一看沙僧和唐僧为自己解了围，便硬气地说道：“怎么样，猴哥，还有什么不明白的地方吗？”

孙悟空笑而不语，连连摇头。

唐僧看着自己这两位徒弟，也是无奈地摇了摇头，随后转向王老汉，双手合十，恭敬地对他行礼，又教导徒弟说：“老人家技艺精湛，在于不断地训练。只有不断训练，才能够得心应手，在别人面前展示时才能够游刃有余。所以八戒你一定要多多学习老人家的这种精神，多看书才不会像今日这般回答不上来，切不可再耍小聪明。”

猪八戒一看自己的小聪明被唐僧识破了，自知理亏，便点头称是，同时郑重地保证：“师父，您放心，我以后一定勤奋地读书，积累知识，断不会做‘半瓶子醋’。”

唐僧见八戒这般保证，也满意地笑了。

王老汉听了众人的一番谈话，也是收获满满，便夸赞唐僧道：“唐长老不愧是高僧，你的徒弟们也是学识渊博，小老儿我今日也学到了‘熟能生巧’的出处，受益匪浅呀！”

“老人家，我以后也要向你学习，做事勤加练习，达到熟练的程度，这样才能惊艳众人。”猪八戒抢着说道。

唐僧听了很是欣慰：“八戒所言不错，我们是应该多向老人家学习，但是做事要讲究一个‘诚’字。我们做事是为了对他人有益处才做的，并不是为了炫耀，更不是为了惊艳他人，徒儿们要谨记为师的话。”

孙悟空听了若有所思，认真地点了点头。

“时间也不早了，我们赶紧吃过斋饭去休息，也不要打扰老人家准备明天卖油的事宜。”唐僧紧接着说道。

众人的注意力这才重新回到吃饭上，大家纷纷加快速度进餐，吃完后也早早地休息去了。

文曲星驾到

熟能生巧（shú néng shēng qiǎo）

释义：熟练了自然就能领悟窍门。

近义词：得心应手、游刃有余

成语造句：只有勤学苦练，才会熟能生巧。

通关文牒

请你从以下选项中选出和“熟能生巧”意思相近的成语。（　）

A. 驾轻就熟　B. 耳熟能详　C. 轻而易举　D. 稳操胜券

答案：A

第八十一回

师徒四人赶行程，风尘仆仆行路难

风尘仆仆

师徒四人拜别了王老汉，又上路了。唐僧骑在马背上，嘴里不停地念叨着："徒儿们，我们在路上耽搁了太久的时间，要加快脚步啦！"

猪八戒听了之后，不满地小声嘟囔道："天天玩命地赶路，也不让歇息一下吃口斋饭，又让马儿跑，又不让马儿吃草。"走在八戒身后的沙僧听到八戒嘟囔，连忙关心道："二师兄，你又在抱怨什么呀？难不成是肚子又饿了？我这里还有些干粮，要不要先垫垫肚子？"

"老沙、八戒，你们别再嘀咕了，师父听见又该训斥我们了，俺老孙可不想受你们的牵连。"孙悟空小声提醒两人。

八戒白了孙悟空一眼，心想："这猴子又在这儿充好人。你又不牵马，不挑行李，肯定不累呀！"

但是想归想，猪八戒是不敢说出来的。他生怕孙悟空向他发难，只得默不作声，憋着怨气继续往前走。

这一走又是半日，猪八戒又累又渴，实在受不了了，便一屁股坐在地上撒起泼来，说什么也不走了。

唐僧看到后生气地说："八戒，你看看你这泼皮的样子，成何体统！"

八戒委屈地说道："师父，自从出了火云洞的地界，俺老猪便从未吃饱肚子。如今又是这般拼命赶路，身体实在是吃不消了，还望师父体谅俺老猪。咱们寻个落脚地，吃顿斋饭，休息几日再赶路也不迟啊。"

沙僧也在一旁帮着八戒说话："师父，我们一路上日夜兼程、风尘仆仆，是该缓一缓了。"

猪八戒听了沙僧所言，停止了撒泼，不解地问道："沙师弟，咱们说着休息的事情，哪里来的风沙尘土啊？咱们又不是总遇到沙尘暴，你可不要转移话题。"

孙悟空听了哈哈大笑起来。"我看你是被累昏了头吧！沙师弟好心帮你，你却说着不着边的话，真是可笑呀！"孙悟空嘲讽道。

"猴哥，你可不要挑拨离间，出家人不打诳语，不懂就问嘛。那你倒是说说沙师弟是什么意思啊。"猪八戒不满地回道。

孙悟空寻个背阴处躺下去，跷起二郎腿缓缓道："沙师弟所言**'风尘仆仆'的'风尘'是指旅途中所受的辛苦；'仆仆'指的是疲劳的样子。他是在形容咱们一路上四处奔波，旅途劳累。"**

"原来是这么回事，俺还以为沙师弟故意打岔呢。不过俺老猪怎么对这个成语没有印象呢？"猪八戒不好意思地挠了挠头，问道。

"你还说呢，当时讲解这个成语时，你都睡着了，口水都流了一桌面。"孙悟空毫不留情地将猪八戒的老底都揭了出来。

沙僧这时也在一旁挖苦道："我看二师兄当时一点儿都没听到，我猜他连这个成语的出处也不知晓。"

猪八戒不好意思地说："还真让你们猜对了，俺老猪真是一点儿都不知道。"说罢，嘿嘿一笑，缠着孙悟空为他讲解。

孙悟空被缠得受不了，便说道："我只说一遍，你可记住了。这'风尘仆仆'最早出自元代著名的戏曲作家尚仲贤的《柳毅传书》，书中云：'你索是远路风尘的故人。'怎么样，听清楚了吗？"

沙僧在一旁说道："我再补充说明另一个出处。清代的吴趼（jiǎn）人在《痛史》中化用了这个成语：'三人拣了一家客店住下，一路上风尘仆仆，到了此时，不免早些歇息。'哈哈，如此才齐备呢！"

"这一处，俺老孙倒是给忘记了，多谢沙师弟的补充！"孙悟空说道。

猪八戒听了两人这一番话，总算是长见识了，又想起自己如今这副疲惫的模样，便又向唐僧哭诉道："师父，我们这一路风餐露宿，没有吃过一顿好饭，徒儿我实在是熬不住了。"

沙僧也深有同感，赶忙帮腔道："师父，二师兄说得对啊，我们这一路上栉风沐雨，确实吃了不少苦头，是该好好休整一番了。"

唐僧见他们两人都要求休整一段时间，而自己却仍想继续赶路，一时间犹豫不决，便向孙悟空征求意见。

孙悟空看着猪八戒这一副凄惨的模样，有点儿于心不忍，便说："师父，八戒这一次赶路确实辛苦了些，你看他都多了好些皱纹。不如我们就好好休整几天，休息好了精力充沛，我们便能够加快速度赶路嘛。"

唐僧一看孙悟空也同意休整，也不好再说什么，只得同意，但转头又嘱咐孙悟空：“为师同意休整几日。不过此处荒凉炎热，不适宜休息，不如你为我等寻找一个合适的地方，既能够借宿还能化缘。徒儿们意下如何？”

猪八戒一听唐僧同意休整，连连点头表示同意。孙悟空也觉得唐僧说得有理，便说：“那八戒和沙师弟在此保护好师父，俺老孙到前面探察一番，看看是否有合适的村庄借宿。”说罢，便腾空而起，驾着筋斗云离开了。

文曲星驾到

风尘仆仆（fēng chén pú pú）

释义：形容四处奔波，旅途劳累。风尘，旅途中所受的辛苦；仆仆，疲劳的样子。

近义词：栉风沐雨、风餐露宿

成语造句：两个口渴的旅客经过风尘仆仆的跋涉后终于发现了水源。

通关文牒

（多选题）请你从以下选项中选出和“风尘仆仆”意思相近的成语。（　）

A. 跋山涉水　B. 披星戴月　C. 风餐露宿　D. 风调雨顺

答案：A　B　C

第八十二回

孙悟空搜寻无果，柳暗花明现转机

柳暗花明

孙悟空前去寻找借宿之地，唐僧和猪八戒等人留在原地等候。八戒实在是坐不住，搓着小肥手来回踱步，嘴里碎碎念道："这荒郊野岭的，也不知道猴哥能不能顺利地找到村庄，也不知道俺老猪今天有没有那口福吃到晚饭啊！"

沙僧被八戒来回走绕得心烦，忍不住提醒道："二师兄，我对大师兄有信心，他本领那么高强，找个村庄还不是轻而易举的事情。你就坐下来，安心地等待吧！"八戒叹了口气，只好坐下。

大概过了一炷香的时间，孙悟空"嗖"的一声从空中落下。猪八戒大耳朵一竖，就知道是心心念念的猴哥回来了。他率先站起来，屁颠屁颠地跑向孙悟空，问道："猴哥，怎么样，俺老猪的晚饭有着落了吗？"

孙悟空白了猪八戒一眼，没好气地说："吃，吃，吃！一天到晚就知道吃！你那么关心吃，自己去找吧，别问俺老孙。"

眼看猪八戒在孙悟空这里碰了一鼻子的灰，唐僧也觉察到孙悟空的情绪有些不对，便关切地问道："悟空，是不是在寻找借宿之地的路上碰到了什么困难？讲给为师听听。"

"唉，师父，别提了，俺老孙出师不利，停在一条河边休息时，一不小心滑倒掉到了河里，衣服都湿透了，脱下的衣服不小心又被急流冲走了。俺老孙实在没办法，只能先回来了。”孙悟空咽了口唾沫，继续说道：“没想到刚一回来，八戒就只知道问晚饭有没有着落，真是气死俺老孙了！”孙悟空气得抓耳挠腮、咬牙切齿。

唐僧看着大家垂头丧气的样子，叹了口气，很是担忧。他脱下袈裟披在孙悟空的身上，摸了摸孙悟空的头，安慰道：“悟空，为师知道你尽力了，没有关系的。我们再往前走走，要是实在找不到借宿的地方，悟净那里还有些干粮，先找个地方露宿也未尝不可啊！”

沙僧也随声附和：“是啊，大师兄，我们一路上经常露宿，也不在乎今天这一晚。你说呢，二师兄？”

猪八戒被沙僧点到，也连声回应：“对的，对的，不就是露宿嘛，这有什么大不了的。”正说着，他站起身拍了拍屁股上的灰尘，说道：“走，我们收拾收拾继续出发。”

众人边说边收拾东西，准备继续出发。孙悟空见大家没有责怪自己的意思，便也跟着向前走。

八戒牵着白龙马走在前面，突然停了下来。孙悟空见状立马警觉起来，急切地问道：“怎么了，八戒，有情况？”

猪八戒噘着鼻子，深深地吸了一口气，说道：“有股食物的香味，肯定有人家住在附近，而且已经生火做饭了。”

众人哭笑不得，都以为猪八戒是饿昏了头。八戒不管众人的嘲笑，顺着香味走去，穿过一片草丛，然后兴奋地转身招呼着：“你们快点儿过来看，这里有个小村庄！”

众人不敢相信，赶紧快步上前。果然如猪八戒所说，一座山谷中坐落着十几户人家，一条小溪穿村而过。村口长满了花草，每户人家门前都种着几棵柳树，柳树成荫，微风习习，好不自在。

沙僧情不自禁地感叹道："真是山重水复疑无路，柳暗花明又一村啊！"唐僧也说道："悟净的这一番话，也正是为师想要表达的，果然是柳暗花明啊！"

猪八戒听了疑惑地问道："师父，我记得这'柳暗花明'是形容事情有转机吧，沙师弟用它来形容村子合适吗？"

"你懂啥？用在此处那是再合适不过了。"孙悟空点头同意沙僧所言，随后又补充说，"这'柳暗花明'除了**形容柳树成荫、繁花似锦的春天景象外，还经常用来比喻在困境中遇到转机。**"

"对啊，二师兄，你看看这村子，到处都是鲜花绿草，还有那成排的柳树。另外咱们刚刚还在发愁找不到借宿的地方，结果一转眼你就发现了这么一个世外桃源，这还不是'柳暗花明'

吗？”沙僧高兴地说道。

猪八戒用力地点点头：“确实是很合适啊！”

唐僧看借宿的事情有了着落，眉头舒展开来，便有意考查徒弟们，于是问道：“刚刚悟净说的‘柳暗花明又一村’，你们知道出自哪里吗？”

孙悟空立马抢答：“这应该是出自**宋代著名的爱国诗人陆游的《游山西村》。俺老孙认为这是‘柳暗花明’这个成语的出处。**”

唐僧笑着说道：“悟空只说对了一半，它原始的出处应该是**唐代有名的诗人王维的《早朝》：‘柳暗百花明，春深五凤城。’不过后来唐代的另一位诗人武元衡在《摩诃池送李侍御之凤翔》中也有云：‘柳暗花明池上山，高楼歌酒换离颜。’**如此，它的出处才算完整。”

孙悟空若有所思地说道：“多亏师父提点，俺老孙今日受教了。”

唐僧望着这**山清水秀**的美丽景色，一时间感到**美不胜收**，刚才找不到借宿之地、走投无路的困顿之情也烟消云散了。

此时猪八戒早已饿得不行，向众人说道：“我们先吃饱肚子再来感慨也不迟，俺老猪的肚子早就抗议无数次了。我们赶紧去找户人家借宿吧！”

唐僧摇了摇头，心中的豁然之情也被搅扰得消失了一半，他无奈地说道：“既然八戒如此地急切，那我们就去借宿吧。不过八戒，一定要注意礼貌，切不可丢了佛门的颜面，还是要注意体统。”

八戒回道：“师父放心，俺老猪心里有分寸。”

文曲星驾到

柳暗花明（liǔ àn huā míng）

释义：垂柳浓密，鲜花夺目，形容柳树成荫、繁花似锦的春天景象，也比喻在困境中遇到转机。

近义词：山清水秀、美不胜收

成语造句：道路两旁长满了花草和树木，真是一派柳暗花明的美丽景象。

通关文牒

今天我们学到了“柳暗花明”，它是带有植物名称的成语。你能写出几个类似的带有植物名称的成语吗？看看谁写得又多又好。

答案：闭月羞花、百花齐放、草木皆兵

第八十三回

借宿听闻虎伤人，悟空激将猪八戒

流芳百世

孙悟空走在前头，手握金箍棒，眼睛四处张望，步伐缓慢，密切地注视着周边的环境，好像前方有陷阱一般。他生怕这个村庄是妖怪使诈，用来诱骗唐僧的。

猪八戒牵着白龙马跟在孙悟空身后，他看着孙悟空那过于警惕的模样，心想："这泼猴居然会有这副谨慎的模样，没这必要吧？"他走到沙僧的身边小声嘀咕道："沙师弟，你看猴哥那模样，真是太胆小了，哪有当年齐天大圣的威风啊！"

听了猪八戒的话，沙僧眉头微皱，露出一丝不满："二师兄，这话你说得不对，小心驶得万年船。再说了，大师兄也是为了我们的安危着想，才如此小心翼翼。"

正说着，只见前方的孙悟空忽然停下了脚步，挥着手示意众人也停下。周边的空气好像凝固了，四下里瞬间变得鸦雀无声。猪八戒也紧张起来，他急忙跑到孙悟空身边，声音微颤，问道："猴哥，有情况？"孙悟空只回答了一句："太安静了，别说人影了，一丁点儿人声都没有，俺老孙担心有诈。八戒你之前不是闻到了食物的香味吗？赶紧再闻闻，看看是哪户人家传出的，我们好询问情况。"

猪八戒点了点头，他紧闭双眼，伸长猪鼻，撅起屁股，深吸一口气。“噗——”一股臭屁味儿迅速蔓延开来，大家嫌弃地捏住鼻子，远离他。孙悟空气不打一处来，拧起猪八戒的耳朵喊道：“臭死了，你能不能干点儿正事！”八戒哭丧着脸道：“我又不是故意的，猴哥你别太用力，疼疼疼！”

悟空无奈地放开八戒，又打了一下他的屁股：“赶紧干活！”

八戒揉着耳朵往前走了一段路，很不情愿地向四周嗅了嗅。他不负众望，辨别方向后朝着一户人家走去，并示意孙悟空就是这一家。

众人赶紧跟上去。唐僧首先上前轻叩院门，低声说道：“请问有人吗？施主，我等是路过的僧人，天色已晚，想借宿一宿。”唐僧话毕，片刻后只听“吱啦”一声，房门开了一条缝，探出一个老汉的脑袋。他警惕地看着众人，问道：“你们是从哪儿来的和尚？有什么凭证吗？”沙僧赶紧从包袱里取出通关文牒，老汉仔细地翻看后才将众人请进屋中。

“老人家，你们这村子怎么如此静谧？不仔细打量，还以为这是个荒芜的村子呢！”孙悟空忍不住发问。

“这位长老有所不知，我们这村子正闹大虫（老虎）呢。一个月前的傍晚，不知从哪里窜出来一只大虫，接连伤了好几个人。从那以后，这只大虫每晚都会到村子里骚扰我们。村里人害怕，天一黑便紧闭大门，也不敢出去了。”老汉无奈地摇摇头，“众位长老请便，老朽进到里屋准备斋饭，请稍等片刻。”

猪八戒一屁股坐在木椅上，敞开衣裳露出肚皮，一副轻松愉快的样子。孙悟空看着八戒，眼珠子一转，心想：“一只大虫而已，让八戒出手为民除害，岂不美哉？不过要是让他自愿去干这事，恐怕得忽悠他一下。”

孙悟空不露声色地走到八戒身边坐下，在他耳旁说道：“八戒，这大虫估计就是普通的老虎，不是什么妖怪。你要是能出手为民除害，村子里的人定会对你感恩戴德，你也会在这个村子里流芳百世的。怎么样？这肥差我可是优先考虑找你干的，你要是不干，我就找沙师弟了。”

猪八戒心想：“我除掉大虫，村民们会对我感恩戴德，那肯定也会给我送好吃的。”他顿时眉头舒展，笑靥如花，兴奋地喊道：“没问题的，猴哥！”但转念一想：“怎么会是‘流芳百世’呢？”他垂头丧气地说：“为什么我除掉了大虫，你们就不带我走了，要让我永远留在这个村子里？”

孙悟空闻言一脸疑惑，问道：“八戒你在说什么呢？我并没有要丢下你的意思啊！”

“猴哥，你不是说俺除掉大虫，会在这个村子里‘流芳百世’吗？那不就是留在村子里了吗？”猪八戒赌气说道。

孙悟空忍不住哈哈大笑起来，缓了一阵才说道：“八戒，我看你的学问都学到肚子里去了。**这‘流芳百世’中的‘流’是流传的意思；‘芳’是香的意思，指的是好名声；‘百世’代指时间久远。这个成语的意思是说好的名声永远流传下去。**”

“原来不是要把俺丢下呀！那就好，那就好！”猪八戒脸羞得通红，挠着头说道。

一旁的沙僧听了猪八戒的话，也被他憨憨的模样逗得忍俊不禁，便随口提了一句：“二师兄，敢问这个成语的出处？”

猪八戒嘿嘿一笑，难为情地说道：“俺老猪连这个成语都不记得，哪里还能知道它的出处呢！”

孙悟空连忙安慰道：“八戒不必难为情，俺老孙今日告诉你，不过你要答应俺去除掉那大虫。”猪八戒拍着胸脯保证：“放心，猴哥，俺老猪说一不二。”

“这‘流芳百世’出自**西晋著名史学家陈寿的《三国志·魏志·后妃传》：‘并以贤明，流芳上世。’这是最早的出处，后来唐代有名的宰相房玄龄在编纂的《晋书·桓温传》中提出：‘既不能流芳百世，亦不足复遗臭万载耶？’**这才形成了‘流芳百世’。怎么样，记住了吗？”孙悟空踱着步说道，一转身，只见猪八戒拿着小本子认真地记着。

唐僧看到八戒用功的样子，欣慰地一笑，向猪八戒投去赞许的目光。

孙悟空讲完又嘱咐道：“八戒，你去降服那大虫时，一定要注意不要破坏村民的房屋。要不然你不仅不会**名垂青史**，搞不好还会被村民们嫌弃，遗臭万年哟！”

猪八戒却自信满满，将手里的九齿钉耙舞得“呼呼”作响，高声说道：“虽然这大虫伤人早已臭名远扬，但俺老猪也不是等闲之辈，你们就放心地等我回来。俺老猪保证，降服大虫回来后正好开饭！”

说罢，猪八戒腾空而起，飞向夜空。

文曲星驾到

流芳百世（liú fāng bǎi shì）

释义：好的名声永远流传下去。流，流传；芳，香，指好名声；百世，时间久远。

近义词：永垂不朽、名垂青史

成语造句：为了新中国而牺牲生命的革命先烈，他们的美名和英雄事迹一定会流芳百世、代代相传。

通关文牒

请你根据下面的情景选择合适的成语填入句中，使句子语义通顺。

关云长义薄云天、骁勇善战，而他的忠勇之名更是（　　）。

A. 流芳百世　　　　B. 臭名远扬

C. 遗臭万年　　　　D. 鲜为人知

答案：A

第八十四回

孙悟空冲锋陷阵，降妖除魔护乡里

冲锋陷阵

老汉一直在里屋准备斋饭，并不知晓猪八戒因受到孙悟空的鼓动，已动身前去降服大虫。他端着饭菜走出来，摆着碗筷，数着人数，发现少了一人。于是他揉了揉眼睛，又仔细地数了一遍人数，发现还是少一人。老汉挠着头，疑惑地问道："诸位长老，老朽记得你们一行四人，怎么只剩下三人了。现在天色已晚，可千万不能随意出门，小心被那大虫伤着。"

还未等唐僧开口回应，孙悟空便溜达到老汉身边，漫不经心地说："施主不用担心，我那师弟去帮你们排忧解难去了。"老汉听得一脸迷糊，自言自语道："解难？你们刚来能解啥难，别被大虫吃掉就阿弥陀佛了！"

沙僧看老汉这么不相信他们，便解释道："我二师兄会三十六般变化，用那九齿钉耙除妖无数，帮你们除大虫对他来说就是小事一桩。"沙僧的话音刚落，房门"啪"的一声被推开了，众人定睛一看，原来是八戒。只见他上气不接下气地喘个不停，嘴里的字慢慢地往外蹦："猴哥、沙师弟，赶紧……赶紧帮忙……"

孙悟空赶忙上前搀扶，急问道："怎么如此狼狈？"八戒缓了一下，说道："俺去除那老汉说的大虫，没承想误打误撞闯进了妖怪的洞府。那领头的妖怪手段高明，俺不占地利，又没有帮手，便败退下来。这不，那妖怪领着一群小妖追过来了。”

“呵呵，竟然自己送上门来了，这一次要让这些妖怪尝尝俺老孙的厉害！”说罢，孙悟空提着金箍棒便冲了出去。

唐僧担心孙悟空寡不敌众，忙令猪八戒和沙僧赶去帮忙。门外妖怪们叫喊声一片，村民们都被惊醒了，纷纷隔着门缝向外张望。

只见这孙悟空毫不畏惧，单枪匹马冲入敌阵，与那妖怪头领缠斗在一块儿。猪八戒和沙僧也没闲着，他们分别挥舞着九齿钉耙和降妖宝杖，清理着周边的小妖。这一次有了沙僧和孙悟空，八戒心里有了底气，九齿钉耙所到之处，妖怪皆有伤亡。

唐僧见徒儿们越战越猛，形势逐渐有利，不禁叫好道：“悟空真是勇猛，一人**冲锋陷阵**，尽显英雄本色。”站在唐僧身后的老汉耳朵有点背，他听见唐僧说话，就把耳朵凑过来说道：“什

么？长老，你要吃大葱馅儿的包子？你放心，等几位长老凯旋，包子管够！”

唐僧“扑哧”一笑，正要解释，却听得孙悟空大喊一声：“妖怪，拿命来！”只见孙悟空趁妖怪头领不注意的空档，一棒打中他的脑门。这妖怪头领哪受得了这致命一击，一下子便没了气。沙僧一看妖怪头领没气了，小兵还剩下一些，便大声呼喊：“乡亲们，勇敢些，妖怪所剩不多了，大家拿起武器，保卫自己的家园，冲啊！”

村民们一直在观察着这里的情况，知道妖群落了下风，马上就要被歼灭，听了沙僧的号召，一个个都拿着木棍、斧头、菜刀冲出家门，冲向妖怪。一时间喊杀声、妖怪的求饶声交织在了一块儿。

孙悟空赶回唐僧身边，正要向唐僧汇报情况，却见老汉从屋里拿出一笼热乎乎的包子端到他面前，并说：“孙长老，大葱馅儿的包子，赶紧趁热吃。”

孙悟空一头雾水，甚是不解。唐僧过来向老汉解释道：“施主，我刚刚是说我徒弟冲锋陷阵，这是一个成语。**‘陷’是攻破、深入的意思，**这个成语的意思是**不顾一切攻入敌人阵地，它形容作战勇猛，**可不是说我们要吃大葱馅儿的包子呀！”

唐僧正要继续解释，怎料猪八戒听到院内在谈论包子，他那饿得不行的肚子咕咕直叫，灵敏的鼻子指引他跑进了院子里。他一手拿起一个包子就往嘴里塞，边吃边说：“猴哥不吃，俺老猪来替他解决，俺早就饿得前胸贴后背了！”

孙悟空着急地责备道：“妖怪尚未解决，你就跑进来。要是有村民伤着了，俺老孙拿你是问！”猪八戒满不在乎地说：“俺老猪出生入死打妖怪，吃点包子不为过吧？况且沙师弟正在外面扫尾，剩下的小妖都被村民们吓得望风而逃啦！”

听了猪八戒所言，众人放下心来。唐僧继续接着话茬儿说道：“施主，我接着说啊。这成语‘冲锋陷阵’出自唐代有名的史学家李百药撰写的《北齐书·崔暹（xiān）传》，书中说：‘冲锋陷阵，大有其人。’”

孙悟空听后眼珠子一转，想到了该成语的另一个出处，他补充道：“师父，这个成语是不是在唐代另一位史学家令狐德棻（fēn）的《周书·卷十五·李檦（biǎo）传》中也出现过？俺老孙记得是：‘冲锋陷阵，隐身鞍甲之中。敌人见之，皆曰“避此小儿”。’意思是说，只见他骑马挥矛向敌人冲击，深入敌人阵地，藏身在鞍甲中。敌人看到他，都说‘避开这个小孩子’。俺说得对吗？”

老汉听了之后很是佩服，竖起大拇指：“哎呀，这位孙长老真是文武双全，既能赴汤蹈火，舍命降妖，令妖怪们临阵脱逃，又知晓成语知识，真是厉害。”

孙悟空听到这突如其来的夸奖有些飘飘然，嘴角不自觉地上扬。

猪八戒看到孙悟空得意扬扬的样子，有些不满，正想调侃他，结果沙僧领着一大帮村民来到院中，将这小小的院子挤得水泄不通。不一会儿工夫，就连老汉家门口都围满了村里的男女老少。

沙僧对着唐僧说道：“师父，村民感激我们打跑了妖怪，都要过来感谢我们。这不，我把他们带过来了。”

只见村民们都高声齐呼：“感谢高僧帮助我等排忧解难，解决了妖患，还请收下我们的心意。”说罢，众人将手里提着的各种好吃的东西举过头顶。

孙悟空对着猪八戒挤挤眉，轻声说道：“怎么样，八戒，俺老孙没骗你吧？好吃的是不是到嘴边了？”

猪八戒用手肘顶了顶孙悟空，道：“俺老猪可从未怀疑过猴哥，来，咱们今天就敞开了吃喝吧！”

唐僧抵挡不住村民的热情，便邀请众人一起就餐。最终，众人在一片欢声笑语中愉快地用了餐。

文曲星驾到

冲锋陷阵（chōng fēng xiàn zhèn）

释义：不顾一切攻入敌人阵地，形容作战勇猛。陷，攻破、深入。

近义词：出生入死、赴汤蹈火

成语造句：这位将军非常勇猛，经常在战场上带领士兵们冲锋陷阵、奋勇杀敌。

通关文牒

（多选题）今天我们学习了“冲锋陷阵”这个成语，请你从以下选项中选出与“冲锋陷阵”意思相反的成语。（　）

A. 勇往直前　B. 贪生怕死　C. 畏首畏尾　D. 奋不顾身

答案：B C

大话成语学堂 6

跟着特级教师巧学成语

陈琴 主编 周美琳 向诗意 编

人民邮电出版社
北京

图书在版编目（CIP）数据

大话成语学堂 : 跟着特级教师巧学成语. 6 / 陈琴主编 ; 周美琳, 向诗意编. -- 北京 : 人民邮电出版社, 2023.6

ISBN 978-7-115-61102-4

Ⅰ. ①大… Ⅱ. ①陈… ②周… ③向… Ⅲ. ①汉语－成语－小学－教学参考资料 Ⅳ. ①G624.203

中国国家版本馆CIP数据核字(2023)第023953号

内容提要

历经重重考验，唐僧师徒四人终于取得“成语真经”，圆满完成了此次取经任务。他们兴高采烈地要回天庭复命，但是，取经之路真的结束了吗？

在这一册中，请你紧跟他们的脚步，一起来探寻“完璧归赵”“囫囵吞枣”“闻鸡起舞”“衣冠禽兽”“锲而不舍”等成语背后的故事，完成一次难忘的西游之旅吧！

本书依托《西游记》中鲜活的人物形象，将历险故事与成语知识紧密结合，让孩子在快乐阅读中追溯成语本源、纠正成语误用、发现成语妙用。

◆ 主　　编　陈　琴
编　　　　周美琳　向诗意
责任编辑　朱伊哲
责任印制　周昇亮

◆ 人民邮电出版社出版发行　　北京市丰台区成寿寺路 11 号
邮编　100164　　电子邮件　315@ptpress.com.cn
网址　https://www.ptpress.com.cn
天津千鹤文化传播有限公司印刷

◆ 开本：880×1230　1/32
印张：16.625　　　　2023 年 6 月第 1 版
字数：372 千字　　　　2023 年 6 月天津第 1 次印刷

定价：158.00 元（全 6 册）

读者服务热线：(010)81055296　印装质量热线：(010)81055316
反盗版热线：(010)81055315
广告经营许可证：京东市监广登字 20170147 号

目录

第八十五回

再次行至黑水河，见河神完璧归赵

完璧归赵

自从唐僧众人帮助村民成功除掉了村子附近的妖怪，村里一扫寂静恐惧的气氛，再次恢复了热闹的景象。家家户户都拿出了美食，热情款待唐僧师徒，盛情邀请众人在自己家中住宿。盛情难却，唐僧只得一一答应，没想到一晃便过去了半个月。

唐僧看着日子一天天过去，心里实在是着急。在他的不断催促下，悟空等人收拾行李准备启程。众人告别了前来送行的村民们。猪八戒伸伸懒腰，望着远方的村子，眼中一片失落。孙悟空看着八戒这副模样，安慰道："八戒，我听村里人说前面不远就有一个大的村镇，那里肯定有很多好吃的，你就振作一些吧！"

猪八戒听后，黯淡的双眼忽然放光。他变得精神饱满，挺直了腰杆，大步向前走，嘴里还催促着众人加快脚步。

没多久，四人走到了一条河边，而河对岸就坐落着一个大村镇。八戒心里乐开了花："看样子猴哥果然没有骗我。"沙僧眼尖，发现了岸边的石碑，赶紧跑过去看了一下，然后对众人说："师父，这条河就是我们之前经过的那条黑水河。碑文上说在此兴风作浪的妖怪被降服后，河水逐渐变得清澈，人们便将此河改称'清水河'，又立了碑在此。"

孙悟空凝望着河面沉思了一会儿，拍着脑袋说："还真是之前的黑水河啊，还记得当年我们在此渡河时，八戒和师父被那小鼍（tuó）龙抓走，多亏西海龙太子协助，俺老孙才制服了那妖怪，这河水才由黑变清。”

沙僧被孙悟空的话点醒了：“大师兄这么一说，我倒是记起来了。后来我们还找了当地的河神才渡过此河。”沙僧又拍了拍脑袋：“对了，当时河神借给我们一颗定海神珠，我们走得急没来得及归还，这一次可要记得**完璧归赵**。”

“怎么，那河神姓赵？你们怎么知道的？哼，俺老猪咋就不知道？”猪八戒随口说道。

孙悟空听后哈哈大笑，心想：“八戒又闹出笑话来了。这一次又可以看他出丑了。”八戒被悟空这一笑给整蒙了。

沙僧上前解释道：“二师兄，我说的‘完璧归赵’可不是指什么河神姓赵，**它指战国时的蔺相如将和氏璧完好地自秦国**

送回赵国，后常用来比喻把原物完好地归还本人。”

“你现在知道我为什么笑了吧，我是笑你无知！”孙悟空毫不留情地讽刺道。

猪八戒满脸通红，只能求助于唐僧，说道：“师父，你看猴哥又欺负俺老猪，俺只不过是没仔细听沙师弟说的话，便顺口答了一句。俺老猪的学问虽然比不上师父你，但是猴哥和沙师弟，俺还真不服他们！他们只知道这成语的意思，俺老猪可是知道这个成语的出处的。”

“哦？那八戒你跟为师说说，这个成语出自哪里呀？”唐僧问道。猪八戒自信地回道：“出自《史记》。怎么样，师父，俺没说错吧！”唐僧本想继续追问，但他知道猪八戒，学识浅、好面子，便想着帮助他一下，于是回道：“不错，看样子八戒是知道的，这‘完璧归赵’**出自西汉著名的史学家司马迁的《史记·廉颇蔺相如列传》，原文说：‘城入赵而璧留秦；城不入，臣请完璧归赵。’**八戒要记住啊！”

猪八戒听后喜笑颜开，感激道：“多谢师父解围，俺老猪以后一定多学习，不让师父失望。”

话刚说完，他就屁颠屁颠地跑到孙悟空和沙僧的身边，脸上泛着红晕，大耳朵随着他的跑动上下摇晃着，活脱脱一个拨浪鼓。待到走近孙悟空，猪八戒故意咳了一声，说道：“猴哥，那定海神珠一定要**物归原主**啊！我们要像司马迁的《史记》记载的蔺相如那样完璧归赵哟！”

“哟，八戒倒是知道完璧归赵出自《史记》啊！那你刚刚怎么不说，还闹出笑话，说什么河神姓赵。”孙悟空阴阳怪气地说道。

“哎，我这不是故意的嘛，就想看看你们能不能听出俺老猪说错了。”这猪八戒说起谎话来，面不红心也不跳。

孙悟空知道八戒那点儿伎俩，但也不想再和他多费口舌，便不理会他，径直走向河边，大声呼唤道：“河神在吗？我等有事相求。”接连呼唤了数遍，才见刚刚还平静的河面泛起一阵波澜。不一会儿，河水翻滚，只见一人身披白衣，头戴玄冠，身后跟着十余名童子，纵马自河面而来。

这人骑着白马来到众人面前，见到孙悟空，毕恭毕敬道：“大圣召唤小神来此，是否想要再次渡这黑水河，不，是清水河呀？”

猪八戒一听，心想：“哟，还真是之前的黑水河呀。”

孙悟空抱拳拱手道：“烦劳啦！对了，上次你借俺老孙的定海神珠，俺之前忘记归还，这次就物归原主。”说罢，便从怀中取出珠子，双手递给河神。

河神接过珠子，捧在手心里端详，确定是自己的定海神珠无疑，说道：“区区珠子，还劳大圣挂念！小神掌管十八条河道，共有十八颗定海神珠。这清水河的妖怪自从被大圣降服后，便不需要定海神珠镇压，所以当年小神借给大圣后便忘记了。没想到辗转多年，它又回到小神手上了！如此也好，小神就收回继续放入这清水河中。”

沙僧道：“我等一时疏忽，毕竟是你的东西，还是要完璧归赵，我们也算了却了一件心事。”

河神忙回道：“沙长老言重了，无心之失而已。珠子失而复得，小神惊喜不已。诸位还请上船，小神早些将诸位送去对岸，以免耽误了诸位的行程。”说着便使用法术，变出一艘船来。

师徒四人赶紧上船，向着对岸前进。

文曲星驾到

完璧归赵（wán bì guī zhào）

释义：本指蔺相如将和氏璧完好地自秦国送回赵国，后比喻把原物完好地归还本人。

近义词：物归原主

成语造句：老张，我向你借的摄影机，明天保证完璧归赵。

通关文牒

“完璧归赵”这个故事的主人公名叫蔺相如，你还知道有关蔺相如的其他成语吗？

答案：渑池之功、负荆请罪

第八十六回

集市中见大智慧，猪八戒感悟良多

买椟还珠

送走河神后，众人便继续出发，向前走了数百丈，穿过一片树林，来到了一个熙熙攘攘的集市。

猪八戒喜欢热闹，到了集市中便东瞧瞧，西望望，最后被一个书摊摊主的叫卖声吸引了。只见摊主手里拿着一个雕花木盒当街叫卖，吆喝着：“瞧一瞧，看一看，宝盒盛宝物。”八戒心想：“这儿能有什么宝物呢？俺也去开开眼界！”

于是猪八戒径直地走向书摊，拿起摊主手上的木盒端详。他用小胖手不停地抚摸着盒子上的花纹，发现这上面镌刻着一幅楼船将军阅舰图。只见木盒上的将军虎背熊腰，有一双螳螂腿，穿着金丝甲胄，脚蹬虎头靴，拿着一把方天画戟立在船头目视远方，检视着前方的一众船只，好一副威风凛凛的模样！

这不由得让猪八戒想起了自己还是天蓬元帅时，统领天河水军的光辉时刻。如今物是人非，他不由地鼻头一酸，擤了擤鼻涕，心想：“这宝贝盒子如此精致，俺一定要买下来珍藏！”

说干就干，他急忙问道：“店家，你这木盒多少钱啊？”这摊主赶紧以笑脸迎上去，说道：“客官你是问这里面的书吧？一千文，童叟无欺。”八戒不解地问道：“什么书啊？俺是问这个盒子多少钱！”

摊主被八戒弄得一头雾水，心想：“这人如此奇怪，不买书，为何一直问盒子的价钱啊？”猪八戒见店家迟迟不回话，想到刚刚听到他说一千文，觉得很值，生怕店家反悔，便赶紧扔下一包铜钱，说了句：“一千文，你数数。”然后抓起木盒就跑了。

孙悟空一转头，发现八戒悄悄地跑过来，眉开眼笑的，便问：“八戒，看你满面桃花，有什么喜事吗？”

猪八戒心想：“俺买木盒的事情可千万不能让这猴子知道，要不然俺的私房钱就要不保了。”于是赶紧回道：“俺老猪刚才在路口找人询问住宿的事情，哪里有什么喜事呀！”

由于心虚，八戒的眼神躲躲闪闪的，笑容也消失不见了，额头上渗出汗珠。孙悟空“哦”了一声，继续向前走去。八戒长舒一口气，抹了抹汗，把手搭在肚子上，隔着衣服抚摸着木盒。没想到孙悟空杀了个回马枪，他不露声色地走到八戒身后，趁八戒不备，突然将手伸进八戒怀中，掏出了那个木盒。

八戒没有防备，冷不丁地被孙悟空“偷袭”，看到刚到手的宝贝在孙悟空手中，忙呼喊：“猴哥，小心些，千万别弄坏那木盒！”紧接着他转身向唐僧求助：“师父，你看看猴哥，他把俺老猪的东西抢走了！”

孙悟空看八戒如此珍惜这个木盒，便拿起来端详。只见这木盒纹饰精美，上面雕刻着双龙花纹，周边镶嵌着蓝宝石，还散发着一股清香。“这么美的盒子，里面到底装了什么宝贝？”孙悟空好奇地打开木盒，见里面放的是一本装订精美的古籍。孙悟空调侃道：“呦，八戒，没想到你还挺稀罕这本书呀，居然用这么精美的盒子装它！”

八戒正要抢回木盒，听到悟空这么一说，歪着头问道：“什么书啊？哪儿来的书啊？”

说罢，他夺回木盒，发现木盒里果然有本书。他拍着大腿说道：“肯定是那个卖书的忘了取出来，俺老猪得赶紧还给他。”

听了八戒所言，沙僧忙问：“二师兄，你是在哪个摊位买的这个木盒？”“卖书的摊位呀！”八戒一口回道，正要跑回去。

孙悟空急忙拉住他，讥讽道：“八戒，你这么做不就是**买椟还珠**吗？真是和那个郑国人一样蠢笨。”

八戒听到孙悟空骂自己蠢，心中不悦，回嘴道：“俺不就是买了个盒子嘛！你说什么犊啊、猪的？有必要骂我吗！”

沙僧忍不住大笑道：“二师兄，大师兄说的是成语‘买椟还珠’。这**‘椟’是木匣，‘珠’是珍珠，买椟还珠是说买下木匣，退还了珍珠，比喻没有眼光，取舍不当。**”

“哦，是这个意思啊！那买木匣的那个人也太傻了吧！”八戒转念一想，感觉哪里不对劲，赶紧说道，“不对，刚刚那猴头说我是‘买椟还珠’，难道是说我傻？”

唐僧看了八戒手里的木盒，又拿出那本古书，一看竟是一本绝版的书籍，无奈地说道：“徒儿们，你们谁给八戒讲一下这买椟还珠的出处，也好让他知道自己错在哪儿了。”

沙僧赶忙举手，说道：“这‘买椟还珠’出自**战国著名的思想家、法学家韩非所著的《韩非子·外储说左上》，原文说：‘楚人有卖其珠于郑者，为木兰之柜，熏以桂椒，缀以珠玉，饰以玫瑰，辑以羽翠。郑人买其椟而还其珠。’**意思是……”

沙僧刚想继续说下去，却被孙悟空抢过话头：“意思是楚国商人为了卖出珍珠，找来珍贵的木材打造了一个精美的木盒，又用漂亮的羽毛装饰，用名贵的香料熏染，将珍珠放到木盒里售卖。有个郑国人看中了这个盒子，出高价将它买了下来，却将里面最值钱的珍珠还给了楚国商人，只将盒子带走了。”

唐僧点了点头，补充道：“这个故事告诫我们不要**本末倒置**，不要学这个郑国人。他**舍本逐末**，没有认识到珍珠才是最有价值的，付了珍珠的钱，却只带走了不如珍珠价值百分之一的木盒。”

紧接着，唐僧转向八戒，问道：“八戒，你可知道这本书乃是绝版书，它的价值远远高于你所珍视的那个木盒？你确实是犯了和那个郑国人一样的错啊！”

猪八戒听了众人的话低头不语，陷入了深思，良久才回过神来，诚恳地说道：“师父，俺老猪明白了，刚刚俺也是只看中了这个精美的木盒，却忽略了其中的书籍才是最珍贵的。俺老猪以后会吸取教训，多读书，勤学习，力争戒除浮躁。”

唐僧看到猪八戒那么快便领悟了自己的意思，而且又有动力去践行，非常欣慰，微笑着招呼众人：“徒儿们，为师肚子也饿了，咱们赶紧去找个地方吃些东西吧！”

猪八戒一听吃东西，开心得要飞起来了，赶紧将书收拾好，小心地放进木盒中。孙悟空笑着说：“八戒一听到吃的，干什么都有劲儿。”

文曲星驾到

买椟还珠（mǎi dú huán zhū）

释义：买下木匣，退还了珍珠，比喻没有眼光，取舍不当。椟，木匣；珠，珍珠。

近义词：舍本逐末、本末倒置

成语造句：我们读书时要有主次之分，注意把握书中的内核，千万不能买椟还珠，追捧浅显的意思。

通关文牒

我们今天学习了“买椟还珠”这个成语，那你知道它出自以下哪部先秦时期诸子百家的著作吗？（　）

A.《列子》　　B.《韩非子》

C.《战国策》　　D.《吕氏春秋》

答案：B

第八十七回

猪八戒挑灯夜读，唐三藏喜上眉梢

囫囵吞枣

唐僧领着徒弟们来到一个包子铺前，众人一口气点了十几笼素包子。猪八戒一口一个，吃得赞不绝口。眼见天色渐渐昏暗，猪八戒建议道：“师父，今日好不容易路过一个这么大的村镇，我们不如在此多待几日，俺老猪也正好将购买的那本书仔细阅读一番。”

唐僧见此时已是夕阳西下，便点点头说：“之前耽误了太久的时间，休息的话也只能在此待一晚，明日就要上路。对了八戒，明日为师可要检查你读书的情况，不可偷懒。”

一行人来到驿站下榻，唐僧吩咐大家早点儿休息，于是众人便各自进了房间。

到了半夜时分，孙悟空起床上茅厕，发现猪八戒的屋子还亮着灯，心想：“八戒这么晚还不休息，又在干什么呢？”他蹑手蹑脚地上前，趴到窗户上向里望去，原来这八戒正在油灯下看书呢。“真是奇哉怪也，太阳打西边出来了，八戒会如此用功？”孙悟空不敢相信，他按捺不住性子，便推门进去，唤了一声“八戒”，却不见八戒回应。他走近一看，原来八戒单手托着下巴，正在打瞌睡呢。

孙悟空暗笑：“这才是我认识的八戒嘛！”他使劲推了一下

八戒，八戒被他这么一推，保持不了平衡，整个人摔倒在地，瞬间惊醒。“谁！敢来打搅老猪的美梦，找死！”八戒气得一跃而起，张牙舞爪地摆出要打人的架势。

孙悟空问道：“你说要打谁？”八戒揉着眼睛，看清来人是孙悟空后，嘟囔道：“猴哥，俺老猪在梦中马上就要吃到烤鸭了，都怪你叫醒俺，到嘴的鸭子飞了。”

孙悟空可不管什么美梦鸭子，他跳到书桌上，指了指书，问道：“八戒，这书看得怎么样了？”

猪八戒满脸写着不高兴，不耐烦地回道：“俺老猪早已经翻看一遍了。”

孙悟空一听，说道：“那好，俺老孙考你一下，看看你掌握得如何。”

猪八戒眉头一皱，自信地回道：“考就考，尽管放马过来。”

孙悟空随手翻开书，问道：“这书中写道：‘达则兼济天下，穷则独善其身。’你是怎么理解这句话的？”

猪八戒摇头晃脑，感觉快要睡着了，迷糊地答道：“这句话是说发达了的人就可以独步天下，穷人只能自己一个人挨饿。”

孙悟空一听便生气：“八戒，你这根本就是**囫囵吞枣**嘛。明天师父问起来，你要是这样回答，肯定会被责备的。”

没想到这八戒只听到“枣”字，眼睛放光，扯着孙悟空的衣兜问道：“猴哥，枣在哪儿？快点儿把枣给俺，没吃到烤鸭，吃些枣也行啊！”

“吃，吃，吃，早晚撑死你！俺老孙说的是‘囫囵吞枣’。这‘囫囵’是整个儿的意思。**这个成语是说把枣整个儿咽下去，不加咀嚼，不辨滋味，比喻理解事物笼统含糊，或为学不求甚解。**

俺老孙是说你读书不求甚解，回答俺的提问也只是浮于表面。”

猪八戒一听没有枣吃便垂头丧气，加之孙悟空又批评自己理解知识浮于表面，气得双手叉腰：“俺老猪的回答哪里浮于表面了？”

孙悟空见他不服，便说：“这‘达’是指能力出众，‘穷’指的是不得志，身处逆境，可不是指穷人。这句话的意思是，如果能力出众，就多为国家和人民做贡献；如果能力有限，那么就修养自己的品格，过好自己的生活。这是一种积极的处事态度，怎么到你嘴里，就变成有钱和没钱了？你说，你的理解是不是浮于表面？你是不是囫囵吞枣？”

“唉，让俺老猪白高兴一场，俺还以为能吃东西呢！”猪八戒自知理亏，不想和孙悟空争辩，顺势倒头就要睡。

“**宋代的圆悟禅师在《碧岩录》中写道：‘若是知有底人，**

细嚼来咽；若是不知有底人，一似浑仑吞个枣。’我看你就是里面那个‘不知有底人’，真是不可救药，明天就等着师父责备你吧！”孙悟空看到八戒这副模样，生气地责备道。

这猪八戒正躺下，听到孙悟空说明天师父会责备自己，便赶紧坐起来，质问道：“俺老猪又没做错事，师父为何要责备俺？”

孙悟空见猪八戒还不知错在何处，便好言相劝道：“今日师父是不是说过明天要检查你的读书情况？就凭你现在这不求甚解的读书态度，师父他老人家绝对会数落你一整天。”

猪八戒一听瞬间没了脾气，想到师父在自己耳边叨叨的画面，吓得连忙捂住耳朵。他不敢再想，赶忙请孙悟空坐下，为悟空揉肩捶腿：“猴哥，你说俺老猪现在该怎么办呢？赶紧给俺支支招。”

孙悟空故意卖关子，捏着嗓子慢悠悠地说：“不知怎的，俺老孙的脖子有点儿酸痛啊，还有这脚腕也是。”

孙悟空享受了猪八戒的按摩之后，这才懒洋洋地说道：“八戒，读书不能生吞活剥，要抓住本质，同时还要细嚼慢咽。只用一晚上的时间，你不可能读完整本书，那么你就专门读其中的一篇，抓住重点仔细阅读。你只要按我的方法来做，保准师父不会难为你，也不会责备你。”说完，便起身离开。

八戒无奈地望着悟空离去的背影叹了口气：“反正也没有什么好办法，姑且就相信这猴头，死马当活马医吧。唉，看来今晚俺老猪要挑灯夜读，睡不好觉咯！”

第二天，众人在唐僧的催促下一早便动身出发了。在路上，唐僧询问八戒读书的情况。

猪八戒自信满满，将昨夜孙悟空讲给他听的话略做修改后讲了出来：“师父，徒儿认为，读书应该细嚼慢咽，不能图快，而且要深入探究，不能囫囵吞枣，方能融会贯通。所以昨夜俺就细读了这本书中的一篇，之后还会再参考阅读其他的书籍。”

“八戒你能有这般读书态度，为师是既惊又喜，你要继续保持下去啊。我以后再和你细讲该如何读书。”

猪八戒听到唐僧的夸赞，高兴得眼睛眯成了一条缝。迎着初升的太阳，众人听着猪八戒哼的小曲，继续向前走去。

文曲星驾到

囫囵吞枣（hú lún tūn zǎo）

释义：把枣整个儿咽下去，不加咀嚼，不辨滋味，比喻理解事物笼统含糊，或为学不求甚解。囫囵，整个儿。

近义词：不求甚解、生吞活剥

成语造句：研究学问最怕囫囵吞枣，缺乏辨别能力。

通关文牒

有个人听说吃梨对牙齿有好处，但是会损伤脾胃；吃枣对脾胃有好处，但是会损伤牙齿。于是他想了一个办法：吃梨只嚼不咽，吃枣只吞不嚼。他认为这样就不会伤牙与脾胃了。

你觉得可以用哪一个成语来形容这个人？从这个故事中你能得到什么启发？

答案：囫囵吞枣。得到的启发是我们在读书学习时，对所学的东西要多加思考，不能不加分析、思考，不求消化理解而笼统地接受，不然容易导致片面理解而闹笑话。

第八十八回

猪八戒知错能改，孙悟空智降蝇怪

渑池之功

这日，师徒四人来到一座城门外，唐僧抬头望去，只见牌匾上写着熟悉的“车迟国”三个大字，感叹道：“真是记忆犹新啊！”

“是啊！”悟空兴奋地说道，“想当初与那虎、鹿、羊三妖怪斗法，这城里还是石砖瓦房，怎么一晃眼整座城就改造升级得这么壮观了呢？”

“哎哟，大师兄你也太落伍了吧，我们上次取经都是什么年代的事了，现在许多城市打造得简直比天庭还要美！”沙僧笑着说。

“什么比天庭还美啊，那边不就有一个满是苍蝇的池塘吗？”八戒小眼睛一翻，不屑地说道。

一行人看向八戒说的地方，那里果然有一个偌大的黑色水池，水面上不计其数的苍蝇摇晃着黑黑的身子，正大摇大摆地向城中飞去。

“嘶……”四人同时倒吸一口凉气，“这么多苍蝇为什么会出现在这里？”

这时一个路过的老者拄着拐杖颤颤巍巍地走上前来：“唉，诸位有所不知，我们国家现在被苍蝇怪控制了。这个‘蝇池’就

是其巢穴。”只听他长叹了一声，接着说道：“就因为这满池子的苍蝇，我们百姓的生活简直是苦不堪言啊！”

“这位施主不必担心，我这几个徒儿法力高强，降妖除魔不在话下。你就放心吧！我们一定会消灭苍蝇怪，还百姓一个天朗气清的车迟国的！”唐僧的语气很坚定。

“师父，待俺老孙先去打探一番。”孙悟空是个急性子，话还没说完，人就不见踪影了。

“嘿嘿，如果大师兄消灭了苍蝇怪，我们是不是就有**‘蝇池’之功**了啊？”八戒搓了搓手，一脸不怀好意的样子，“那车迟国国王是不是要请我们吃大餐呀？”

“二师兄，这个成语你念错了。不是蝇（yíng）池，是渑（miǎn）池！”沙僧按捺不住跳了起来，“这个成语叫**渑池之功，渑池是一个地名！**”

“唉，八戒，我在八百里外就听见你说什么蝇池之功了，”孙悟空打探完苍蝇怪的背景回来，一把揪住八戒的耳朵训道，“打妖怪你不行也就罢了，渑和蝇都分不清，你可真行啊！”

“哎哟，哎哟，猴哥别揪了，别揪了，”八戒疼得哇哇乱叫，连忙后退护住自己的耳朵，但仍旧不服气，“你凭什么说俺老猪！俺只是记错了字，猴哥你怕是连这个成语都没有听说过吧！”

“就你这两下子，还敢小瞧俺？”孙悟空不屑一顾，“**渑池之功，本来讲的是战国时期赵国的蔺相如，在渑池会上不畏秦王，为赵国立下汗马功劳这一典故，现在多指为国立下功勋。**”

八戒听悟空如此流利地说出成语的意思和典故，顿时泄了气，躲到沙僧身后瘪着嘴，委屈巴巴地说：“哼，俺还知道这个成语**出自《史记·廉颇蔺相如列传》**呢！俺只是没有认真看渑字

的偏旁，把字记错了嘛，大家都是师兄弟，你至于这么对待俺老猪吗？”

“二师兄不要伤心。”向来心软的沙僧转过身安慰八戒道，“这次改正了，下次不再犯就好了呀。”

这时唐僧上前道：“八戒此番引用成语并无错误，我们以前为车迟国做了些事情，可以称有渑池之功在身。”唐僧整理整理衣袖，接着说：“但出家人以慈悲为怀，做这些事是应当的，不该去求回报。”

“就是，八戒你这思想觉悟还不够高啊！”悟空虎着脸说，“更何况你看这车迟国都变得这么漂亮了，你忍心让此等美景被破坏？”

“师父、大师兄、沙师弟，对不起，俺知道错了，俺这就去会会那苍蝇怪，为民除害！”八戒乖巧地认错道歉，耳朵跟着耷拉了一下又精神起来，一扇一扇的。

八戒肚子一挺，双脚一蹬，便飞到空中去了。悟空也踩上筋斗云追上八戒，说：“俺老孙同你一块儿，虽然那妖怪实力并不强，但我们还是小心为妙。”

两人飞到空中，看到整座城的中央被一团黑雾所笼罩。

“想必那就是皇宫所在地，应该也是被妖怪控制的中心了！”八戒正色道。

悟空伸手从耳后拔了几根毫毛，对着毫毛吹一口气，便有十几个同样的“孙悟空”出现。他们从孙悟空的手中跳出去，飞向黑雾，但是刚接近黑雾，就一个个抓耳挠腮地折回来了。悟空和八戒一脸蒙。“原来那竟是一大团苍蝇，老天啊，这也太难消灭了吧！”八戒惊得直瞪眼睛，狠狠地被恶心了一把。

“少安毋躁，俺老孙自有办法。”孙悟空掏出一个葫芦，打开口子，嘴里念叨着，“妖魔鬼怪快进来，妖魔鬼怪快进来……苍蝇，收！”

接着，葫芦里产生一股强劲的吸力，把整座城的苍蝇都收了进来，最后一只巨大的苍蝇也逃不掉悟空的法术，惨叫着被吸进了葫芦里。之后，二人回到了地面上。

见悟空和八戒成功降服了妖怪，以老者为首的一众百姓纷纷上前说道：“圣僧法力高强，为我等解除忧患，我等实在是感激不尽啊！”

“阿弥陀佛，施主不用谢，俺老猪只是走了个过场，主要还是俺大师兄的功劳。”八戒挠挠头，憨厚一笑。

唐僧十分满意地点点头，一脸欣慰：“悟空、悟能辛苦了。悟能你要记住，知错能改，善莫大焉，这次你不仅改正了错误，还勇敢地救助百姓，立下了汗马功劳，为师为你感到骄傲。”

“嘿嘿，谢谢师父，都是师父、猴哥和沙师弟教会我的。”八戒肥嘟嘟的脸上浮出两抹红晕，他接着说道，“走吧，俺老猪的肚子都咕咕叫了，我们去城里找吃的吧！”

说罢，一行四人便往城中走去。

文曲星驾到

渑池之功（miǎn chí zhī gōng）

释义：本指战国时期赵国的蔺相如在渑池会上不畏秦王，为赵国立下汗马功劳，后泛指为国立下功勋。渑池，古城名，在今河南渑池县南。

近义词：汗马功劳

成语造句：历代英雄豪杰对自己的国家都有渑池之功。

通关文牒

你还知道哪些与为国立功有关的成语或者典故呢？举个例子吧！

答案：成语有班功行赏、拔剑论功等。

典故有岳飞制定“联结河朔”的策略，收复失地；霍去病、卫青与匈奴的“漠北之战”。

第八十九回

翩翩起舞梦蝴蝶，栩栩如生辨真假

栩栩如生

进入车迟国，师徒四人都被这城中的繁华吸引住了。

“没了那苍蝇怪，这城中看起来真是美极了，比起天庭毫不逊色！”沙僧感叹道。

话音刚落，城中就起了一层薄薄的雾，似轻纱又似丝绒，给人一种身在梦中的感觉。

“师父小心，这雾生得很是奇怪。”悟空一下子警惕起来。

“这就是天河上的雾啊，想当年俺老猪还是天蓬元帅的时候，天天都能看见呢！猴哥，亏你还是齐天大圣呢！看见这点儿雾就害怕了？”猪八戒鼻子一耸，肚子一挺，大摇大摆地往前走去。

刚迈出几步，八戒就看到前面不远处有一只兔子，和那月宫中的玉兔长得一模一样，红红的眼睛如同宝石一般，毛茸茸的身子蜷成一团，看起来乖巧可爱极了。

“咦？这不是嫦娥姐姐的玉兔吗？怎么会在这里？”八戒疑惑不解，歪着脑袋正思考着，却看见那玉兔仿佛要跳进雾里去。

“别跑！嫦娥姐姐肯定在寻你呢！”八戒说着，挺起自己的大肚子向前追去。

“咣！”随着一声巨大的声响，只见八戒一屁股坐在地上，疼得眼泪哗哗，好不可怜。“哎哟，什么鬼东西，敢拦在俺老猪

前面！”

众人走近后定睛一看，面前竟是一幅画，在大雾中叫人分不清真假。

“哈哈哈，叫你这么莽撞，让俺老孙看看你这屁股开花没。”孙悟空捧腹大笑。

“没承想这居然是一幅画，真是**栩栩如生**啊！”沙僧摸摸胡子，隔着玻璃框仔细观察起来。

“栩栩如生？什么意思？”八戒愣了一下，“管它什么意思，这幅画是谁画的？出来！赔俺老猪的‘屁股损失费’！”八戒气得脸红脖子粗。

“**二师兄怎么能不管这成语是什么意思呢？这‘栩栩’形容的是活泼生动的样子，栩栩如生是指画作或雕塑中的艺术形象非常逼真，像活的一样。**”沙僧认真地说道。

悟空对着八戒一顿数落："沙师弟说得对，你不夸人家画得**惟妙惟肖**就算了，还反过来要钱，怕是掉进钱眼儿里了……"

悟空话还没说完，一位衣袂飘飘的男子走了过来："几位是来选画的吗？"

"阿弥陀佛，这位施主乃此画的作者？"唐僧问道。

"然也。"男子拱手向唐僧鞠了一躬，"**昔者庄周梦为胡蝶，栩栩然胡蝶也，自喻适志与！不知周也……**"

八戒五官皱成一团，嫌弃地说道："他在说什么啊，尽是些文绉绉的东西。每个字俺老猪都听得明白，就是连在一起比那经书还难懂！"

"二师兄，这位施主说的**正是栩栩如生这个成语的出处，这句话出自著名的《庄子·齐物论》。书中提到过，从前有一个名叫庄周的人，他梦见自己变成了一只蝴蝶，在空中翩翩起舞，比真的蝴蝶还要美丽。他自觉非常地快活得意，简直忘了世上还有庄周这么一个人。**"沙僧解释道。

"今日小生梦为玉兔，在月宫里自由自在地游玩，一时间流连忘返，醒来后依旧无法忘记那种美妙之感，便提笔将梦中场景画了下来，哄得这位圣僧难辨真伪，真是见笑了。"说着，男子掩着嘴偷偷笑了起来。

"哎，这位施主，你在嘲笑俺老猪？"八戒瞪着圆溜溜的小眼睛，"这可不行，俺老猪'元帅肚里能撑船'，如果你教俺画画，俺老猪就原谅你，不找你要'屁股损失费'了。"八戒手叉腰间，一副大度的样子。

"这……"男子一时有些为难。

孙悟空在一旁憋着笑，眼睛滴溜溜一转，计上心头。

“哎，你要画画啊，不如先来画画俺老孙，看看你实力如何。画得好俺就帮你找一周果子，怎么样？”悟空拉着八戒的胳膊问道。

“哼，看大师兄你的表情就知道你不怀好意！俺还没有学画画呢，要画不好你肯定想着法儿欺负俺，俺才不会轻易上当呢！”八戒反驳道。

“俺怎么不怀好意了？俺又没说画不好会怎么样，你不会是怂了吧。”悟空眉毛一扬，挑衅地说道。

“画就画，俺还画不出你一只猴子？”

“你！”悟空想着自己的计谋，忍着没有发火。

男子和善地笑着，将一行人迎进店中，给八戒拿来纸笔，他还未开口教，八戒就大笔一挥，开始画起来。须臾，八戒大喊一声：“完成！”他将笔一丢，“哼哼”两声，退到一旁。

悟空上前一看，顿时脸色铁青。沙僧见情况不对，也上前看了一看。只见画中的悟空眼睛、嘴角都向下耷拉着，脸颊凹陷，毫毛杂乱，头大身子小，仿佛营养不良一般，一副半死不活的样子，哪有半点儿齐天大圣、斗战胜佛的威风。

“怎么了？俺画得不像吗？”八戒得意扬扬，丝毫没有察觉到空气中的火药味。

“是啊，简直是活灵活现、呼之欲出，你可真是一代大画家呢！”孙悟空咬牙切齿地说。

“不用崇拜俺，俺只是传说。”八戒肚子一扭，得意扬扬地说道。

孙悟空看八戒没有一点儿要自我反省的样子，顿时火冒三丈，从耳朵里掏出金箍棒，在手里一转，往地上一砸，紧接着上前两步，准备给八戒的头上来一棒。沙僧见势不妙，立马伸出手臂拦在两人之间："大师兄冷静！二师兄一定不是故意的！"

悟空强压住怒火，合计着一开始自己的目的，一本正经地说道："看在沙师弟的面子上，俺就饶你一命，接下来的一周你就帮沙师弟挑行李吧，这是对你画不好的惩罚，也是给沙师弟的谢礼！"

"你这弼马温，怕是一开始就打算让俺老猪挑行李吧！真是狡诈！"早就躲到唐僧身后的八戒还不忘嘴犟一番。

"哈哈哈，几位圣僧真是风趣幽默啊。"男子看两师兄弟打闹，直笑得合不拢嘴。

"'久晴大雾雨，久雨大雾晴。'前阵子被苍蝇怪影响，车迟国一直下雨，这么看来，明天定是个大好的晴天啊！"几人身后突然传来一个年轻人的声音。

四人同时转过身，只见一位穿着军装的高个子青年走了进来。只听他说："打扰各位圣僧了，我乃车迟国御前侍卫，听闻四位高僧降服苍蝇怪一事，特来邀请各位圣僧前往皇宫，我们国王想要当面谢谢各位。"

于是师徒四人谢过男子后，便跟着御前侍卫向皇宫走去。

文曲星驾到

栩栩如生（xǔ xǔ rú shēng）

释义：形容艺术形象非常生动逼真，像活的一样。

近义词：惟妙惟肖、活灵活现、呼之欲出

成语造句：齐白石笔下的虾和徐悲鸿笔下的马都栩栩如生。

通关文牒

每个人都是大画家，相信你也可以画出一幅栩栩如生的画作！在下面的空白处画出你眼中的自己吧！

答案：合理即可。

第九十回

猪八戒误食贡品，师兄弟负荆请罪

负荆请罪

师徒四人随御前侍卫来到皇宫，参见了车迟国的国王后，热情好客的国王留四人在皇宫里多住几天，誓要尽地主之谊。唐僧等人不好推辞，便安顿在车迟国的宾客住处。

这天半夜，孙悟空饿得肚子咕咕直叫，迷迷糊糊间翻身一口咬住了八戒的耳朵。

“啊！猴哥你干什么！俺老猪的耳朵都要被你咬下来了。”猪八戒疼得捂住耳朵坐起身来，骂骂咧咧道。他转身一看，只见悟空皱着眉头，口水从嘴角流到枕头上，居然还咂巴着嘴，胡说着梦话：“好吃……”

“这该死的弼马温，在梦里都不放过俺的宝贝耳朵。”八戒气得动手揪住悟空的领子，边用力摇边喊，“猴哥，猴哥，醒醒，醒醒，饿了就去找吃的，你在这儿做梦也不是办法啊！”

悟空迷迷糊糊醒来，不耐烦地说道：“哎呀，八戒别摇了，俺饿着呢，没力气去找吃的。你去寻些来，不然俺就把你的耳朵吃了。”说着又倒下去做梦了。

“嘿，你在威胁俺？”八戒嘴角一抽，“找就找，也不是怕你这泼猴，主要是俺也饿了。”

结果到了第二天早上，八戒都没有回来，悟空感到一阵纳闷，刚准备去寻，就听见门外一阵鸡飞狗跳。

悟空走到门外，听见了八戒的叫喊声。

“猴哥！都怪你要俺去找吃的，快救救俺啊！都说了俺老猪不是故意的！”只见八戒被五花大绑，倒在地上，肚子蹭了几蹭，挣扎着想要站起来，但是整个人就像一个球一样，圆滚滚的，丝毫没有办法支撑起来。“俺老猪也不知道那是贡品啊，天那么黑，你们的警示标志又那么小！”

八戒话还没说完，悟空就转身回到房里去了。没过一会儿，孙悟空就背着一捆荆条出来了。

“猴哥你这是作甚？”八戒彻底疑惑了。

“**负荆请罪**啊！”悟空满脸无奈，“就算你不是故意的，那也是一国的贡品，吃了是大不敬啊。这事儿俺也脱不了干系，俺这就去找国王求情，让他放了你。”

八戒苦着一张脸，泫然欲泣，说：“请罪俺懂，但是为什么要背着荆条呢？”

“**战国时期赵国的大将军廉颇你不知道吗？《史记·廉颇蔺相如列传》里负荆请罪**这个故事你没听过？”悟空的脸色变得古怪起来。

“悟能定是没有好好听文曲星老师讲课。”循着动静赶来的唐僧，大致已经在心里推断出了事情的始末，便教育八戒道，“负荆请罪讲的是，**蔺相如为国立功后，被封为上卿。廉颇将军不服，想要羞辱蔺相如，后得知蔺相如深明大义，相反自己却心胸狭隘，于是幡然悔悟，肉袒负荆，上门向蔺相如道歉。**”

“所以说，背着荆条是一种有诚意的道歉方式，**希望对方用荆条打自己来消气，原谅自己的过错。**”悟空接着唐僧的话说道，“俺现在就去国王那里。”

“等等！这件事情的主犯是俺老猪，道歉的不应该只有猴哥你一个。”八戒突然正色道，“俺老猪不是那种死不悔改的人，快解开俺，俺亲自道歉去！”

于是悟空和八戒二人背着荆条，来到皇宫主殿，“扑通”一声齐齐跪在门口。

“国王，俺老猪来向你道歉，昨晚俺误食了三清观的贡品，还与你的侍卫起了冲突，对不起！”

“俺老孙也有错，本是俺夜间饥饿，间接让俺师弟犯下错误，对不起！”

两人声如洪钟，诚恳的态度让国王吃了一惊，他从主殿的座位上站起来，一路走到门前，伸手想将二人扶起来，脸上还挂着慈祥的笑容：“二位圣僧快请起，是我们没有款待好你们。你们是我车迟国的恩人，这点儿贡品，想必先辈也是愿意与你们共享的，你们不必如此道歉。”

两人岿然不动，仍旧跪在地上。八戒紧接着大声说道：“国王你大人有大量，但是犯了错误就得接受惩罚，如今咱们也算是对不住车迟国的列祖列宗，你还是打俺吧！”八戒说完便闭上眼睛，一副壮士就义的表情，看起来勇敢极了。

国王看着跪在地上的八戒，只见他脸颊边滑落了几滴汗珠，手和腿瑟瑟发抖，耳朵紧紧地贴在头上，嘴巴都开始发白了。再看悟空，他虽是不抖也不流汗，但微微抿着嘴巴，仍旧沉默着，似乎还在等待国王的回答。

“哈哈哈，圣僧既然如此害怕挨打，为何还要如此执着地认错呢？本王早已原谅你们了，快请起吧！”国王说完，示意身旁的侍卫帮他一起将两人扶起来。

八戒老脸一红，赌气说道：“俺才不怕挨打呢！”换来国王一阵笑声。

“两位不愧是取得真经的圣僧啊！知错就改乃君子也。哈哈哈哈！”

第二日，城中百姓便看见有人演“负荆请罪”这一出戏，民间也开始流传起八戒和悟空的大义之举，一时间师徒四人的追随者又增加了。

文曲星驾到

负荆请罪（fù jīng qǐng zuì ）

释义：背着荆条向对方请罪，表示向人认错赔罪。负，背着；荆，荆条。

近义词：幡然悔悟、引咎自责、肉袒负荆

成语造句：小明认识到自己的错误，去找小红负荆请罪了。

通关文牒

除了“负荆请罪”，你还知道哪些与道歉认错有关的成语？

答案：悔不当初、后悔莫及、引咎自责

第九十一回

小狼孩居心叵测，孙悟空大显神通

引狼入室

辞别了车迟国的国王，师徒四人赶了一天的路，又累又饿，便寻了一户人家歇息下来。

“咩咩……”刚进门，四人就被一群羊围住了。

“哇，好可爱的羊！”八戒欣喜万分，伸出手轻轻地抚摸着几只羊，蓬松的羊毛让他爱不释手。

“哈哈哈，我刚赶完羊回来。这群羊啊，可是我家的宝贝，我和我家那位就靠着它们过活呢！”女主人一边将四人迎进家门，一边乐呵呵地介绍道。

女主人话音刚落，男主人就紧跟着开门进来了，身后还跟着一个小孩。

“这是谁家的孩子啊？”女主人出声询问。

“唉，我在回来的路上，看见这孩子在路边孤零零的，哭得直打嗝，一边喊娘一边喊饿。我看他实在可怜，就把他带回来了。”男主人回答道，“夫人，你给他弄些吃的来，别把孩子饿坏了。”说着就准备把小孩往家里引。

一旁的悟空还在和羊群嬉戏打闹，抬头看了一眼这小孩，却发现这小孩外表是人，本相却是一匹狼！

就在这时，小孩竟转过头来，朝着八戒显露出一张狼脸，灰白的狼毛亮油油的。他龇了龇锋利的尖牙，吐出那长长的血红色的舌头，用嘶哑的声音说："你这么肥，白白胖胖的，肉一定很好吃吧！"说完，这狼妖便朝八戒呼出一口气，直吹得八戒哆哆嗦嗦，掉了一地鸡皮疙瘩。

"你这妖怪，还想吃俺堂堂天蓬元帅的肉，做梦！吃俺一耙！"八戒气得两眼冒火，举起九齿钉耙向前大跨一步，就要打到小孩身上。

"八戒住手！出家人怎能随意喊打喊杀？"唐僧大声制止，杵了杵手里的禅杖，"还不退下！"

"可是师父！这小孩是狼变的啊，让他进门就是**引狼入室**啊！"八戒一个急刹车，九齿钉耙堪堪停在小孩头上。他又急又气，整个脑袋都憋得通红。

转过头来的男主人看到这个场景，吓了一大跳，连忙跑上前去将小孩抱走。

“你在干什么！为什么要打一个小孩子？”男主人生气地大声质问八戒。

“这位施主，这个小孩是一只狼妖，你不要被他的外表骗了！”悟空拦在八戒面前替他回答道，“你把这妖怪招引到家里来，只会带来不可想象的麻烦，后患无穷啊！”

“这么瘦弱的孩子，怎么可能是狼变的？”善良的男主人用力一甩手，不相信地摇摇头。

“施主，我大师兄有火眼金睛，定不会认错！你还是将他赶走吧，万万不可**开门揖盗**啊！”沙僧也上前劝道。可男主人还是连连摆手，表示不相信。

“施主，你可曾听过**元代作曲家张国宾的《罗李郎》**？”沙僧见直言劝说不行，便换了种方式暗示男主人，“**里面有一句话是这样的：‘我不是引的狼来屋里窝，寻的蚰蜒（yóu yán）钻耳朵。’**”

“圣僧，我只是一介养羊人，不理解你说的是什么意思。”男主人诚实地回答道。

“此句话意为**一个人怎么会自愿将狼引到家里住，又怎么会让蚰蜒这种虫子钻进自己的耳朵里呢？**这不是在自己害自己吗？”沙僧连忙解释道。

男主人一下子明白沙僧是在暗示自己，但又看了看小孩依旧天真无邪的样子，仍不肯相信他是狼妖，固执地说：“各位，你们还是圣僧呢，难道不知道众生平等、爱护生命的道理吗？别说这个小孩不是狼，就算他是狼，我也要秉持善心，多行善事。你们出家人的修行，看来还不如我这个普通人呢！”

一旁的唐僧也忍不住上前说：“悟空、悟能、悟净，这位施主说得在理，我们应多多行善积德，你们就别争了，帮主人家把羊赶到后院去吧。”悟空等人无法，只得帮忙去了。

晚上，男主人给师徒四人和小孩准备了丰盛的晚餐。悟空虽一直警惕地看着小孩，小孩却乖乖的，男主人说什么他就做什么，再未现出一开始盯着八戒的那副模样。

时间慢慢流逝，到了三更，悟空翻来覆去睡不着觉，实在放不下心来，便纵身一跃跳到房顶上，观察着小孩住的房间。

夜里的小院十分祥和，蛐蛐的叫声忽远忽近，月亮像一颗稀有的珍珠镶嵌在天上，洒下一片白纱般轻柔的月光。就在这样安静祥和的气氛下，悟空抱着手等得快睡着了，也不见有什么奇怪的迹象。

突然，一阵窸窸窣窣的声音从小孩住的客房传来，孙悟空立马扒开房顶上的瓦向下看去。

只见小孩蹲下身，逐渐变成一匹真正的狼。他有着锋利的爪子和尖锐的牙齿，微微上挑的眼睛里散发着危险的光芒，后腿有力而灵活。他放轻脚步，悄悄潜到后院，对着正在安眠的羊群张开了血盆大口，嘴里散发的腥臭味儿连房顶上的悟空都闻得到。

“呔！妖精！你终于显出原形了！”悟空掏出金箍棒，脚下腾起一阵烟，向狼妖冲去。

狼妖抬头，侧身躲过一棒，脸上露出一抹奸笑，得意扬扬地说：“哎哟，什么圣僧，也不过如此嘛！”

说完，狼妖向后大跳一步，身边刮起一阵黑风，那风飞快地旋成一团，将周围的树木、瓦和羊群都卷了进去，接着他对着旋风吹了一口气，让旋风朝悟空袭去。

“呔，区区小妖，看俺老孙不把你打得落花流水！”

只见悟空驾着筋斗云，丝毫不受旋风吸力的影响，“嗖”的一声飞到狼妖身边，变出一捆绳子，在狼妖面前使出移步换影术，将狼妖绕得眼花缭乱。趁他晕乎着，悟空立马用绳子捆住他的四肢，那狼妖还想挣扎，但绳索越收越紧。“嗷，不，好痛！停下！”痛叫出声的狼妖，最后只能奄奄一息地趴在地上。

孙悟空又退回去，拿出“后天袋子”，将狼妖和旋风都收入袋中。

等一切都停歇了，屋里的其他人才后知后觉地跑出来。

男主人看到瓦被吹得七零八落，羊也没了，一下子瘫坐在地上，掩面痛哭起来。

“施主，我早说过不要引狼入室，下次千万不要被妖怪的外表欺骗了啊！”悟空安慰着男主人，“但是你的善心令人敬佩，好心有好报，看俺老孙的！”

悟空说着将“后天袋子”里的羊和瓦放出来，念了一句咒语，所有的一切顷刻间都回归了原位。

这时，天边的太阳刚好露出脸蛋，阳光洒在小院里，一切都散发着生机勃勃的气息。在养羊人的感激声中，师徒四人继续踏上了取经之路。

文曲星驾到

引狼入室（yǐn láng rù shì）

释义：把狼招引到室内，比喻自己把坏人或敌人招引进来，结果给自己带来了不可想象的麻烦。

近义词：开门揖盗

成语造句： 让罪犯藏在自己家，无疑是引狼入室！

通关文牒

动物出现在成语里是不是很有意思呢？请你多多思考，举几个这样的例子吧！

答案： 狐假虎威、狡兔三窟、贼眉鼠眼、一马当先

第九十二回

思斋饭八戒心急，妙解语悟空逗趣

闻鸡起舞

师徒四人一路走一路回忆当初第一回取经的场景，有说有笑，来到了一座山上。悟空踏上山顶，凭高远眺，用火眼金睛一看，发现前方不远正是陈家庄，便赶忙催促大家快些行进。大家也正打算继续赶路，八戒却磨磨蹭蹭，嘴里哼哼唧唧的。

“不是不出力，要想马儿跑，又要马儿不吃草，实在是难啊，”八戒有一下没一下地用手顺着白龙马的毛，嘴里关切地问道，“好兄弟，你累不累？要不要歇息一下呀？”白龙马扭过头去，从鼻孔里喷出一股气，不理八戒。可八戒也并不打算等待白龙马的回答，他自顾自地说道：“怎么可能不累呢？走了大半天，粒米未进，滴水未喝，真是熬不住啊！”八戒一边说一边拿眼睛瞅悟空，语气中带着一些怨气。

悟空被八戒逗笑了：“八戒，前面不远就是陈家庄了，咱们一鼓作气赶到那里，找个人家吃些斋饭就好了，你可不要在这儿磨蹭，耽误了行程。”

“猴哥，你这话就不对了，”八戒拍拍自己的肚皮，“磨刀不误砍柴工嘛。再说了，‘工欲善其事，必先饱其腹’。”

“行了行了，你这是哪来的歪理？”悟空渐渐失去了耐心，“这荒山野岭的，也没个能吃的啊，咱们还是赶快赶路吧。”

“怎么没有？野果、野菜、野蘑菇，都是美味啊，要是再来只野鸡，做成小鸡炖蘑菇，可就再美味不过了。”八戒说着说着，自己都馋了，流下些口水，痴痴地想着。然而他的美梦却被一声怒喝打破。

“八戒，你作为出家人，怎么能想着杀生呢！”唐僧睁圆了双眼，厉声呵斥道。

“我……”八戒声音弱了下去，明显底气不足，“我就是想想，我也没真吃。”

八戒苍白的解释让唐僧更生气了：“连杀生的想法也不能有！八戒，你给我跪下，向西方如来佛祖磕三个头，行个大礼，并保证不再犯了。”

唐僧双手背在身后，怒不可遏地看向八戒。八戒知道师父这次是动真格了，膝盖一弯，预备向西边磕三个头，可由于肚子上堆积了太多肉，不好弯腰。他尝试了半天，最后只得匍匐在地。

“让你磕头，你在地上扭身子做什么？”唐僧一时也有些纳闷，心想莫不是有什么邪祟趁机上身，八戒看上去像被妖魔附体一般。

“哈哈哈哈哈，”只有悟空在一旁大笑，“八戒这是‘**闻鸡起舞**’，压制自己杀生吃鸡的心魔呢。”悟空说着做了个鬼脸。

“去去去，别埋汰俺老猪了。”八戒艰难地起身，拍拍身上沾的灰尘，“我虽然读的书不多，但也知道你这闻鸡起舞肯定用得不对。我刚刚不过是想努力弯腰跪下去，不是在跳舞。”

听见八戒这么说，唐僧悬着的一颗心也就放下了。

“哈哈哈哈，说你呆，倒也不是那么呆。闻鸡起舞确实不是指跳舞。”悟空说完，故意卖了个关子，引着八戒追问他。果不其然，八戒上钩了。

“那闻鸡起舞舞啥？水袖？绸带？总不能是鸡毛掸子吧？”

“闻鸡起舞，舞的是剑。”悟空说着拔下一根毫毛变出一把剑，舞得猎猎生风。

“猴哥，你这剑虽然舞得好看，但为啥闻鸡要舞剑呢？”八戒说着拱了拱鼻子，“居然有人连鸡都能闻得出来，真神了。”

“好吧，是我高估你了，你还是挺呆的。”悟空摇着头叹气，“闻鸡起舞的‘闻’的意思是听到，不是嗅到。”悟空戳了戳八戒四处乱嗅的鼻子。

“听到鸡叫，就舞剑？”八戒开始发挥他的想象力，“这是什么新的除妖方法？是要在气势上吓退鸡吗？”

一旁的沙僧看不下去了，忍不住出声：“二师兄，**闻鸡起舞说的是东晋祖逖和刘琨的故事。他们都是司州主簿，虽然年轻，但很有抱负。他们每次谈论时局时，总是慷慨激昂、满怀义愤。**

为了报效国家，他们在半夜一听到鸡鸣，就披衣起床，拔剑练武，刻苦锻炼。后来人们就以‘闻鸡起舞’比喻有志报国的人及时奋发。”

八戒点点头：“闻鸡起舞的意思我也猜得差不离嘛，总归是舞剑，我只是没想到他们听到鸡叫就起来练剑，这也太早了。”

“是啊，鸡鸣而起，要不然怎么说人家勤奋呢？”悟空拍了拍八戒，“你也学学人家，及时奋发，努力赶路，咱们好早到陈家庄。”

“鸡鸣而起，”八戒停顿了一下，“闻鸡起舞，我也想起，我也想奋发。”

“好！那咱们就继续赶路吧！”悟空兴冲冲地就要拉着八戒走。

八戒接着说：“但我饿，起不来，走不动。”看着八戒满怀期望的小眼神，悟空选择性忽视，仍努力拉他。

“罢了罢了，”唐僧出来打圆场，“赶了这么久的路，就在这儿稍做休息，找点儿吃食垫垫肚子吧。”

悟空听到唐僧这么说，也就不再坚持赶路了，转身钻进山里找野菜、野果。不一会儿，悟空从一旁蹿了出来，把紧紧收拢的衣摆散开，一堆蘑菇散了一地。

八戒看着这白伞盖、金黄伞杆的蘑菇，也不知道是不是毒蘑菇，一时有点儿犯疑。

“别看了，这是鸡油菌，鲜得很呢！”悟空把蘑菇里的木屑挑了出来，“鸡油菌，不用鸡就有小鸡炖蘑菇的味道，赚到啦！”

大家一齐笑了起来，八戒更是喜出望外，张罗着生火烤蘑菇。

师徒四人吃了顿野餐后，开始继续赶往陈家庄。

文曲星驾到

闻鸡起舞（wén jī qǐ wǔ）

释义：听到鸡叫就起来舞剑，比喻有志报国的人及时奋发。

近义词：鸡鸣而起、然糠照薪、发愤图强

成语造句：岳飞从小立下报国志向，闻鸡起舞，苦练武艺，终于成为一个精忠报国的民族英雄。

通关文牒

请补全下面的成语接龙。

闻（　）起（　）→（　）文弄（　）→（　）守（　）规→（　）天矩（　）

答案：鸡　舞　舞　墨　墨　成　规　地

第九十三回

高温酷暑难入眠，疑神疑鬼误会生

雪中送炭

师徒四人投宿在陈家庄，与前一次来陈家庄不同，这次唐僧师徒到此地时，正值盛夏，天气炎热干燥。

师徒四人被安置在一屋。虽说屋内枕席已经换成凉席，又打开了门窗通风，但到了夜晚暑气仍没有消下去。唐僧侧卧着，默念静心咒来抵挡这酷热。悟空不住地摇着小扇子。八戒在床上翻来覆去地滚着，企图多沾点儿凉席的凉爽，却出了一身汗。沙僧也不住地叹气。

“八戒，你别动弹了，一刻也不消停，我看着你都觉得热。”悟空埋怨八戒。八戒听到后停了下来，“哼”了一声：“我看这屋热是因为人太多。猴哥你嫌热可以出去，哪儿凉快哪儿待着。”

悟空用扇子拍了拍八戒：“要说出去，那也是最占地方的人出去，你说是不是，八戒？你要是出去了，这屋里空气都流通了不少呢！”

“走就走，待在这儿总受你的气！”八戒说着怒气冲冲地走了出去。其余几人觉得莫名其妙，悟空惯会调侃八戒，他倒也不至于发这么大火吧。其实八戒有自己的打算，他准备去后院井边打点儿水冲个澡，留悟空他们闷在屋里干着急。

八戒来到井边，准备将水桶放下去，却发现井边已经有一段绳子。他拉了拉，还挺沉，心想说不定是什么宝贝。八戒伸手将绳子拉了上来，绳子下面吊着个大木桶，桶里装的居然全是冰块。“这下俺老猪可发现宝了。”八戒本想独占这桶冰块，但转念一想，师父他们正热得睡不着呢，于是抱着这桶冰块回了屋。

悟空看见八戒抱着一桶冰块回来了，喜出望外：“哎呀，八戒，我来帮你，你这可真是**雪中送炭**啊。”

八戒把手里的木桶交给悟空：“猴哥你怕不是热糊涂了，这大热天的哪来的雪？而且我带回来的是冰，不是炭。这叫夏夜送冰，跟雪中送炭恰好反过来。”八戒说着，觉得自己这个成语造得不错。

悟空忙着找盆将冰块分装起来，摆在屋内各处，好让屋内尽快凉爽起来。他一边装冰块，一边回答八戒：“这雪中送炭呢，字面意思就是在下雪天给人送炭取暖，**比喻在别人急需帮助时给以物质上或精神上的帮助**。天这么热，你找来冰块消暑，可不就是在我们急需帮助时帮了个大忙嘛，所以我说你这是雪中送炭。”

“原来如此。这夏夜送冰的‘冬天版’就是雪中送炭嘛，”八戒觉得自己说得挺有道理，“那雪中送炭这个成语咋来的？谁像我一样，也这么善良可爱、无私大度、乐于助人……”

“停停，打住，你这夸起自己来还真是不客气了，”悟空看到八戒自恋的样子翻了个白眼，想杀杀他的威风，“英明神武、聪明伶俐的净坛使者，竟然不知道雪中送炭的出处？”

八戒还真不知道雪中送炭这个成语的出处，要不然他也不会造一个夏夜送冰了。他脸有点儿红，但又不好意思服软，便瞎诌了一句：“估计是哪个卖炭大户大发善心，雪天送炭招揽生意呗。上好的银丝炭，一斤三两三，不暖不要钱。”说着还现编了一句叫卖的词。

众人都被八戒逗乐了，悟空笑得前仰后合：“你这叫不懂装懂。雪中送炭说的是宋太宗的故事。有一年冬天……”八戒正准备听，悟空却不肯说了，故意吊八戒胃口。八戒又求助于沙僧，沙僧蹭着一个冰盆，感受着丝丝冷气，接着说：**“宋太宗是一位著名的皇帝，他虽然过着锦衣玉食的生活，但非常关心穷苦的人。有一年天降大雪，天气非常寒冷。他在皇宫中忽然想起了穷人的可怜，就派官员拿着米和木炭，送给那些穷苦的人，让他们有米做饭吃，有木炭可以生火。这就是‘雪中送炭’的由来。”**

八戒听了后有些羞愧：“不是什么卖炭大户，而是个皇帝，还不是做生意，而是做慈善。是我想得太狭隘了，惭愧惭愧。”正说着，后院突然传来了奇怪的声响。众人顿时警觉起来，悟空和八戒放轻脚步，悄悄来到后院，看见一个人扛着一个麻袋，围着井边转悠。

“猴哥，这人在干吗？莫非要‘落井下石’？”八戒很好奇，小眼睛滴溜溜地转，打量着那个奇怪的人。

“八戒，你不要乱用成语。落井下石说的是乘人危难时加以陷害，和雪中送炭的意思刚好相反。虽然我们不知道井里有什么，也不知道麻袋里装了什么，但这个人确实很奇怪，该不会真的是在害人吧？”

“那还等什么，上去救人啊。”八戒说着冲上去抓住那人的手腕，将那麻袋卸了下来。

“说，你来干什么？这麻袋里装了什么？”八戒毫不客气地质问道。

那人一时说不清楚，结结巴巴的。八戒等不及，自己打开了麻袋，却发现里面装的居然是好几个大西瓜。

“家主说酷热难耐，吩咐小人给四位长老准备冰镇西瓜。这井里有冰块，小人本打算将西瓜放下去，可不知怎的，冰块却没了，小人刚刚正纳闷地往井里看呢。”

八戒一时有点儿不好意思，挠挠头说：“冰块被我拿起来了，正放在屋里呢。”

“这位施主，对不住了，快快里边请。”悟空说着扛起麻袋，带着这仆从进了屋。沙僧找来刀将西瓜切开，放在冰块上。冰镇西瓜清脆凉爽，唐僧师徒邀请这仆从一起品尝。

“真解渴啊，真是谢谢陈家主和你了。”八戒摸着吃得浑圆的肚皮，“我们以为你在‘落井下石’，没想到你也是雪中送炭。”

“雪中送炭，哪儿有雪？什么炭？”仆从疑惑不解。

“唉，原来你也不知道，让俺老猪来告诉你……”其他人都笑了起来，八戒真是不放过任何一个卖弄自己的机会。

文曲星驾到

雪中送炭（xuě zhōng sòng tàn）

释义：在下雪天给人送炭取暖，比喻在别人急需帮助时给以物质上或精神上的帮助。

近义词：雪里送炭

成语造句：他们需要的不是锦上添花，而是雪中送炭。

通关文牒

下列成语中，意思与其他三个不同的是（　　）。

A. 落井下石　　B. 雪上加霜

C. 雪中送炭　　D. 投井下石

答案：C

第九十四回

膳房异响仆从惊，闹剧一场众人欢

贼眉鼠眼

这天夜里，唐僧师徒四人早已睡下，屋内十分安静，仔细听还能听到沙僧均匀的呼吸声。八戒却唉声叹气，摸着肚子自言自语："怎么又饿了？老兄，你怎么就这么不争气呢！"八戒一副痛心疾首的样子，最后还是屈从于自己的食欲，披上衣服悄悄溜出了门。

八戒来到后院的小厨房外，左顾右盼，见周围没人，就悄悄溜了进去，在黑暗中开始翻捡起来。突然，有个小小的黑影从八戒脚边蹿了过去。八戒吓了一跳，拊着胸口："什么东西？难道是老鼠？"这时黑影又蹿了过去，带着一条细长的尾巴。"果然是老鼠！"八戒猫着腰，脚尖轻轻点地，探头探脑地往前看。"居然敢抢俺老猪的夜宵，看我怎么收拾你！"说着猛扑上去，却不慎打翻了一摞碗盆，碗盆扣在地上发出"哐啷哐啷"的响声。

住在旁边厢房的仆从起夜上厕所，路过小厨房，听见里面有碗盆打翻的声音，起了疑心。他扒在门缝处往里看，里面黑乎乎的看不真切，倒是有一个黑影乱蹿，还叫喊着："快出来，快出来，乖乖到我手里来！"

"这还得了，居然偷到了我家院子里。"仆从心想。于是他大喊道："抓小偷啦！"随即捋起袖子冲了进去。进了门，他随手拿起一个菜头，照着黑影扔了过去。

八戒正聚精会神地盯着一处，准备大显身手，勇捉老鼠呢，突然飞来一个东西，“啪”的一声砸在他脑袋上，他仔细一看，一个黑影正向他扑来。“谁这么大胆，竟敢暗算俺老猪！”八戒心中愤然，直迎而上，正在冲锋之际，冷不防一个竹筐从天而降，正套在他头上，里面的烂菜叶子撒了下来，一股臭味儿弥漫全身。八戒双手扒拉着，好不容易才甩脱竹筐，睁开眼睛。突然，迎面又飞来一团黑乎乎的东西，这下可把八戒彻底惹火了。“不给你点儿苦头尝尝，你就不知道你猪爷爷的厉害。”八戒攒足力气，迎着黑团，一拳打了过去。这一拳果然厉害，黑团应声四裂。“哈哈！俺老猪有的是力气。”八戒正在暗自得意，哪料想黑团化作一团团白雾，翩翩飞舞，顿时将他笼罩。白雾同烂菜叶子的汁水混在一起，顿时糊住了他的眼睛。

这仆从见“小偷”暂时丧失了战斗力，急忙大喊：“抓小偷了！抓小偷了！”闻声赶来的三个人冲进屋内，两个人分别抱住八戒的腿，仆从和另外一人反剪住八戒的胳膊，将他摁倒在地。

唐僧师徒几个听到后院的喧哗声也赶了过来。众人把灯点亮，拿着灯凑近“小偷”一看，发现那人却是八戒，他眉毛都白了，嘴里还“呼哧呼哧”喘着气、喷着面粉！

“哎哟！原来是猪长老啊！得罪得罪！”仆从连忙喊大家放开八戒，嘴里不住地说着“抱歉”，“我听见厨房有响动，进来一看，发现有个黑影**贼眉鼠眼**的，以为是小偷，没承想是猪长老。”

“好啊你，睁眼说瞎话。俺老猪长得虽不算美男子，但方头宽额，也算是眉清目秀，怎么到你嘴里，就成了贼眉鼠眼的猥琐样了？”八戒用手抹了一把脸，气得腮帮子一鼓一鼓的，头上的面粉掺了菜汁成了绿面糊，滴答滴答地往下流。

“哈哈哈，师弟啊，虽说他这个贼眉鼠眼用得有点儿不恰当，但你却是会错意了。”悟空哈哈大笑，拍着八戒的肩膀。

八戒将悟空的手从肩上拍下：“有什么会错意的，贼眉鼠眼，不就是说俺老猪长得像老鼠吗？俺老猪半夜溜进厨房是不对，但说我是这长相我是一百个不同意。”

“哈哈哈哈，”悟空笑得更欢了，“八戒，**贼眉鼠眼是比喻一个人神情鬼鬼祟祟，更侧重神情，并不一定是在说人的外貌。**”悟空仔细看了看八戒，又扯了扯他的耳朵，摊开手：“你这肥头大耳的，老鼠尖嘴猴腮，怎么能一样呢？”

八戒点点头：“就是就是，还是猴哥会说话。”悟空又接着说：“但是眉清目秀说的是容貌俊秀，你也……不过贼眉鼠眼真的不是说长得像老鼠。”

“那你说，什么叫贼眉鼠眼？”八戒瞪着眼，鼻孔喷着粗气，一副你不说出个所以然来我绝不罢休的样子。

“这个简单！”悟空潇洒地一甩头，“说到贼眉鼠眼，**它出**

自石玉昆的《三侠五义》。第三回说‘小和尚左手拿一只灯，右手提一壶茶，走进来贼眉贼眼，将灯放下，又将茶壶放在桌上，两只贼眼东瞧西看，连话也不说，回头就走。’”悟空摇头晃脑地把这一段背了出来。

“贼眼！我听到了！这可不是骂我长得像老鼠吗？猴哥，这可是你自己亲口说的！”

“你这是关注错了重点。这贼眉贼眼不是说长相，说的是神情鬼鬼祟祟。”八戒这才知道自己闹了个笑话，红着脸，不好意思地挠挠头，捋下一片菜叶，尴尬地笑着，结结巴巴地问：“那……那如果说一个人长得猥琐，应该用什么成语呢？”

“看不出来嘛，八戒，你还挺好学。”悟空清了清嗓子，“说一个人长得猥琐，可以说他獐头鼠目。獐子的头小而尖，老鼠的眼睛小而圆，獐头鼠目说的就是坏人面目丑陋、神情狡猾。”

“獐头鼠目这个成语厉害，将长相和神情都说到了。”八戒若有所思地点点头。

“等一下，让我捋一捋。”八戒突然抬手示意，“獐头鼠目说的是面目丑陋、神情狡猾，贼眉鼠眼说的是神情鬼鬼祟祟。可夜里黑漆漆一片，你是怎么看到我的神情的？”八戒突然出声质问那仆从。

“这……这个嘛，”这下轮到这仆从结结巴巴了，“长老，我错了，望长老海涵！”这仆从鞠着躬，不停拱手作揖。

“罢了罢了，”八戒摆摆手，抹了抹嘴角的面粉，还被呛了一下，“我向来宽宏大量，拿五十个花馍给我吃，我就原谅你。”大家听到这话，又一齐笑了起来。

文曲星驾到

贼眉鼠眼（zéi méi shǔ yǎn）

释义：形容神情鬼鬼祟祟。

近义词：贼眉贼眼、獐头鼠目、贼头贼脑

成语造句：这小偷贼眉鼠眼地从门后探出头来，溜进屋内，将财物洗劫一空。

通关文牒

成语填空。

贼			眼
头	清	目	
	目		手
脑		光	

答案：

贼	眉	鼠	眼
头	清	目	高
贼	目	寸	手
脑	秀	光	低

第九十五回

飞禽走兽绣衣冠，人面兽心实难测

衣冠禽兽

出了陈家庄，前方是座高山，越往高处走，感觉越凉快。到了傍晚，还刮起了风，可师徒四人走着走着，山越来越高，风也越刮越大，天越发冷起来。师徒四人穿得单薄，此时有些受不了了。八戒冷得起了一身鸡皮疙瘩，哆哆嗦嗦地说：“俺老猪受不住了，快，快找些衣服穿！”大家解开包裹，趁着月光开始翻找起来，不一会儿，师徒四人都套上了一层单衣。“真是一山有四季，十里不同天啊！”悟空啧啧感叹着，却发现八戒盯着他的袖子瞧，他不解地问：“八戒，你盯着我看做什么？”

“哈哈哈，猴哥，你这衣衫很不错嘛！”八戒扯了扯悟空的袖子，“上面绣的，说好听点儿，像孔雀，说得不好听，就是只花里胡哨的野鸡！”

“你睁大眼睛好好瞧瞧，这是一只五彩长尾锦鸡！瞧，有只仙鹤正伸着长嘴要啄你的肚子呢！”悟空歪头看着八戒身上的衣服，乐出了声。八戒左扯扯右拽拽，扭着身子看背后，好一通折腾，这才发现衣服上有只仙鹤。

八戒环顾四周，发现大家的衣服上都有东西：“师父的衣服上绣的是老虎，沙师弟的是豹子。穿上这一身新衣服，咱们都成了‘**衣冠禽兽**’，都精神起来了！哈哈哈哈！”

大家一齐欢笑起来，只有一个人不为所动，他眉头紧皱，没有笑出来，甚至还对八戒吹胡子瞪眼，这个人正是沙僧。

“你们要当禽兽可别拉上我，当我不知道衣冠禽兽是骂人的成语吗？你们一个是猴，一个是猪，原本就是禽兽啊！”悟空听了不怒反笑：“沙师弟啊，你有所不知，八戒这是在夸你呢！”沙僧一脸狐疑，显然不相信悟空的说法。

八戒这时清了清嗓子，一脸严肃地开始讲起来：“**说到衣冠禽兽呢，这是个由褒义词转向贬义词的成语。‘衣冠’作为权力的象征，历来受到统治阶级的重视，他们在官服上绣以飞‘禽’走‘兽’，来显示文武官员的等级。文官绣禽、武官绣兽，等级森严，不得逾越。**”八戒摇头晃脑，还弹了弹悟空刚戴上的小帽子，说道：“猴哥，你这不仅是‘衣冠禽兽’，还是‘**沐猴而冠**’。”

“你个八戒！今天胆儿肥了，敢拿俺老孙开玩笑了。我今天不收拾收拾你，你怕是不知道什么叫斗战胜佛！”悟空拈出金箍棒，腾空而起，就要当头劈下，带起一阵旋风。就在这千钧一发之际，八戒连忙求饶，双手合十，油嘴滑舌地说：“别别别，猴哥，你大人有大量，别往心里去嘛。”

沙僧看到他俩打闹，抛下了正在讲的成语，心里不由得着急起来：“大师兄、二师兄，你们说话可不能说一半，这衣冠禽兽还没有讲完，又多出来个沐猴而冠，可真是把我绕晕了。”沙僧眉头皱成了“川”字，耷拉着嘴。

“猴哥，”八戒眨巴着小眼睛，“你怎么忍心让我们亲爱的沙师弟不听完成语知识呢？”他说着对沙僧努努嘴。悟空可不吃这套，仍举棒要打。唐僧一声呵斥：“悟空！”悟空这才悻悻然缩了手，看了一眼唐僧，随即又垂下头。

唐僧又道："悟空，戒骄戒躁，不可轻易伤人。"八戒听到这话，对悟空做了个鬼脸，他这得意劲儿被唐僧逮了个正着。唐僧怒睁圆目："八戒，你也是！总是招惹人家，找打！"八戒撇撇嘴，泄了气，也不说话了。

唐僧又转向沙僧："关于衣冠禽兽的背景，为师也知道一些。"迎上沙僧期待的目光，他接着说："**衣服上绣的禽兽是与文武官员的品级一一对应的。清代一品文官的衣服上就绣有仙鹤。**"

八戒看看自己身上的仙鹤，扭扭身子，臭美地说："按品级俺老猪可算个一品文官了，模样也潇洒。"他话锋一转："猴哥你是二品文官，大胆！见了一品文官怎么还不行礼！"八戒一时得意，又开始忘乎所以。"哎哟，痛痛！"八戒还没嘚瑟一阵儿，就露出了龇牙咧嘴的表情，原来是悟空拧着他的耳朵，正将他往上提呢！"俺老孙实际上是个武官，这就让你见识见识武官的手段！”

八戒一边扒拉着耳朵，一边大喊：“啊呀，疼疼，我错了错了，饶我一命吧！”

大家一齐笑起来。沙僧笑完仍记得正事，追问道：“那后来衣冠禽兽发展成什么意思了呢？”

“后来嘛，那时官场腐败，文官爱钱，武将怕死，人们发现欺压百姓、无恶不作的反倒是这些衣服上绣着飞禽走兽的官员。于是，**‘衣冠禽兽’就演变成指外表像人，行为却如禽兽的贬义词了。**”唐僧不紧不慢地说着，眼睛却盯着八戒和悟空。

察觉到唐僧的不满，悟空和八戒也就收了手。悟空表面上一副云淡风轻的样子，却时不时地瞪向八戒。

“原来衣冠禽兽随着时代的变化，其意思也发生了翻天覆地的变化。哎，刚刚二师兄说的沐猴而冠是什么意思？还有个**人面兽心**，这关于禽兽的成语可真是一说一箩筐啊！”沙僧接着问道。

八戒摸摸耳朵，心里还有些后怕，小心地瞟了瞟悟空，见他没有发怒的样子，也就大着胆子讲了出来：“沐猴而冠就是说沐猴戴帽子，打扮得像人，实际是虚有其表。”八戒越说声音越小，到最后都快没声音了。

“说得不错嘛，八戒，你倒是接着说啊。”悟空挥着金箍棒，在八戒身上比画着，盘算着哪里比较好下手。八戒不敢说话了，悟空就接着说：“所以沐猴而冠经常被用来**形容依附权势窃取一定权位的人**。八戒，你说是不是？”悟空凶神恶煞般地盯着八戒。

“是是是，猴哥说的都对，”八戒不住地点头，突然又改口，“不不不，我看猴哥本身英明神武，我觉得这成语应该改成

‘神猴加冠’，才配得上您的身份呀！”八戒笑得一脸谄媚，毕恭毕敬地拍悟空马屁，惹得大家笑起来。

文曲星驾到

衣冠禽兽（yī guān qín shòu）

释义：外表衣帽整齐，像个人，行为却如禽兽，比喻卑劣的人。

近义词：人面兽心、沐猴而冠、衣冠土枭

成语造句：他满口仁义道德，却虐待他年过八旬的老娘，真是个衣冠禽兽。

通关文牒

请补全下面的成语接龙。

衣（　）（　）兽→兽（　）人（　）→（　）目（　）非→非（　）小（　）→（　）乘之（　）

答案：冠 禽 心 面 面 全 同 可 可 机

第九十六回

路遇灵珠八戒慌，龙凤追逐争抢忙

龙飞凤舞

师徒四人穿行在山岭中，这里山林茂密，云雾缭绕，仙气十足，山顶还隐隐有紫光闪耀。八戒拊着胸脯，深深地吸了一口气，然后缓缓吐出：“这山肯定是座仙山，若在这里修炼，修为一定增长得贼快，早知道我就在这儿修行啦！”

“仙山也架不住某人好吃懒做，天天躺着睡大觉呀！”悟空挖苦八戒，吐着舌头做了个鬼脸，“咱们还是小心点儿为妙，保不齐这山上有什么厉害的妖怪呢！”

“让我瞧瞧这是谁说的话，”八戒像没看到悟空一样环顾一周，看到悟空又装出被他吓了一跳的样子，“呀！是我猴哥，这世上还有猴哥害怕的妖怪？了不得，了不得！”

“你们两个别贫嘴了，专心赶路，兵来将挡，水来土掩嘛！”唐僧说话果然有分量，八戒和悟空乖乖闭了嘴，继续赶路。可没走两步，八戒就指着远处天边呜啊乱叫起来。悟空拍拍八戒哆哆嗦嗦的手：“怎么慌慌张张的，话都说不清了？”他自己往天边一看，也吓了一跳。原来远处天边风起云涌，传来“轰隆隆”的响声。空中有一五爪金龙正在与一五彩凤围绕着一颗七彩灵珠缠斗。凤凰喷出焰火直击金龙面门，火焰染红了半边天，唐僧师徒隔老远都有灼烧感。金龙仰头横摆，发出一声长啸，张口吐出一个水球来抵挡火焰，一时间水火交融，双方各不相让。

“救命啊！”八戒看到这场景就拔腿掉头，还没走出两步就被悟空抓了回来，双手双脚在空中扑腾，“猴哥，你放开我！咱们赶紧绕路吧，虽然**龙飞凤舞**观赏性极佳，可它们俩咱们都惹不起啊！”

“怕什么，它俩远在天边，我们还要过好几个山头才到那里呢！你居然还知道‘龙飞凤舞’，”悟空难以置信地上下打量着八戒，“不错嘛，我还真是小瞧你了。”

八戒不禁夸，一被夸就“膨胀”，他也不扑腾手脚了，双手背在身后，整理整理衣角，清了清嗓子：“俺老猪虽然学艺不精，但成语知识还是略懂一二的。说起这个龙飞凤舞啊，它可真是大有来头，说的就是咱们现在看到的，天边气势磅礴的景象：飞龙昂首，神龙摆尾，彩凤翱翔，龙鸣凤啼。这是何等气派的景象，人间难寻，千年难见，能够看到的人真是三生有幸……”八戒自顾自说得唾沫横飞，被悟空摁住脑袋打断了：“行行行，你还真是给点儿阳光就灿烂，给点儿洪水就泛滥。我怎么记得龙飞凤舞的原意好像不是你说的这样，你该不会是自己编的吧？”

悟空上扬的尾调透露出深深的怀疑，八戒哼唧一声，双手抱着胳膊：“怎么就成我编的了？**龙飞凤舞可是出自宋代大文豪苏轼的《表忠观碑》呢，‘天目之山，苕水出焉。龙飞凤舞，萃于临安。’说的就是苕水发源于天目山，而龙凤汇聚于临安。**怎么样，没诳到我吧？咱们出家人做起学问来啊，那也是有理有据的，可不是信口开河随便乱讲的！”每每涉及知识储备，八戒总是被悟空压一头，今日算是大出了一回风头。八戒不由得扬眉吐气，挺直了腰板，等待大家的夸奖。

唐僧听了八戒的一番卖弄，也不禁笑道：“刚刚还被吓得跟缩头乌龟一般，现在又昂首挺胸像只威风的大公鸡了。你这变脸的速度堪比川剧变脸了！”

八戒闻言又看向天边，一龙一凤还在争斗。八戒眯缝着眼，仔细看了看，这龙凤还在围绕着那颗七彩灵珠你追我赶。“虽然它俩跳舞跳得有点儿差，彼此也不怎么配合，这灵珠道具也没怎么用上，但它俩长得还挺好看，也挺稀罕，咱们倒也能勉为其难凑合着欣赏一下。”八戒说着还鼓起了掌，“哟嚯”着喝起彩来。

“八戒啊八戒，你现在是看热闹不嫌事大，要是待会儿它们朝你扑来，我看你肯定吓得哭爹喊娘！”悟空幸灾乐祸地说着，惹得八戒皱起了眉：“呸呸呸，说什么不吉利的话！就像你说的，它俩离咱们远着呢！咱们从另一边的山头悄悄绕过去就得了，用不着害怕！咱们趁机会再多瞅两眼‘龙飞凤舞’！”

“凡人确实没啥机会看到龙啊凤的，就连我们也不大看得见。毕竟龙经常待在海里，凤凰又待在丹穴山，两地隔了十万八千里，真是替凡人惋惜……”悟空一边说一边看着金龙，自己在空中比画，“右勾拳！不对，右勾爪！往上飞，别躲呀你！”

“哈哈哈哈，悟空，你这会儿不也是看热闹不嫌事大吗？”唐僧笑起来，“凡人虽少有机会得见真的龙凤，但也怀着对龙凤的想象。他们会**用龙飞凤舞来形容书法笔势舒展活泼**。想想看，行笔时的点横撇捺、转勾收顿，**笔走龙蛇**，气势磅礴，不也像这‘龙凤飞舞’的场景吗？”

八戒听到这话后低头仔细思考了一番，叹了一口气，十分惋惜地说：“可惜我的字写出来没有那种笔走龙蛇的气势，倒是像狗刨写实画。”

“八戒，人贵在有自知之明。”悟空慢悠悠地点头，“笔走龙蛇那种洒脱气势，你确实没有，但你很有那种**天马行空**的想象力。你看你这比喻句，狗刨写实画，多精妙啊！”悟空说着拍了拍八戒的肩膀。八戒气得脸都青了：“我就知道，你这‘猴嘴里吐不出象牙’，一说话就是笑话我！”说着作势要去打悟空。

“停停停！”悟空一边挡着八戒的进攻，一边望着远处的龙凤，“我怎么感觉那颗七彩灵珠正在朝我们这儿飞来呢？”

八戒闻言也停了手，踮起脚往远处看，点点头：“不错，可我怎么感觉那龙凤好像突然长大了一圈呢？”

“那是它们朝咱们这儿飞来了，赶紧找个地方躲起来啊！”八戒才反应过来，其余三人已经跑出老远了。“等等我！你们也太缺德了，居然自己先跑！”八戒迈开腿撵上去。

而这边金龙追上了灵珠，一口将其吞进肚中，和五彩凤缠斗着向天边东海的方向飞去，消失在了唐僧师徒回望的视线中。

文曲星驾到

龙飞凤舞（lóng fēi fèng wǔ）

释义：形容气势奔放雄壮，后多形容书法笔势舒展活泼。

近义词：笔走龙蛇

成语造句：他端坐在自己的座位上，在面前铺好一大张红纸，手提毛笔，正准备龙飞凤舞一番。

通关文牒

下面选项中，一般不用来形容书法的一个成语是（　　）。

A. 天马行空　　B. 笔走龙蛇

C. 龙飞凤舞　　D. 龙凤呈祥

答案：D

第九十七回

争做香囊比高下，一番辩驳悟真言

华而不实

金兜山中蚊虫众多，个性生猛，看到唐僧师徒裸露的皮肤就狠扎，且对八戒情有独钟。不到一刻钟，八戒身上就已经多了二十多个红包，又肿又痒。八戒每看到一棵树都要靠上去蹭痒痒，惹得悟空嘲笑他："八戒，你可轻点儿，若是把树蹭倒了又放出来一群蚊子，你可就遭殃了！"

八戒靠在树上扭摆，蹭得皮肤通红，还是不解痒。他掐着

自己身上的红包，酸溜溜地说："猴哥，知道为啥蚊子叮你叮得少不？"

悟空清了清嗓子，挑了挑眉，得意一笑："自然是俺老孙一身正气，蚊子都不敢近身咯！"

"别吹牛了，"八戒翻了个白眼，"我看是你的毛又密又长，蚊子都被绊折了腿，根本就无从下嘴！"

悟空敲了敲八戒，又用手背托腮思考了片刻，说："咱们皮糙肉厚倒还好，可师父细皮嫩肉的，如何受得住啊？"

"这也不难，"八戒满不在乎地摆摆手，"等俺老猪做个香囊给师父，保管蚊虫都不近身！"

"哦？你还会做香囊？看不出来你还有这本事！"悟空惊讶地瞪大了双眼，满脸疑惑，"可这荒郊野岭的，没针没线，你怎么做？"

"这有何难！不信我们来比比！"八戒说着就一屁股钻进了草堆里，薅了一堆鲜嫩的香草，双手上下翻飞，不一会儿就编出了个香囊。

悟空左看看右瞧瞧，觉得这香囊还挺好看的，金色和绿色的香草相互缠绕，还织出来一条斜边花纹。香囊底部还用狗尾巴草做了装饰，像穗子一般。悟空拿着香囊掂了掂："好看是挺好看，就怕是个华而不实的东西。"

八戒一把抢回自己的香囊，当个宝贝似的抱在怀里，摸了摸香囊的狗尾巴穗："胡说！我看你就是嫉妒我会编香囊。这香囊这么好看，怎么可能不实用呢？"

唐僧和沙僧也走了过来，八戒献宝一样把香囊递给唐僧。唐僧把香囊翻来覆去地看了看，点点头："是挺好看，但我看编香囊的草不像是能驱蚊的呀！”

“这……”八戒挠挠头，“这草其实没啥驱蚊效果，但是颜色好看，蚊子看到香囊漂亮就都绕着飞了！”

沙僧听了哈哈大笑，也上前来鉴宝一样打量这个香囊，还凑上去闻了闻，捏着鼻子瓮声瓮气地说道：“二师兄，你这香囊里面装了啥？也太香了，我都快受不了了。”

八戒双手背在身后，昂着头，自豪地说：“栀子花，怎么样，是不是香气扑鼻啊？”

沙僧皱着眉：“栀子花香是香，但是很容易招小虫子的。你这香囊不但不驱蚊，还反向招虫啊！”

“就是就是！”悟空像是终于找到了盟友一般，跳起来握住沙僧的手拼命摇晃，“英雄所见略同！我就说他这东西华而不实！”

“华而不实？二师兄这东西里面装了栀子花，但确实不太实用。”沙僧撇着嘴看着香囊，戳了戳从香囊里露出来的一片花瓣。

“哈哈哈哈，虽然华而不实的本意不是这样的，但你这样理解也没错。”悟空拎起香囊抛向天空，又稳稳接住，“华而不实本来说的是一个和人有关的故事。”

尽管亲手做的香囊被嫌弃了，八戒却并没有因此而伤心，反而大摇大摆地走到沙僧和悟空面前，装腔作势地说：“没错，故事中的人物和我一样流露出帅气与威风。”

“你还真是一有机会就往自己脸上贴金。”悟空弹了弹八戒的脑门，“这个故事发生在**春秋时期，晋国大夫阳处父住在一家客店里。店主看见阳处父相貌堂堂，举止不凡，对他十分钦佩。**”八戒一边听一边拍拍自己的胸脯：“你们若想象不出来阳处父是什么样，可以看看我，说到相貌堂堂，我是有过之而无不及。”

“哎呀，你得了吧，”悟空轻轻推了一把八戒，又接着说，“这个店主觉得阳处父人不错，于是决心辞别妻子，跟随阳处父。”八戒点点头：“收个徒弟也好，喊了这么久师父，我也想听别人喊我一句师父。”唐僧闻言看了一眼八戒，八戒吓得吐吐舌头，缩着头不敢说话了。

“一路上，阳处父同店主东拉西扯。店主和他同行了一段路后就离开他回去了。店主的妻子见丈夫突然折回，心中疑惑。店主说他觉得阳处父长得一表人才，以为可以信赖，谁知听了他的言论却感到非常讨厌，在店主心目中，阳处父就是个华而不实的人。”悟空故意重重强调了“华而不实”四个字，又对八戒挤眉弄眼，“华而不实就是说外表好看，但没有实际内容。”

“是是是，就比如我这香囊，”八戒主动“自黑”，拿起香囊晃了晃，“它是用金色和绿色的草编的，金玉其表，好看是好看，但是驱蚊效果不咋样。你们谁帮我拿着这香囊，我怎么感觉有虫子往这儿飞呢？”八戒说着将香囊一抛。沙僧接住了它，在两手间倒腾了两下，嘟囔着看向八戒：“二师兄，你这事做得可不地道啊！”

“嘿嘿嘿，”八戒讪笑两下，“我这不是为了腾出手来采取个补救措施嘛！”说着又钻进草丛里，扯出了一堆草。过了一会儿，八戒捧着一条草做的裙子走出来。这草裙看上去十分粗糙，上面挂的草也是稀稀拉拉的，长短不一，颜色也不怎么好看，灰绿灰绿的，与刚刚那个香囊比起来，可是差远了。“这可是正儿八经的驱蚊用的香草，香囊要是用这个编可就不那么好看了，所以我刚刚就没用它。这回我也不整那些花里胡哨的了。这草裙虽然朴实无华，但绝对有用！”

唐僧试了试，那草裙果然十分有用，驱蚊香草散发出来的香气还有镇静安神的功效。大家又随着八戒再采了一些驱蚊香草，一人做了一条草裙，丢下了那个好看却不实用的香囊，继续在金兜山中前进。

文曲星驾到

华而不实（huá ér bù shí）

释义：只开花而不结果，比喻外表好看，但没有实际内容。

近义词：金玉其表、秀而不实

成语造句：追求华而不实的东西令人心生迷茫，我们应当脚踏实地、实事求是。

通关文牒

近义词连线。

华而不实　　木落归本

落叶归根　　青梅竹马

总角之交　　秀而不实

答案：华而不实　　木落归本

落叶归根　　青梅竹马

总角之交　　秀而不实

第九十八回

河边采摘众人乐，脚底打滑一场空

乐极生悲

金兜山里的路曲曲折折，而且许多地方都是荆棘密布，无路可走。八戒主动请缨，上前探路，没走一会儿就被草绊倒，摔了个大马趴。他看见前面居然是一个河谷，当即一骨碌爬起身来，拍拍衣服上的灰尘，高兴地喊道："前面有河！这么宽敞的河滩，明摆着是我们师徒四人专属的休息处嘛！"三个徒弟看向唐僧，唐僧也点点头表示同意，众人就在河滩上卸下了担子，就地休息。

然而八戒却不是个坐得住的，他脱掉鞋子，挽起裤腿，又抓了一顶草帽在手，开始蹑手蹑脚地向河边走去。八戒将草帽浸在水里，一边在河边摸着野菜，一边往草帽里放，放着放着，大家突然听见八戒"哎哟"一声叫起来。大家循声望去，只见八戒举起了一只手，这只手被小龙虾钳住了。小龙虾用小小的黑眼睛瞪着八戒，还挥舞着另一只钳子。

"疼！疼！疼死我了！"八戒一边叫着一边拼命甩手，想把这只小龙虾甩出去，没想到小龙虾钳得越来越紧，大有"咬定青山不放松"之势。

孙悟空眼珠一转，灵机一动，对八戒说："八戒，要不你把另一只手伸出来诱它夹，转移它的注意力！"八戒伸出另一只手的一根手指头在小龙虾跟前晃了晃，小龙虾果然上当，挥舞着两只大钳子冲了上去，刚松开一只钳子就掉进了水里，顺水飘走了。八戒用手一摸头，得意地说："小样儿，还想难倒你猪爷爷！"

见大家都望着自己，八戒突然想要个帅。他跷起一只脚，单腿站立，身体前倾，潇洒地将手中的野菜平抛出去，没想到野菜没扔进草帽里，全顺着水流漂走了。更惨的是，八戒一个站不稳，摇摇晃晃的，竟栽倒在了水里，正好扑在草帽上，一草帽野菜全被打翻漂走了。

悟空上前把八戒从水里拉起来，八戒双手还在水里不停地抓，想抓住早已漂远的野菜。他呜咽着："呜呜，我的野菜啊，都没了啊！"

"唉！"悟空对着八戒摇摇头，"你这就是**乐极生悲**，前功尽弃啊！"

"呸，你这赖猴子，净瞎说些不吉利的话。我刚刚那是一不小心，这是意外！意外！你懂不懂？”

“啧啧啧，我看未必是意外啊！”悟空抿嘴笑着，摇了摇头，“你这乐极生悲虽然很倒霉，但是也可以理解，毕竟人倒霉，喝凉水都塞牙，猪倒霉，丢点儿野菜有什么稀奇的？”

八戒往水中猛拍一掌，“哗啦”一声溅起一人多高的水花。这水花一朵朵像长了眼睛一样，全往悟空身上去。水顺着悟空的睫毛往下落，淋得他都睁不开眼，他不停地咂着嘴：“你你你，还说不得了！”

“阿弥陀佛，”唐僧双手合十，“你们两个别闹了。八戒，今天你这野菜得而复失，你也好长个教训。”八戒耷拉着头，瘪着嘴，心中还在惋惜美味的野菜没有了。

“**乐极生悲说的是快乐到极点的时候，发生悲痛的事情，出自《淮南子·道应训》：‘夫物盛而衰，乐极则悲。’**”唐僧拨了一颗佛珠，“八戒你先找到了野菜，这是好事，可后来又被小龙虾夹住，这是倒霉。等摆脱了小龙虾，你得意扬扬，又开始倒霉。真是福祸相依，乐极生悲啊！”

“就是就是，”悟空刚被泼了一脸水，这会儿不忘趁机挖苦八戒，“你本可以走过去把野菜放进草帽里，可你偏偏不肯，非要这样！”悟空说着开始模仿起了八戒刚刚的动作，但是稳稳地在水中立住了。“结果呢？怎么样，倒霉了吧！到手的野菜漂走了，后悔都来不及！”

“唉，我也知道，”八戒拧了一把正在滴水的衣袖，“**物极必反**嘛，我就是太高兴了才倒了霉，所以我得收敛点儿。师父说得不错，我是该长个教训，至于猴哥说的嘛，道理是没错，可怎么听着就那么欠揍呢？”八戒侧着眼睛瞪着悟空。悟空也回瞪着他，还做了个鬼脸：“八戒啊，不是我说你，你放眼瞧瞧咱哥几个，有谁像你一样乐极生悲一场空？”

“哼，”八戒不满地噘着嘴，上下打量着悟空，“你现在嘲笑我乐极生悲，可你想想，你这么得意，保不齐待会儿也要出个什么岔子，步我的后尘喽！”

悟空一听气坏了，八戒这不正是在拐弯抹角骂自己吗，而且还一副幸灾乐祸的腔调，他当即就肝火上蹿，怒从心中起，大骂道：“好你个八戒，竟敢咒我！你以为我像你一样，要帅不成还赔了野菜？天底下这么傻的人只有你了！”说着便伸出手，要去揪八戒的耳朵。

没想到八戒扇了扇耳朵，扑棱两下，身子往旁边这么一侧，顺势就躲开了。八戒脸上带着不怀好意的笑容：“猴哥，这可就说不准了，所谓物极必反，你笑我乐极生悲，等会儿就是我笑你了，至于笑你什么，那就看你怎么出洋相了！”

“哟呵！”悟空这下彻底不淡定了。“八戒今天怎么了，居然上赶着找打？既然如此，我岂有拒绝的道理。”悟空这样想着，顺势瞅准了八戒站的地方，准备猛扑上去。“八戒虽然有时候还挺灵活，但论反应速度，俺老孙称第二，谁敢称第一？”悟空脚下暗自蓄力，正准备腾空而起，给八戒来个下马威，却忘了此时他正站在河里，脚下踩的是滑溜溜的鹅卵石。他一蹬腿，脚一打滑，从鹅卵石上面擦了过去，重心不稳，整个人就朝前摔在了水里，还猝不及防地啃了一口水里的青苔。

“哈哈哈哈哈！”八戒指着趴在水里、嘴角还挂着青苔的悟空，忍不住大笑起来。一向威风的猴哥竟然也有如此狼狈模样。悟空趴在水里，狠狠捶了一下河面，激起来的水花又打在了他自己的脸上。“呸！”悟空吐掉嘴里的青苔，抹了一把脸上的水，愤愤地说道，“还真让八戒说中了，俺老孙这下真是没脸了！”

八戒伸手把悟空拉起来，捂嘴偷笑：“乐极生悲嘛，理解理解，我有这个经验！”

文曲星驾到

乐极生悲（lè jí shēng bēi）

释义：快乐到极点的时候，发生悲痛的事情。

近义词：兴尽悲来、物极必反

成语造句：中了大奖的老人激动得偏瘫了，真是乐极生悲啊！

通关文牒

下列成语中，不含反义词的是（　）。

A. 乐极生悲　　B. 否极泰来

C. 苦尽甘来　　D. 及时行乐

答案：D

第九十九回

饥寒交迫实难忍，金石朽木各有论

锲而不舍

八戒和悟空在这条河里闹了好一会儿，两个人浑身上下都湿透了，水顺着脸往下滴，而他俩还是各自钳着对方的胳膊较着劲儿。沙僧已经喂好了马，唐僧也休息好了，开始招呼徒弟们继续赶路。

八戒一路走着，越走山林越密，天也越来越黑，身上的衣服吸收了潮气越发沉重，就连肚子也开始"咕噜咕噜"叫起来。八戒勒紧了裤腰带，还是感觉饿得前胸贴后背，身上每一个部位都在叫嚣着要吃饭。又累又冷又饿的八戒终于熬不住了，身子往前一栽，跪在了地上。他双手"咚咚"捶着地，大声叫着："我不干了！我受不了了！这叫什么事儿啊！我不走了，我就赖在这儿了！"

悟空弯着腰，提溜着八戒的耳朵："俺老孙不也穿着湿衣服嘛！咱们大家都没吃饭，怎么你非要搞特殊？这重走取经路讲的就是毅力，**锲而不舍**，金石可镂，锲而舍之，就是朽木不折了！"

刚刚捶着地的八戒这时却"哦豁"一声叫了起来，原来他的手不小心捶到了一块火石，硌得他痛呼出声。他抓起石头往前狠狠一丢："什么锲而不舍，金石可镂，我就要丢掉这块破石头！"

石头撞到了一大块岩石上，发出"咚"的闷响。这时大家你望着我，我望着你，十分诧异，莫非这块岩石里面是空的？不然怎么会有这样的响声？

大家一齐走上前去，发现这一大块岩石看上去坚硬无比，用手一摸，却能感觉到岩石中间有裂缝。悟空拨开岩石旁边的藤蔓，发现了两盏灯具。岩石两侧还有字，写的是：

“诸公勤勉，灯亮山门现；心诚则灵，法术不作数。”

八戒晃着脑袋念了一遍，说道：“写的啥玩意儿，都不对仗。猴哥，你喷个火试试。”

悟空用手轻拍嘴巴，吐出一团火焰，火苗在灯具上晃了两下就熄灭了。八戒傻了眼：“真是邪门儿了。”

沙僧捡起八戒刚刚丢的火石，递给八戒，拍拍他的肩膀：“心诚则灵，锲而不舍，来吧二师兄。”

“去去去，”八戒一拂袖，“爷爷我不干了，回去算了，弃（锲）了就弃了，有什么舍不得？”

“咱们重走取经路才走到这儿，你就要放弃，这不是半途而废吗？这以前的辛苦可就白费了。”沙僧拍拍八戒的肩膀，“再说了，我说的是锲（qiè）而不舍，不是弃而不舍。**‘锲’是雕刻的意思。一直雕刻下去不停止，金属和石头这样硬的东西都能雕成器物，这就是有恒心、有毅力的结果。**”

“那要是没恒心、没毅力呢？”八戒嘟囔着，揪了一把地上的草又丢到一边，一屁股坐在地上，“真要我用这火石打火呀？那得弄到猴年马月猪日啊！”说着指了指孙悟空、白龙马和自己。

“锲而舍之，朽木不折。要是半途而废的话，连根烂木头都雕不断。你说你是个金石之器呢，还是根朽木呢？”悟空歪头看着八戒，话里给他下了个套。

“我……我……”八戒转着眼珠想了想，“我是金石之器！”

“那你就站起来和我们一起赶路，展现出你坚韧不拔的意志来！”悟空说着就要拉八戒起身。八戒连忙叫起来：“哎哎哎，别！”他甩脱悟空的手，低下头，弱弱地说：“那我还是锲而舍之好了，锲而不舍太累了。”

“那你就是朽木！堂堂净坛使者，居然自甘堕落为一根朽木，可惜啊，可惜啊！”悟空一番话说得八戒又是愧疚又是恼火。他结结巴巴地辩解：“我……我就算是个金石之器，身上一直滴着水，也快水滴石穿了嘛！”

“哈哈哈。”悟空笑得前仰后合。“你这番胡话说得还挺有道理的，不过水滴石穿是你这么用的吗？你蒙别人还凑合，蒙英明机智、博学多才的成语小王子，”悟空说着竖起朝向自己的大拇指，“也就是我，可还是欠点儿火候的。”

“大师兄，水滴石穿是啥意思？水还能把石头滴穿吗？”被蒙住的“别人”——沙僧凑上前来，好奇地看着八戒和悟空。

“当然能了！”八戒一副理直气壮的样子，“人是铁，饭是钢，我既没吃饭又穿着湿衣服，衣服上的水都快把我钢铁般的身躯给腐蚀了。哎哟，冻死我了！”八戒说着开始在地上打滚，惹得沙僧瞪大了眼睛看着他：“二师兄，你不会蒙我吧？我怎么感觉你是在胡说八道呢？”

“他当然是在胡说八道，”悟空手在空中一甩，背在身后，“你别听他的。水滴石穿说的是水经常滴在石头上，能使石头穿孔，也就是只要坚持不懈，就能成功。重走取经路走了一半就放弃，那肯定是没法成功的。”悟空看到八戒撒泼的样子，计上心头：“你要不试试打火把这灯具点亮？一来生了火可以烤干衣服取暖，二来这山洞里指不定有什么吃的。这山灵得很，说不定是哪个神仙妖怪的粮仓呢！”

八戒听了这话，低下头仔细思忖了一阵，觉得有几分道理。“这要是打着了火，开了门，你们可得让我第一个进去啊！”

大家看着八戒笑了起来，纷纷应和：“行行行，你功劳最大，你第一个进！”

八戒真就接过火石，从身上的衣服里掏出一缕棉花，开始认认真真打火。旁边的沙僧还唱起了号子：“一二一，一二一，锲而不舍真努力！五六七，五六七，水滴石穿有毅力！”过了一会儿，随着一缕青烟冒出，八戒手中的棉花燃起了微弱的火星。他赶紧用手捂着棉花，小碎步跑到灯具前，将一盏灯具点亮。等到另一盏灯具也被点亮时，洞门“轰”的一声开了，掉下一堆尘土。大家正咳嗽着，八戒却第一个冲进去，随即灰头土脸地跑出来，腋下夹着一捆柴。

“猴哥你诓我，里面哪有什么吃的，全是柴火。这哪儿是粮仓，分明是柴房！”

“哎呀，柴房也不错嘛！咱们就用这柴火生个火，烤烤衣服吧！这山洞又避风，正是咱们歇息的好去处哩！”

一行人生了火，挖了些野菜来烤，在这山洞中睡下了。

文曲星驾到

锲而不舍（qiè ér bù shě）

释义：一直刻下去不半途而废，就是坚硬的金石也是可以镂刻成器的，比喻有恒心、有毅力。

近义词：水滴石穿、坚韧不拔

成语造句：能否做成学问，很大程度上取决于有无锲而不舍的精神。

通关文牒

请完成下面的成语接龙。

锲而不舍 → 舍（　）之（　）→ 交（　）相（　）→ 失（　）丧（　）→ 胆（　）气（　）

答案：命 交 臂 失 魂 胆 粗 壮

第一百回

逢机缘大仙献经，过考验师徒偿愿

耳听为虚，眼见为实

天亮之后，师徒几人向金兜山下走去，走到半山腰，突然看见前方金光闪烁，祥云缭绕。一阵仙风刮过，一个穿着粗布衣裳，腆着肚子，白发白眉的胖仙人迎面走了过来。

孙悟空蹦过去，一拍那个胖仙人的肚皮，嚷道："赤脚大仙，你怎么在此地？有事快说，咱们还要赶着去取经呢！"

赤脚大仙笑吟吟地和唐僧打了招呼，说："诸位一路辛苦啦！我这次来，正是给你们送经书来的！我在凡间游历之时，无意中发现了《成语真经》的下落，此刻经书已经在我手中啦！"

"啊？你拿到《成语真经》啦？"孙悟空大喜，扑到赤脚大仙身上左摸右摸。

"大圣，大圣你下来！"赤脚大仙被他挠得晕头转向，"要是玉帝知道我这么轻易就把经书给你们了，他肯定饶不了我！"

"没事儿，只要我们不说，谁也不知道！"孙悟空仍然扑在赤脚大仙身上，揪着他的眉毛不放，"你要是不给，我就一直不下来！"

"这样吧！"赤脚大仙三两下把孙悟空从自己身上薅了下来，"玉帝这次派你们下凡，一是为了寻访《成语真经》，二是为了让你们在游历中学习成语知识。那不如我就来考验你们一

下，如果你们通过考验了，就说明你们对成语的了解已经足够了，我就把经书给你们。”

“什么考验？”唐僧问道，“我们那么多路都跋涉过了，也不差这一关了。”

“既然是要取《成语真经》，那考验肯定就和一个成语有关！”赤脚大仙一挥拂尘，师徒几人面前就出现了一道闪着金光的门。赤脚大仙走进门里，回头说：“跟我来！”师徒几人你看看我，我看看你，也都依次跟着赤脚大仙进去了。

走过那道门，师徒几人发现自己置身于一片云海之中，面前还有一扇石头做的门。孙悟空走上前一看，只见门上有两个圆形的凹槽，一个凹槽上画着一只耳朵，另一个凹槽上画着一只眼睛。

“给！”赤脚大仙从兜里摸出两个圆形的石块来，递给孙悟空，“这考验一共有两关：第一关考的是知识储备，第二关考的是实际运用。这是第一关——把这两个石块按进对应的凹槽里，石门就能打开。必须一次成功，不许出错，不然我可不会把经书给你们！”

“啊？就一次机会啊！”八戒伸头看着那两个石块，只见一个上面写着“虚”，一个上面写着“实”。

“耳朵，眼睛，虚，实……”孙悟空拿着石块在凹槽上比画，突然灵光一现，“成语！我知道了！”

说罢，悟空把写着“虚”的石块往画有耳朵的凹槽上一按，把写着“实”的石块往画有眼睛的凹槽上一按，点头示意赤脚大仙，道：“我完成了！”

赤脚大仙狡黠地笑了笑：“就这么肯定？不改了？”

“不改了！”孙悟空坚定地说。

八戒拍拍他说：“猴哥，这和什么成语有关呀？虚耳实眼？我可从没听说过这个成语，你不是瞎猜的吧？”

“哈哈，不是！”孙悟空自信地一昂头，“这个成语是‘**耳听为虚，眼见为实**’！”

沙僧惊叹道：“好长的成语啊！我还是第一次听说呢！大师兄，这是什么意思呀？”

“**耳听为虚，眼见为实的意思是听来的传闻是靠不住的，亲眼看到的才算是真实的**。它出自**汉代刘向的《说苑·政理》，是由‘夫耳闻之，不如目见之；目见之，不如足践之’**一句变化来的。”

“哈哈，看来你们对成语知识了解得够多啦！第一关通过！”赤脚大仙点了点头。“轰隆隆”一声，石门缓缓打开了，赤脚大仙领着师徒几人走了进去。

石门后有一个能容下几人的空间，空中浮着两个雕花的乌木盒子。赤脚大仙说：“喏，经书就在其中一个盒子里。你们可以挑一个盒子带走！”

师徒几人面面相觑，谁都不敢伸手，站在原地犹豫不决。孙悟空跑到那两个盒子旁边仔细观察，恨不能让目光透过盒子，看看经书到底在哪个里面。赤脚大仙见状，叹了口气，说：“我跟你们交情这么好，不忍心看你们为难，还是告诉你们吧！经书就在左边这个盒子里，你们赶快拿出去交给玉帝吧！”

“谢谢大仙！”孙悟空听了，伸手就要拿左边的盒子。唐僧一把按住他的手，说：“慢着！”

“师父，怎么了？他都告诉咱们经书在左边这个盒子里了！”孙悟空被唐僧吓了一跳，有点儿惶恐。

唐僧伸出一根手指点着孙悟空的额头：“你啊，难道忘了他刚才说的，这考验一共有两关？刚才咱们过的是考验知识储备的第一关，这就是考验实际运用的第二关！”

“第二关是什么？”孙悟空还是一头雾水。

“大仙，我们要右边的这个盒子！”唐僧指着右边的盒子说。

赤脚大仙作势要恼：“圣僧，本仙都说经书在左边的盒子里了，难道你不信任我？”

“你刚才说，这考验跟一个成语有关，在第一关中我们已经将它破解出来了，是‘耳听为虚，眼见为实’，那第二关自然也跟这个成语有联系，”唐僧缓缓地说，“这个成语告诉我们不要轻信听来的传闻，你又告诉我们经书在左边的盒子里，也就是说，你说的是假的，经书在右边的盒子里。”

“哈哈！第二关正是考验你们能不能真正领会成语的意思，

并且将成语运用到现实中来！”赤脚大仙拍着手笑道，“你们几个徒弟可得好好跟你们师父学习啊！这次只是我一个人说的，你们就傻傻地相信了，若是再有更多的人一起乱说，岂不是就三人成虎了？”

赤脚大仙说完，右边的盒子微微晃动了一下，“咻”的一声飞到了唐僧手里。

唐僧轻轻拨开盒子上的搭扣，盒盖缓缓升起，一阵金光散去，只见一本精致的经书在盒子里静静地躺着。孙悟空小心翼翼地捧起经书，翻动着，不住地点头：“师父，这就是《成语真经》！这回可算是眼见为实啦！”

赤脚大仙也笑眯眯地向他们拱手：“恭喜几位顺利取得经书，那咱们就天庭再会啦！”

至此，师徒几人总算是顺利取到了《成语真经》。回天庭复命之后，他们又踏上了新的取经道路……

文曲星驾到

耳听为虚，眼见为实（ěr tīng wéi xū，yǎn jiàn wéi shí）

释义：听来的传闻是靠不住的，亲眼看到的才算是真实的，形容不要轻信传闻，看到的才是事实。

近义词：耳闻是虚，眼观为实

成语造句：耳听为虚，眼见为实啊！哪怕别人说得天花乱坠，也不如亲眼见到让人信服。

通关文牒

你知道下面的成语缺失的是哪些器官吗？

①（　　）踏实地　②袖（　　）旁观

③（　　）听为虚，（　　）见为实

答案：①脚　②手　③耳　眼